RESEARCH ON COMPENSATION FOR INTELLECTUAL PROPERTY DAMAGE

知识产权
损害赔偿研究

专利权卷

Patent volume

陈一孚 盛瑞颐 著

法律出版社
LAW PRESS · CHINA
北京

图书在版编目（CIP）数据

知识产权损害赔偿研究. 专利权卷 / 陈一孚, 盛瑞颐著. -- 北京 : 法律出版社, 2024. -- ISBN 978 - 7 - 5197 - 9348 - 7

Ⅰ. D923.404

中国国家版本馆 CIP 数据核字第 202414QB51 号

知识产权损害赔偿研究 · 专利权卷
ZHISHI CHANQUAN SUNHAI PEICHANG YANJIU · ZHUANLIQUAN JUAN

陈一孚　盛瑞颐 著

策划编辑 肖　越
责任编辑 肖　越
装帧设计 汪奇峰

出版发行 法律出版社
编辑统筹 法商出版分社
责任校对 王　丰　郭艳萍
责任印制 胡晓雅
经　　销 新华书店

开本 710 毫米 × 1000 毫米　1/16
印张 17.75　**字数** 242 千
版本 2024 年 10 月第 1 版
印次 2024 年 10 月第 1 次印刷
印刷 唐山玺诚印务有限公司

地址:北京市丰台区莲花池西里 7 号(100073)
网址:www.lawpress.com.cn
投稿邮箱:info@lawpress.com.cn
举报盗版邮箱:jbwq@lawpress.com.cn
销售电话:010 - 83938349
客服电话:010 - 83938350
咨询电话:010 - 63939796

书号:ISBN 978 - 7 - 5197 - 9348 - 7
定价:70.00 元

凡购买本社图书,如有印装错误,我社负责退换。电话:010 - 83938349

前　言

作为知识产权之一的专利权，其既根源于传统民事权利，又有自身无形财产的特点。专利侵权损害赔偿数额的确定“脱胎”于传统的侵权损害赔偿原理，结合专利权自身的特点，其发展出了独特的专利侵权损害赔偿制度。专利侵权损害赔偿制度以传统民事赔偿中的填平原则为基础，发展出了多种专利侵权损害赔偿计算方式，包括专利权人的实际损失、侵权人的侵权所得、专利许可使用费的合理倍数以及法定赔偿等。然而，即使有诸多的损害赔偿方式，专利权人在进行维权时似乎依旧逃不开“维权难，数额低”的魔咒。补偿性赔偿在专利侵权案件中所遭受的“冷遇”与法定赔偿的“炙手可热”形成了鲜明的反差，法定赔偿从兜底性的赔偿方式一跃成了主力；这不禁令人反思专利侵权损害赔偿制度是否出现了结构性的失调。

本书整体分为四个部分。第一部分为第一章、第二章和第三章，从专利权的本质与特征、专利的保护、专利侵权损害赔偿制度在中国以及美国的历史沿革、专利侵权损害赔偿制度的意义、专利权与专利侵权损害赔偿的评估进行分析；第二部分为第四章和第五章,对专利侵权、专利侵权损害赔偿责任的归责原则、专利侵权损害赔偿责任的构成要件展开研究;第三部分为第六章、第七章和第八章,分别从专利侵权损害赔偿的诉讼、赔偿范围、赔偿数额的确定与计算方法、惩罚性赔偿等方向,对专利侵权损害赔偿的具体计算进行细微分析;第四部分为第九章,基于专利侵权损害赔偿制度在全面赔偿原则、法定赔偿原则以及惩罚性赔偿原则中的现存问题,从实体法和程序法等方面对专利侵权损害赔偿制度进行改进。

第一章专利侵权损害赔偿。对专利权以及专利侵权损害赔偿的相关概念具有准确、统一的认知,是深入研究专利侵权损害赔偿制度的前提和基础。首先,基于专利权的概念、保护和侵权救济,从专利制度的体系结构出发,对处于其中的专利侵权损害赔偿制度进行宏观把握;其次,从传统民事责任出发,比较专利侵权责任与传统有形财产侵权责任之间的异同,确定专利侵权损害赔偿的概念、特点和原则,明确专利侵权损害赔偿虽以填平原则为基础,但因为专利权自身的特点,应因地制宜地发展法定赔偿原则和惩罚性原则;再次,分别梳理美国和中国专利侵权损害赔偿制度的历史发展,探析美国侵权所得标准的废除、合理专利许可使用费标准的发展过程;最后,分析专利侵权损害赔偿制度的意义,得出其有利于维护专利权人的合法权益、有利于专利制度的完善、有利于促进科技创新和经济发展的结论。

第二章专利权的价值与专利侵权损害赔偿。首先,专利权的价值以劳动价值理论为依据,以效用价值理论为计算工具。有关专利权价值决定的理论主要包括劳动价值理论和效用价值理论。劳动价值理论认为专利技术的价值依旧源于蕴含其中的技术研发人员的劳动,专利技术的价值量由生产该专利技术的社会必要劳动时间决定。由于专利技术自身的特性,专利技术的社会必要劳动时间与传统工业产品有一定区别,其等同于该专利技术在市场中解放了的社会必要劳动时间。专利技术的社会必要劳动时间的计算以效用价值理论为工具,认为专利技术的价值量可以以专利技术的边际效用总值来计算。其次,专利权价值的评估方式分为市场法、成本法、收益法、实物期权法、体系评估法等方式,根据专利权的不同情形可以采用不同的评估方式。最后,专利侵权损害赔偿制度在法律、伦理、政策、经济等领域发挥着不同价值,要遵循这些价值以矫正专利侵权损害赔偿制度的发展轨迹。

第三章专利侵权损害赔偿评估。专利侵权损害赔偿评估是利用经济学方法,对专利侵权行为给专利技术价值造成的损害的评估。在对专利侵权损害赔偿评估时,要着重考虑专利权的权利状态、专利权的类型、专利许可使用状态、专利权剩余保护期限、专利技术的先进程度等因素。专利侵权损害赔偿评估依据不同的角度会有不同的评估方式,从专利权人所受损失的角度进行评估有直接计算法和贡献率计算法;从侵权人在侵权行为中的获利进行评估有直接获利法和获利贡献率法;从预期损失的角度评估专利技术的损失有期权损失法;基于传统资产评估理论分析专利权的损失价值有成本法、市场比较法、收益法。对于不同方法的选择要根据专利侵权案件的实际情形,具体问题具体分析。

第四章专利侵权。专利侵权行为可以分为直接侵权和间接侵权行为,二者的区分标准为看行为人的行为是否落入专利权的控制范围,落入即为直接侵权,未落入则考虑是否构成间接侵权。专利侵权包括等同侵权和相同侵权,其以涉嫌侵权产品或方法的全部技术特征是否落入权利要求书字面划定的保护范围为依据,落入则为相同侵权,未落入则考虑等同侵权。假冒专利并非严格意义上的专利侵权,与直接侵权、间接侵权的关系并不紧密,有自身独特的法律后果。

第五章专利侵权损害赔偿责任的归责原则与构成要件。从比较法看专利侵权损害赔偿三大主流归责原则,分别为过错责任原则、过错推定原则、无过错责任原则,认为应以侵权人的主观过错为其承担损害赔偿责任的前提,在特殊情形下可适用过错推定原则,以合理降低专利权人的维权难度。专利侵权损害赔偿责任的构成要件应坚持四要件说,分别为侵权行为、损害事实、因果关系、主观过错。专利侵权损害赔偿责任的承担要以被诉侵权人行为具有违法性、对专利权人造成实质损害为前提,侵权人在主观存在过错的情况下赔偿与侵权行为具有因果关系的利益损失。

第六章专利侵权损害赔偿的诉讼问题与范围。从程序法层面剖析专利侵权损害赔偿制度,首先,在专利侵权损害赔偿诉讼中,由于专利权自身无形的特性致使有关赔偿数额的证明资料分布密度不匀,多聚集于侵权人的掌控范围之内。坚持适用传统诉讼程序中的“谁主张,谁举证”原则,使专利权人在举证中处于结构性的不平等状态,难以与掌握多数侵权行为相关资料的侵权人抗衡,造成了“举证难”的现状。举证妨碍制度的引入重新分配了侵权人与专利权人的举证责任,但其在实践之中依旧需要一定细化。其次,专利侵权损害赔偿的证明标准现阶段以高度盖然性为主;不过鉴于专利侵权案件中证据偏在现象的严重,优势证据标准更有利于专利权人和侵权人在举证过程中的公平性。从填平原则出发,专利侵权损害赔偿金的范围应契合专利权人所受实际损失的范围,包括专利权人的直接损失和间接损失;为避免重复赔偿,不宜纳入专利权人的精神损失。权利人因为维权而花费的合理费用也应当纳入专利侵权损害赔偿金的范围,合理费用数额的确定需在真实客观的费用基础上结合法院的自由裁量来保证该合理费用的合理性。

第七章专利侵权损害赔偿数额的确定与计算方法。专利侵权损害赔偿数额确定的方法可以分为补偿性赔偿、法定赔偿和惩罚性赔偿三类。补偿性赔偿的标准又可细分为专利权人的实际损失标准、侵权人的侵权所得标准和合理专利许可使用费的倍数标准。专利权人实际损失的范围被司法解释局限于专利权人的销售利润损失;在实际计算中,可以引入美国的潘蒂特四要件标准对专利权人实际损失的因果关系的论证进行细化。侵权人侵权所得标准的请求权基础应为无因管理说;在利用侵权人的侵权获利推算损害赔偿数额时,需要建立统一的成体系的利润分割方式,缩减法院的自由裁量空间。专利许可使用费标准以存在既有专利许可使用费为前提;适用范围的限缩降低了该赔偿方式的适用率,应引入虚拟专利许可使用费,采取“模拟谈判法”“分析法”等方式确定赔偿数额。专利许可使用费标准中合理倍数的确定依旧需要坚持填平原则,倍数的存在是为了现有的专利许可使用费数额能够灵活地契合权利人的实际损失。法定赔偿作为兜底性的损害赔偿方式,其性质应兼具惩罚性和补偿性;在适用条件上,法定赔偿应坚持最后顺位的原则,仅在权利人实际损失、侵权人侵权获利、合理专利许可使用费的倍数标准都难以确定的情形下,才予以适用;在考量因素上,要综合专利权的价值、侵权人的主观过错等因素来确定赔偿数额。专利侵权损害赔偿方式在适用顺序上具有浓厚的"职权主义"色彩,以顺序适用为主体;我国应顺应"当事人主义"发展倾向,融入多数国家通常做法,给予专利权人选择权。

第八章专利侵权惩罚性赔偿。2020 年我国《专利法》正式引入惩罚性赔偿制度。首先,本章对惩罚性赔偿制度引入的正当性、必要性、功能进行研究,认为惩罚性赔偿的性质应属准刑罚性的民事责任;其次,利用比较法,将专利侵权惩罚性赔偿与一般民事赔偿和一般惩罚性赔偿进行比较,分析其特点,并探究惩罚性赔偿制度在我国的历史沿革,以历史的、整体的眼光把握专利侵权惩罚性赔偿制度;再次,提出专利侵权惩罚性赔偿的适用前提有三要件,分别为侵权人具有主观故意、侵权情节严重、权利人提出申请;最后,在专利侵权惩罚性赔偿数额确定上,应当以专利权人的实际损失、侵权人的侵权所得、合理专利许可使用费的倍数作为计算基数,法定赔偿不纳入基数范围,认为确定惩罚性赔偿倍数时需要从侵权人的主观故意、侵权情节的严重程度两方面来考量。

第九章我国专利侵权损害赔偿数额确定的立法完善。专利侵权损害赔偿数额确定存在一定问题。首先,在全面赔偿原则下的三种补偿性赔偿方式同时存在适用率畸低的现象,但具体原因有一定区别:专利权人的实际损失标准赔偿范围较窄、因果关系证明困难;侵权人的侵权所得标准在举证责任分配、利润分割问题上存在争议;合理专利许可使用费标准严格以既存专利许可使用费为基准,缺乏统一的、体系的合理倍数的确定方式。其次,法定赔偿方式的适用率居高不下,其适用前提被实质性架空,数额确定方式存在较大的随意性。最后,惩罚性赔偿方式与法定赔偿方式关系不清,惩罚性赔偿倍数欠缺达成共识的确定方法。从实体法的角度优化专利侵权损害赔偿制度,应扩大实际损失的赔偿范围,包括价格侵蚀、非专利部分附带损失等;侵权所得标准需引入利润分割;合理专利许可使用费标准可以及于虚拟谈判方式下得出的专利许可使用费。从程序法角度优化专利侵权损害赔偿制度,应完善补偿性赔偿、法定赔偿和惩罚性赔偿的适用结构:补偿型赔偿和惩罚性赔偿分别负责补偿和惩戒职能,形成一套完整的赔偿方式;法定赔偿自身兼具补偿和惩罚功能,自成一体与前者平行。

目　录

第一章　专利侵权损害赔偿

第一节　专利权概述

一、专利权的概念

专利一词是源于英文单词 patent,其首要含义为“公开”。专利在中文语境之下,更容易被理解为“专有的权利”。但实则理解一个词汇要从其本身的历史背景出发。根据韦氏大词典(Merriam-Webster Collegiate Dictionary)的解释,专利较原始的一个含义是一种授予权利或是特权的官方文件。早在中世纪,专利就被用于向个人或组织授予特定商品或服务的垄断权,被授权人通常需要向君主缴纳一定的费用。从中不难看出,专利最重要的两大特性为公开和垄断。发明人将自己的发明公之于众,以此置换自己在一段时间内垄断该项技术,排除他人利用的权利。

专利一词在不同的语境下会有不同的含义,例如在查阅文献时,所指代的是专利文献;在研究具体制度时,指代的是专利制度。在法律语境之中,专利特指的是专利权,专利权是国家依据专利法规定,授予发明人或设计人在一定期限内对其发明创造享有排他性或独占性的法定权利。

二、专利权的特征

专利权所保护的对象，局限于发明、实用新型和外观设计三种法定类型。根据我国2020年修正的《专利法》第2条第2、3、4款规定，发明是指对产品、方法或者其改进所提出的新的技术方案，实用新型是指对产品的形状、构造或者其结合所提出的适于实用的新的技术方案，外观设计是指对产品的整体或者局部的形状、图案或者其结合以及色彩与形状、图案的结合所作出的富有美感并适于工业应用的新设计。专利权会随着保护种类的不同，而在保护方式上有所差异。

专利权作为知识产权的一大板块，自然有其最基础的共性。而专利权与著作权和商标权相比，又具有自己独特的个性。

（一）排他性

专利权实质是一种排他性的权利，其侧重点并不在于赋予发明人使用自己发明创造的专有权利，而在于排除他人未经发明人的许可而擅自利用该发明创造的情况。同为物权，比起有形财产权的专有性，专利权的专有性更侧重强调排他性。这是源于专利权的客体是无形的，同一内容的发明创造可以在同一时间不同地点被不特定的人群使用，即发明人对于自己的发明创造的利用并不能排除他人的使用。但有形财产权并不同，权利人对于有形客体的占有必然会导致他人无法同时对这一有形客体进行占有和利用，所以强调专有性便能够当然实现排他。

专利权与著作权的客体都是无形的，但是两者之间的排他性也并不完全相同，相较而言，专利权的排他性要更强一些。对于专利的申请，我国采用先申请原则。所谓先申请原则是指两个以上的申请人分别就同样的发明创造申请专利的，专利权只可能授予最先申请的人。[①] 对于各个发明人来说，即使是通过自己独立研发完成的发明创造，如果没有在先申请，依旧无法获得专利权。而著作权是作品一经完成作者就自动享有的，只要作者是独立完成的，即使作品内容相同也可以各自获得著作权。

---

① 参见王迁：《知识产权教程》（第7版），中国人民大学出版社2021年版，第380页。

（二）地域性

专利权具有很强的地域性，这是因为专利权需要发明人向政府进行申请，经过政府的审核通过后才能取得。各国政府的审核步骤、审核标准并不统一，具有浓烈的行政色彩。1883年签订的《保护工业产权巴黎公约》（以下简称《巴黎公约》）明确规定了专利权的地域性，专利权人对于自己的发明创造的专利权仅在申请注册的地域范围内有效，而在其他国家或地区并不受认可和保护。但《巴黎公约》也规定了国民待遇原则，保障来自其他成员国的专利申请人可以享受本国国民待遇，并且也规定了一些例外情况，比如优先权原则，来保障专利申请人跨国申请的便利。专利权的地域性比著作权要强，这是因为1886年《伯尔尼保护文学和艺术作品公约》（以下简称《伯尔尼公约》）中的自动保护原则和国民待遇原则规定了各成员国对于成员国内的作者撰写的作品要自动采取保护，并且保护水准和本国国民的待遇相同。

随着全球一体化的进程加快，跨国专利申请日益增多，各国对于降低跨国申请门槛的需求也日益提升，《专利合作条约》（Patent Cooperation Treaty，PCT）等条约应运而生。随着全球贸易的联系愈加紧密，专利权的地域性开始逐渐淡化，或许未来各国会参照《巴黎公约》建立世界性的专利体系，专利权一经授予便在各国产生认可。

（三）时间性

根据权利客体的不同，专利权具体的保护时间也并不一致。发明专利的保护期限为20年，实用新型由于其创造性较发明专利弱，所以保护期限为10年，外观设计专利的保护期限为15年。专利权一旦到期，则其所保护的发明创造就会进入公有领域，任何人都可以无偿地去利用该项发明创造而不受专利权人的限制。相较于专利权，知识产权范畴的另外两大权利的法定期限要显得宽松很多。著作财产权保护期限为作者终身及其死后50年，商标权的有效期限虽然也只有10年，但是商标权人可以通过续展而不断延长商标的有效期限。专利制度产生的目的是更好地促进科技的进步，维持专利权人与社会公众之间的利益平衡。若给予专利权人如同著作权、商标权时限长度的保护，则无疑会使社会公众在很长的一段期限内无法无偿地利用该项技术，以至阻碍技术的进步，损害公众的利益，这显然违背了专利制度诞生的目的。

（四）法定性

专利权实质是一种法律拟制的权利，相较于有形财产权，专利权人在取得专利权、制止专利侵权行为等环节上都高度地依赖国家机关的力量。例如有形财产的所有权人，其可以通过独占该有形财产或者使用该有形财产而有效地排除他人的使用和抢占，但是对于专利权人而言，专利技术会被予以公开，任何人在任何地方都可以同时无门槛地获得这项专利技术，因此专利权人难以通过自身的能力来防止他人的专利侵权行为，而只能依靠专利制度和相关部门去制止专利侵权行为的持续发生，并令侵权人向其赔偿损失。

在知识产权领域内部，不同权利的法定性也有所不同。就著作权而言，作者在其作品完成之际便自动享有著作权，无须特地向有关部门申请。但是专利权需要发明人或设计人向专利主管部门进行申请，通过审查符合授予条件之后，该项发明创造才能够得到专利制度的保护。专利权具有更强的法定性是因为专利技术的授予和保护与社会技术进步、科技发展等具有很强的利害相关性，如果不经审查便直接授予，那么可能会造成抄袭技术、模仿技术的泛滥，专利技术保护的混乱等问题。

三、专利权制度的意义

（一）激励科技创新

专利制度使专利权人可以在一定时间内对其发明创造享有垄断权利，排除他人对该技术的利用。通过对于该专利的使用、转让、许可等利用方式，专利权人可以在法定期限内获得一笔收益，从而推动其更积极地进行科学发明，自然就带动了科技的进步。同时，发明创造的研发需要巨大的时间、资金的投入，若资助者或发明人不能从中得到利益，那么必然会导致没有资本和发明人愿意倾注心力在研发科技上。有了利益的驱动，才会有人愿意面对这些风险，并且投资人在得到了回报之后，才会有更多的资金进行研发投入，推动技术的进一步提升。作为权利人的竞争者,想要在商业领域超越对手,获得更大的市场,必然要投入更多资源在技术的研发上,从而超越权利人的专利技术,在竞争中占据主动地位。

（二）鼓励技术信息公开

发明人想要申请专利权必须以向社会公众公开技术内容为代价,这为他人进行进一步的学习研发提供了海量的文献资料。众所周知,科技的研发需要站在巨人的肩膀之上,而不可以闭门造车。其他科研人员在进行问题的研究时,可以通过大量的专利文献了解该问题研究的现状,从而在前人的基础上进行再研究,摆脱了重复研究的困境,节省了大量的人力、物力。

（三）促进发明创造商业化

对于技术创新的激励,是专利制度给予了法定期限,并保证专利权人或投资人可以在此期限内利用其专利权,将技术理论投入生产实践之中获取的回报。因此发明创造的商业化,是使专利权的激励作用发挥的重要一步。有些专利权人在获得专利权后,还是将自己的发明创造留于纸面,而没有投入生产或者转让、许可他人进行制造使用,这无疑使得一部分专利束之高阁,没有发挥它应有的作用。专利制度为了减少这种情形的出现,规定专利权人在申请专利后每年都需要缴纳年费,并且年费数额会随着时间逐年增加,例如发明专利的年费会从第一年的 900 元增长至第 20 年的 8000 元。若专利权人没有将自己的技术投入生产经营之中,并转化为实际的报酬,则每年递增的年费反而会让专利权人因为专利而亏损。并且如果专利权人所研发的技术并不易于应用于工业之中或者无法产生较高的经济价值,那么专利权人很有可能会因为年费而放弃该专利权,这项技术就可以更快地进入社会之中供公众利用。

（四）提高跨国贸易竞争优势

由于科技的迅速发展,现阶段专利技术占大型公司的资产比重越来越高,成为经济竞争中极为重要的一环。在跨国贸易和竞争中,许多技术产品伴随专利许可而进行交易,专利成了跨国交易中的一部分。在经济全球化的背景下,各跨国公司之间的竞争也越来越激烈,尤其是科技公司,先进的专利技术是其赖以生存的基石。例如华为、苹果、三星等手机巨头的竞争,其技术的革新与内含的专利技术是抢占市场的核心竞争力。专利技术成了企业在跨国竞争中的有利武器,其既可以在市场竞争中与其他企业争夺消费者的购买力,又可以通过专利布局等方式限制其他企业与自身竞争。

第二节　专利的保护与侵权救济

一、专利的保护

(一)专利权的保护期限

专利权是法律所拟制的一项权利,本质是在专利权人公开自己的发明创造之后,授予专利权人一定期限的排他性权利,专利权人可以在这段期限之内利用自己的专利获得经济利益。专利权的创设目的在于促进科技创新,合理的专利保护期限长度可以保证专利权人投入技术开发的资金得以收回,获取一定的经济回报,推动专利权人研发的积极性。如果设定的专利保护期过长,则不利于后续在现有专利技术之上的技术研发;如果专利保护期过短,则不利于专利权人获取合理的经济回报,投资人也会避免一些投资力度巨大、时间较长的高新科技研发,从而不利于整个国家科技水平的长远进步。

专利的保护期限随着客体的不同会有所不同,专利的客体包括发明、实用新型和外观设计三种,世界范围内多数国家的发明专利保护期限限于14年至20年,而实用新型和外观设计专利的保护期限会比较短。这是因为,发明专利相对于实用新型和外观设计专利而言,科技含量一般较高,专利权人付出的研发成本也更大,因此要给予更长的期限保护以保证公平,并且这也能保障专利权人在科技含量更高的发明创造之中,得到更多的优待,以促进社会对高科技的技术发明的追求。《与贸易有关的知识产权协定》(Agreement on Trade-Related Aspects of Intellectual Property Rights)第33条规定发明专利的保护期限不得低于20年,在第26条第3款中规定外观设计专利的保护期应当不低于10年。我国的专利保护期限是符合《与贸易有关的知识产权协定》的规定的，我国在2020年修正的《专利法》第42条第1款中规定："发明专利权的期限为二十年，实用新型专利权的期限为十年，外观设计专利权的期限为十五年，均自申请日起计算。"

我国专利保护期限的起算日期是申请日并非授权日，不过专利权的生效是自公告日开始，而申请日和公告日之间有一个时间差，在专利申请人申请专利权，但还没有得到授权的时候，其并不能行使专利权，对于各项侵权行为能够得到的救济也很弱。专利保护期限自申请日计算，对专利权人并非不公，此时专利权人已经享有了先占性权利，即在申请日至授权日之间，与专利权人相同的技术方案会被排除出专利申请行列，其亦不可能再被授予专利。专利权人拥有的专利保护期限并非专利权行使期限，一般来说，专利权行使期限要短于专利保护期限。

发明专利不同于实用新型和外观设计，其审核时间较长，有时还会有一定的延迟，若僵硬地适用保护期限的规定，则那些审核部门延迟所造成的亏损后果皆要由专利权人来承担，这显然是不合理的。发明专利的投入成本一般高昂，很多发明从理论转化为工业运用需要很长一段时间，因此若专利权人对于专利的行使期限被不合理地压缩了，专利权人便可能没有足够的时间去赚取投入的资金成本。为了解决这个问题，我国借鉴了美国的专利权期限调整制度（Patent Term Adjustment），在2020年《专利法》中加入了专利保护期限补偿的条款，即在第42条第2款规定："自发明专利申请日起满四年，且自实质审查请求之日起满三年后授予发明专利权的，国务院专利行政部门应专利权人的请求，就发明专利在授权过程中的不合理延迟给予专利权期限补偿，但由申请人引起的不合理延迟除外。"与此同时，我国在2020年《专利法》中还加入了药品专利保护期补偿的制度，其在第42条第3款规定："为补偿新药上市审评审批占用的时间，对在中国获得上市许可的新药相关发明专利，国务院专利行政部门应专利权人的请求给予专利权期限补偿。补偿期限不超过五年，新药批准上市后总有效专利权期限不超过十四年。"这是因为，新药在被授予专利之后，并不是立刻就可以投入市场生产销售，而是需要经过相关部门的审批才能够上市。因此,新药的有效专利期限由于药品审核机制的问题被人为地缩短了一部分,鉴于新药的研发投资极为昂贵,仿制药又频繁出现,为了保护新药专利权人的利益,促进药品研发技术的进步,新药专利保护期限的延长机制应运而生。

专利权的保护期限虽已由法律明文规定,但是专利权也可能在还未届满的时候就终止。《专利法》第44条规定了两种专利权在期限届满前终止的情形,第一种是专利权人没有按照规定缴纳年费,第二种是专利权人以书面声明放弃其专利权。专利权在届满或者因上述两种情形终止之后,被保护的专利技术就进入了公有领域,成为社会公众的公共财富,任何人皆可以无偿地使用该专利技术。

(二)专利权的保护范围

专利权的保护范围,是指专利权法律效力所涉及的专利技术的范围。[①] 当需要判断一项技术方案是否侵权时,必须先确定涉及的专利技术的保护范围,然后才能通过认定该技术方案是否进入专利保护范围来判断侵权与否,可以说专利权保护范围的确定是侵权认定环节的关键步骤。专利权的客体分为发明、实用新型和外观设计三种,发明、实用新型与外观设计的保护范围有所差异,需要分开讨论。

1. 发明与实用新型专利权的保护范围

发明创造需要经过语言的转化,并被写在权利要求书之中,才能向相关部门申请授予专利权,向社会公众公开该发明创造。因此如何解释权利要求书,如何通过权利要求书来明确专利权的保护范围成了一个有争议的话题。在解释权利要求书,确定专利技术保护范围的问题上存在不同的立场,学界将其分为中心限定法、周边限定法和折中法。

中心限定法是指以专利权利要求书的字面含义所划定的区域为中心,在此基础之上,该领域普通技术人员结合说明书和附图认为该技术可以覆盖的范围即该专利的保护范围。因此中心限定原则主张不拘泥于权利要求书,而是依据该领域的普通技术人员的主观判断,最终来确定技术

① 参见吴汉东主编:《知识产权法学》(第7版),北京大学出版社2019年版,第250页。

方案的保护范围。专利技术是一种无形的知识财富,但在申请时依旧需要言语作为载体来表述该技术究竟是怎么样的,每个人对于言语的理解可能有所不同,所以对于该技术的表述也许会有漏洞。中心限定法有其优点,在该领域的技术人员可以用本领域的常识来补全语言表达上的不足,充分地保护了专利权人。但是中心限定法也有不足之处,其以技术人员的主观评价扩张了专利技术的保护范围,这使得专利技术的文本虽然已经向社会公开,但社会公众依旧无法从中确定该专利技术的保护范围,对市场竞争的公平性不利。

周边限定法,是指专利权的保护范围严格由权利要求书中的文字来划定,其中文字若有表达不清晰的地方,则由法官来进行解释,但是整个技术方案的保护范围是完全依据权利要求书中的文字来表述的,不允许有任何主观扩张的可能。说明书和附图一般不能用来确定专利权的保护范围,只有在权利要求书的表述不清晰,需要对其作出解释时,才可以利用说明书和附图来辅助确定专利权保护范围,并且说明书和附图只能对保护范围进行限缩而不能扩张。对于社会公众来说,这种保护范围的确定方法使得专利权的保护范围较为明确,对于自己的技术方案是否侵犯他人的专利权可以有一个稳定的预期。不过这种做法对专利权人提出了很高的文书撰写要求,因为语言是有一定的局限性的,对一项技术进行精准的语言描述总是困难的。

折中法对上述两种方法进行了结合,其认为专利权保护范围以权利要求书的实质内容为准,说明书和附图用来对权利要求书中有疑义的地方进行解释。折中法并不死板地要求专利保护范围必须严格按照权利要求书中的文字描述而确定,也并不认为专利保护范围可以依据该领域普通技术人员的主观理解而扩张至专利权人所希望的范围。折中法在两种极端的倾向之中进行了折中,平衡了周边限定法和中心限定法两者的弊端,兼具保护专利权人和维持专利权保护范围确切性的优点,因此被大多数国家所采用,我国使用的也是这种方法。依据折中法所确定的专利权保护范围一般小于中心限定法所确定的而大于周边限定法确定的。我国《专利法》第 64 条第 1 款规定:“发明或者实用新型专利权的保护范围以其权利要求的内容为准,说明书及附图可以用于解释权利要求的内容。”从中可以看出,权利要求书是确定发明或实用新型专利权保护范围的第一准则,而说明书及附图处于从属地位,若权利要求书的叙述不够清晰,说明书及附图可以辅助加以解释从而更准确地认定发明或实用新型专利权的保护范围。若某些技术特征在专利申请时并没有被记录在权利要求书之中,则被排除出专利权的保护范围之内,后续也不能再被添加进保护范围。我国最高人民法院还进一步在2020年修正的《关于审理侵犯专利权纠纷案件应用法律若干问题的解释(二)》(以下简称《专利纠纷法律解释(二)》)第4条规定:“权利要求书、说明书及附图中的语法、文字、标点、图形、符号等存有歧义,但本领域普通技术人员通过阅读权利要求书、说明书及附图可以得出唯一理解的,人民法院应当根据该唯一理解予以认定。”

对于发明和实用新型专利而言,专利权的保护范围一般以权利要求书为主要依据,通过字面解释权利要求书来对专利权进行范围划定,但是有时其还包括通过等同原则确定的等同技术方案。正如最高人民法院《关于审理专利纠纷案件适用法律问题的若干规定》(以下简称《审理专利纠纷若干规定》)第13条第1款规定:“专利法第五十九条第一款所称的‘发明或者实用新型专利权的保护范围以其权利要求的内容为准,说明书及附图可以用于解释权利要求的内容’,是指专利权的保护范围应当以权利要求记载的全部技术特征所确定的范围为准,也包括与该技术特征相等同的特征所确定的范围。”其中与专利技术特征相等同的判定标准是指该技术是本领域的普通技术人员无须经过创造性劳动便可以联想到的,并且在他们看来这属于以基本相同的手段,实现基本相同的功能,达到基本相同的效果。

2. 外观设计专利权的保护范围

外观设计专利所针对的是工业产品的外观设计,其可能具有较高的审美价值,有利于产品的售卖,因此受到了法律的保护。与发明和实用新型专利类似,在判断有关外观设计专利的侵权行为时,也需要先确定外观设计专利权的保护范围,但是不同的是,外观设计专利在申请时并没有权利要求书等文件,其依靠的是该外观设计的图片或者照片。我国《专利法》第 64 条第 2 款规定："外观设计专利权的保护范围以表示在图片或者照片中的该产品的外观设计为准，简要说明可以用于解释图片或者照片所表示的该产品的外观设计。"这意味着记载该产品外观设计的图片或照片类似于发明和实用新型专利中的权利要求书，外观设计专利权的保护范围限于表示产品外观设计的图片或照片。需要注意的是，外观设计专利权所保护的是产品的外观设计，因此若印有外观设计的图片或照片中，也涉及产品的内在结构，则这些内部结构不属于外观设计专利权的保护范围。

根据最高人民法院颁布的《关于审理侵犯专利权纠纷案件应用法律若干问题的解释》（以下简称《专利纠纷法律解释》）第 8 条的规定，法院在确定外观设计专利权的保护范围时，需要将保护范围限定在与外观设计专利产品相同或者相近种类的产品上，而非所有种类的产品，显然这在一定程度上限制了外观设计的保护范围。对于产品种类是否相同或近似，《专利纠纷法律解释》第 9 条也给出了认定方式："人民法院应当根据外观设计产品的用途，认定产品种类是否相同或者相近。确定产品的用途，可以参考外观设计的简要说明、国际外观设计分类表、产品的功能以及产品销售、实际使用的情况等因素。"这意味着，若设计人设计出一种产品的外观，则在申请专利的时候，外观和该类产品是不可分离的。比如一位设计人设计了一个电风扇的外观，并得到了外观设计专利权的授权，那么该专利权的保护范围就限于电风扇这个产品种类，即使他人擅自在水瓶上使用这个外观设计，且进行制造销售行为，也不能判定他人侵犯了该外观设计专利权。不过有时外观设计具有一定的美感，也可以受到著作权的保护。著作权对于作品的保护与外观设计专利不同，其并不考虑承载作品的载体种类，作品无论是被印在纸上，还是被制作成立体的模型，都在著作权的保护范围之内。

二、专利的侵权救济

专利侵权行为确认成立之后，专利权人可以采取的民事救济方式主要是要求侵权人停止侵权、赔偿损失、赔礼道歉和销毁侵权产品及专用工具。针对专利侵权行为，专利权人所获得的救济就等同于侵权人所应当承担的侵权责任。因此专利侵权救济的内容与形式,关系专利权人因侵权行为所受损失的补偿是否合理,也涉及是否能实现对于潜在侵权人的一种震慑。

(一)停止侵权

停止侵权,或称为永久禁令,是专利侵权救济的方式之一,法院在认定专利侵权行为成立后,会要求侵权人首先应承担停止侵权的民事责任。专利权人就专利侵权行为提起诉讼的时候,如果被诉专利侵权行为还在一直持续,那么通常情况下,其会请求法院下达判决,要求被告停止侵权行为。法院在确认该侵权行为成立之后,应结合具体的案件情形决定是否需要在判决中要求被告停止侵权。

根据我国《民法典》的规定,无论侵权人的主观状态如何,被侵权人皆有权要求侵权人承担停止侵害的民事责任。对于此,我国《专利法》等相关法律并没有系统地规定专利权人能够请求实施的救济方式,亦没有规定不得适用停止侵害这种责任形式。在通常情况下,法院认定构成专利侵权之后,都会判令侵权人应当立即停止该侵权行为,保护专利权人的合法利益。但是我国《民法典》《专利法》等有关法律,也并没有要求法院对于所有专利侵权案件必须提供停止侵害的救济措施。因此,在一些特殊情况之下,出于对公共利益等多方面因素的综合考量,法院也有可能并不要求侵权人停止侵权行为。

美国在其专利法中规定,在确认专利侵权行为之后,为了保护专利权人的权益,法院可以依据衡平原则来判定是否发布永久禁令救济。然而长时间以来,美国法院通常忽视衡平原则,发布禁令成为在判定专利侵权之后的一种普遍做法。直到在著名的易贝(eBay)案中,不同于直接发布永久禁令,美国最高法院依据早已确立的衡平原则,提出若原告想要获得永久禁令的救济,需要满足 4 个要素:(1)原告的损害是不可弥补的;(2)法律规定的救济措施并不足以弥补这种损害;(3)从平衡原、被告双方的困难程度出发,应当提供衡平救济;(4)发布永久禁令不会损害社会公共利益。[①] 易贝案在美国专利侵权救济史上是一个转折点,自该案之

---

① eBay, Inc. V. MercExchange, L. L. C., 547 U. S. 388(2006).

后，在侵权成立的基础上，法院并不当然地会发布永久禁令救济，而是通过衡平原则去权衡各方的利益，在合理的情形下才发布永久禁令。

不同于美国，我国对于给予禁令救济的条件要宽松许多。依据《专利纠纷法律解释（二）》第 26 条的规定，判定侵权成立之后，原则上，法院应当对权利人提出的停止侵权请求予以支持，但在“基于国家利益、公共利益的考量”的基础上也可以例外地不判定停止侵权。因此，我国的禁令救济规则更加倾向于保护专利权人，在绝大多数情况下，我国法院在认定专利侵权行为成立后，会自动作出责令停止侵权的判决。

（二）赔偿损失

损害赔偿是专利权人在遭受侵权之后的重要救济方式之一，不同于有形财产拥有返还、修复等救济手段，由于专利权的无形性，专利权遭受侵害后无法再返还原样，因此损害赔偿成为最为直接有效地弥补专利权人损失的一种方式。专利侵权损害赔偿有补偿性赔偿、惩罚性赔偿和法定赔偿三种方式，其中补偿性赔偿的计算方式分为以权利人实际损失为标准、以侵权人侵权所得为标准和以专利许可使用费的倍数为标准三种；惩罚性赔偿在确定的补偿性赔偿的数额基础上可以数乘 1 至 5 倍的惩罚性赔偿倍数以确定最终的赔偿数额；法定赔偿是在权利人实际损失、侵权人侵权获利和专利许可使用费难以确定的前提下，法院酌定 3 万元以上 500 万元以下的赔偿数额的计算方式。专利侵权损害赔偿以填平原则为首要原则，最主要的目的是补偿专利权人在侵权行为中所遭受的所有经济损失，同时其还可以预防侵权人以及潜在侵权人继续实施专利侵权行为。

（三）赔礼道歉

根据我国《民法典》的规定，民事救济的方式之一就是赔礼道歉，其属于侵害人身权利的法律责任。在知识产权领域，著作权是具有较强人身权属性的权利，自然适用赔礼道歉这种侵权救济方式，其在《著作权法》第 52 条也有明确规定。《商标法》《专利法》中对是否适用赔礼道歉这一责任形式没有明确的规定，就商标而言，其是商业信誉的重要载体，根据具体情况可以适用赔礼道歉来恢复商标权人受损的商业信誉。那专利侵权人是否需要承担赔礼道歉的民事责任呢？在大连仁达新型墙体建材厂诉大连新益建材有限公司专利权侵权纠纷案①中，最高人民法院明确赔礼道歉大多是针对人身利益和商业信誉受到损害的一种责任承担方式，而专利权主要是一种财产性权利，因此在专利侵权纠纷案件之中一般不应适用赔礼道歉。

专利权只是财产权，并不包括知识产权法意义上的人身权。值得注意的是，虽然专利发明人、设计人有在专利文件中署名的权利，表明自己是该专利的发明人或者设计人，但其并不是严格意义上的专利权规定，而只是针对发明人或设计人的规定，专利权的权利范围并不囊括这条规定。因此，赔礼道歉并不属于专利领域的侵权救济措施。

（四）销毁侵权产品及专用工具

在专利侵权纠纷之中，专利权人通常会请求法院判令销毁侵权产品及专用工具，其主要是为了防止专利侵权人继续销售该侵权产品或者再次使用制造该侵权产品的侵权工具来从事侵权行为。我国《民法典》第179条并没有明确列举出销毁侵权产品及专用工具这种民事责任，但是可以以“停止侵害”“消除危险”的名义来规制这种情况。在实际案件之中，销毁侵权产品和专用工具是“停止侵害”“消除危险”最主要的方式，法院应当根据具体情况确定是否应该通过“停止侵害”“消除危险”来要求侵权人销毁侵权产品以及专用设备。如果销毁侵权产品及专用工具所造成的不利影响较大，那么虽然可能达到了停止侵害的结果，但与停止侵害的目的不成比例，不符合比例原则，法院也可能会拒绝提供该禁令救济。

第三节　专利侵权损害赔偿

一、专利侵权损害赔偿的概念

专利侵权损害赔偿是指专利侵权人因为对有效专利实施了专利侵权

① 参见最高人民法院民事判决书，(2005)民三提字第1号。

行为并致使专利权人受到了损害，所以承担赔偿专利权人损失的民事责任。根据我国《民法典》第 179 条的规定，民事责任的承担方式共有 11 种，包括赔偿损失、停止侵害、消除影响等。这些责任方式虽然繁多，但是可以按照不同的角度进行分析。根据责任救济对象的种类不同，可以将这些民事责任分为财产型、精神型和综合型三类，其中消除影响、恢复名誉、赔礼道歉主要针对侵犯人身权利的责任承担，属于精神型民事责任；继续履行、停止侵害、排除妨碍等属于综合型民事责任；赔偿损失、恢复原状、返还财产等属于财产型民事责任。根据责任形式的不同功能，可以将这些责任形式划分为三类，即预防型、恢复型和补救型的责任形式。[①] 预防型责任形式是指侵权人虽然并未对权利人造成实际损害，但已构成侵害、妨碍或产生危险时所应承担的一种民事责任，如停止侵害、排除妨碍、消除危险等。恢复型责任形式是指将权利人受到损害的权利恢复到被损害之前的状态的一种责任形式，如恢复原状、返还财产。补救型责任形式是弥补侵权人所受到的损失的一种责任形式，如赔偿损失等。专利权的对象虽然具有无形性，但其依旧是一种财产权，是属于民事责任制度规制的一部分。

结合上述分析的民法理论可以看出，专利侵权损害赔偿是由法律规定的具体的民事责任，其属于补救型、财产型责任形式，当侵权人实施了侵犯他人专利权的行为，造成他人损失时，应当负有补偿专利权人的责任。如果侵权人不愿承担损害赔偿的侵权责任，专利权人可以提起民事诉讼，请求法院强制侵权人对其造成的侵权损失承担损害赔偿的责任。专利侵权损害赔偿也是专利权人与侵权人之间的一种权利义务关系，被称为专利权损害赔偿之债，在专利有效期间内，侵权人为了牟利擅自实施的行为侵害了专利权人权益，专利权人自然拥有要求侵权人对其损失进行赔偿的权利，侵权人也相应地需要承担向该专利权人赔偿的义务。专利侵权损害赔偿是专利侵权责任的一种，专利权的侵权责任承担相较于

---

① 参见杨方程：《知识产权侵权损害赔偿数额确定研究》，中央民族大学出版社 2018 年版，第 22 页。

通常的有体物遭受侵害的责任承担方式有所不同,专利权的客体即发明创造是无形的,因此类似恢复原状、返还原物等赔偿方式是不适于专利权侵害的赔偿的。例如,侵权人擅自制造、销售了含他人专利技术的产品,而专利技术是知识信息,信息本身不可能受到破坏,本就是"原状"的,自然无法恢复原状。专利侵权民事责任主要包括停止侵害、赔偿损失、消除影响和诉前禁令。[①] 赔偿损失和停止侵害是专利侵权行为发生后,侵权人最常见和最主要承担的两种侵权责任,但侵权人并非对于每种侵权行为都必须要承担损害赔偿责任。法院根据案件的具体情况,既有可能要求侵权人同时承担赔偿损失和停止侵害等侵权责任,也有可能要求侵权人仅承担赔偿损失或停止侵害的侵权责任。不过如果侵权行为并不成立,那么被告就一定不用承担赔偿损失的责任。

二、专利侵权损害赔偿的特点

专利侵权损害赔偿制度所保护的客体是专利权,而由于专利权的客体专利技术本身具有非物质性,所以专利侵权损害赔偿制度有一些自己的特点。

1. 专利权是一种法律拟制的权利,所保护的对象是没有形体的技术信息,因此损害赔偿成了弥补专利权人损失的最主要且有效的方式。发明创造是无形的,所以针对有体物的赔偿方式大都不适用于专利侵权救济。类似返还财产、恢复原状等民事责任方式,针对的是在有形财产遭受侵害后对于受害者的补偿,但是技术信息是不可能被返还的,也没有原状可以恢复,所以在专利领域内无法利用这些责任方式对专利权人进行救济。专利侵权损害赔偿是最主要适用的一种救济方式,其所承担的职能是全面补偿专利权人在他人的侵权行为中所遭受的经济损失。专利侵权民事责任中除了损害赔偿,还有停止侵害、消除影响和诉前禁令,这些都是为了进一步去阻止或预防专利权人的权利遭受更多的损害,但它们很难承担补偿专利权人在侵权行为中所遭受的实际损失的职能。

---

① 参见吴汉东主编:《知识产权法学》(第7版),北京大学出版社2019年版,第257页。

2. 专利权人在遭受侵权行为之后，其所蒙受的损失数额的确定是一大困难。专利技术本身的价值是难以量化的，其所能创造的经济价值随着整个市场环境的发展、专利权人的应用方式，甚至竞争对手的技术发展等而剧烈波动。因此在他人擅自利用专利权人的技术进行生产经营时，专利权人所受到的实际损失也难以量化。专利权人的实际损失数额的确定不仅是一个事实认定问题，更是一个法律问题，其需要通过法律规定的特别程序来认定，这一点与传统侵权损害赔偿数额的确定有明显不同。专利侵权损害赔偿是补偿专利权人实际损失的最重要的方式之一，专利侵权损害赔偿的数额确定充分体现国家的政策，关系到知识产权政策保护程度的政策走向。[①] 如果专利赔偿数额过低的话，会导致专利侵权行为的频发，打击技术人员的创新热情，不利于我国的科技发展；但如果过度保护专利权，又不利于竞争技术、模仿技术的发明，亦会使得市场趋于保守而不利于经济发展。近些年来我国大力推动科技创新，保护专利技术，于是在 2020 年《专利法》中引入了惩罚性赔偿制度，还提高了法定赔偿的下限和上限，以希望提高专利侵权损害赔偿的数额，保障专利权人的合法权益，震慑他人的侵权行为，为我国的科研创新提供一方沃土。

3. 专利侵权行为由于较为隐蔽难以发现、侵权人可以故意销毁证据等原因而有一定特殊性，专利权人对于自己所遭受的损失难以举证证明。例如，在正版耳机一经推出之后，与该外观设计相似的山寨耳机就充斥了整个电子市场，屡禁不止。这些山寨耳机的制造售卖商们由于规模较小，往往没有完善的账簿记载，财务信息十分混乱，甚至税务、工商部门登记等资料都并不全面，权利人经常困于举证确定损失。我国专利侵权损害赔偿规定了 4 种损害赔偿的计算方式，即依据专利权人的实际损失、按照侵权人的侵权所得、参照专利许可使用费的倍数和根据法定赔偿来确定赔偿数额，目的是在专利权人难以证明自己损失的情形下，提供给专利权

① 参见杨方程：《知识产权侵权损害赔偿数额确定研究》，中央民族大学出版社 2018 年版，第 25 页。

人更多的赔偿数额计算方式,以保障专利权人的利益。我国针对专利权人举证困难,赔偿数额畸低的情况,还在《专利法》第 71 条规定,在专利权人已经尽力举证,而有关侵权的资料、账簿掌握在侵权人手中时,侵权人应当提供相关资料、账簿。如果侵权人拒不提供或提供虚假的资料、账簿,那么赔偿数额就可以参考专利权人提供的证据来确定。

三、专利侵权损害赔偿的原则

专利侵权行为成立之后,侵权人需要承担对专利权人的损害赔偿责任,而专利损害赔偿数额的计算需要遵循一定的一般性原则,这些原则被统称为专利侵权损害赔偿原则。[①] 专利侵权损害赔偿的原则和专利侵权损害赔偿责任的归责原则并不相同,前者是指计算侵权人应承担的损害赔偿数额时所适用的原则,后者是指确定专利侵权损害赔偿责任是否应由侵权人承担时所适用的原则,二者应用在侵权责任确定流程中的不同环节,归责原则为先,专利侵权损害赔偿原则在后。专利侵权损害赔偿的原则主要包括全面赔偿、法定赔偿、惩罚性赔偿三种原则。

1. 全面赔偿原则,也称为填平原则,指的是侵权人应当对自己的侵权行为而导致专利权人遭受的损失全面予以补偿,使得专利权人可以恢复到遭受侵害行为之前的状态,损害赔偿的范围既包括专利权人直接的经济损失,也包括其间接经济损失。全面赔偿原则在民事侵权责任规定之中得到了普遍的运用,专利权是民事权利的一种,因此全面赔偿原则在专利侵权损害赔偿规则确定时起到了重要的作用。从世界范围来看,《与贸易有关的知识产权协定》第 45 条认定了全面赔偿原则,提出知识产权侵权人的赔偿数额应当“足以弥补”权利人因其侵权行为所遭受的损害。美国、日本等国家的知识产权立法也都沿用了这一原则,不过由于各国文化传统、具体国情的不同,各国对于怎样的计算方式符合“全面”的定义的理解是不同的。例如德国、美国等国家在一些判例中认定专利权人在遭受侵权时所受到的损失不仅包括财产性损失,也包括精神性损失,并且

---

① 参见韩利琳编著:《知识产权的保护与侵害赔偿》,中国民主法制出版社 2002 年版,第 173 页。

判定的精神损失费用往往极高，但是发展中国家多数不倾向于判定精神损失费用。[①] 全面赔偿原则是站在专利权人角度的，体现全面赔偿原则的计算方式主要有三种，即权利人的实际损失、侵权人的侵权所得和合理许可费的倍数，由于专利技术价值评估困难，专利权人举证证明其损失也极其艰难等现实问题，司法实践中这些计算方法不一定可以得到充分的证据支持。为了更好地保护专利权人的权益，除了全面赔偿原则，还需要运用其他原则来辅助确定专利侵权损害赔偿的数额。

2. 法定赔偿原则是指在专利侵权行为成立，但专利权人实际损失、侵权人侵权所得和专利许可使用费都难以确定的情况下，法院可以依据法律规定的损害赔偿数额幅度，结合具体案情确定侵权赔偿数额的原则。我国 2020 年《专利法》规定专利侵权案件的法定赔偿数额应当在 3 万元以上 500 万元以下。法定赔偿原则之所以会出现，首先，主要是因为专利"侵犯易，举证难"。专利权人想要获得专利权所付出的对价是将自己的技术信息完全公开，因此侵权人可以无门槛地得到专利技术，掌握侵犯权利的主动权，并且还可以有充分的时间隐秘地销毁证据。而专利权人只能在被动地发现侵权行为后，诉诸法院进行维权，并且确定其受到损失的数额的证据也难以搜集。为了防止在专利侵权行为成立之后，缺乏确定专利权人受损数额的证据而导致专利权人得不到应有的损害赔偿，于是设立了法定赔偿，更好地保障专利权人的合法权益。其次，经过侵权行为后，专利价值的受损程度难以确定。专利作为一种无形的客体，其价值损失的表现主要为专利许可费数额的降低、市场占有份额减少等，这些损失一般很难进行量化和举证。完全赔偿原则理想上是通过计算确定出专利权人的受损程度，然后利用经济赔偿手段填平专利权人的损失。但是现实中在专利权人的损失无法得到确认的情况下，仅采用这一原则难以保障专利权人的利益，所以法定赔偿是基于完全赔偿原则之上，通过法院的裁量来弥补专利权人的损失。

3. 惩罚性赔偿原则，亦称加重性原则，主要是指在专利侵权案件之

① 参见金慧：《我国专利侵权损害赔偿问题研究》，中国政法大学 2011 年硕士学位论文，第 6 页。

中,法院以实际损失赔偿数额为基数,依据案件的具体情形、侵权人的主观状态将该基数乘以一定的倍数来确定最终损害赔偿数额。惩罚性赔偿源自 1784 年美国的吉恩诉诺里斯一案(Genay v. Norris),[①]而后在英美法系国家中普遍适用,但是大陆法系国家对于惩罚性赔偿多采取否定态度,其认为惩罚功能是专属于刑法的。我国在 1993 年《消费者权益保护法》中第一次引入惩罚性赔偿制度[②],而后在 2020 年《民法典》中明确规定了知识产权领域适用惩罚性赔偿制度[③],2020 年修正的《专利法》首次明确引入惩罚性赔偿制度[④]。惩罚性赔偿具有制裁侵权者,预防侵权行为再度发生的功能。惩罚性赔偿令侵权者承担超过受害者损失的赔偿数额,使得侵权行为的违法成本上涨,惩治了侵权人违法行为的同时,也告诫社会公众要尊重他人的专利权,打击了侵权行为易发、频发的不良风气。由此不难看出,惩罚性赔偿与补偿性赔偿的功能不同,其具有一定的公法性质,发挥着制裁与预防的功能,是准刑罚性的民事责任。[⑤]

第四节　专利侵权损害赔偿制度的历史沿革

一、美国专利侵权损害赔偿制度历史沿革

1. 1790—1800 年:美国专利侵权损害赔偿制度的初步确立

1790 年美国通过了第一部专利法,其名为《促进实用技术进步法案》。该专利法虽在当时属于最为先进、系统的专利制度,但在专利损害赔偿领域依旧非常粗糙,其并没有规定具体的专利侵权损害赔偿计算规则,而只要求陪审团去估算该损失。

1793 年美国废止了第一部专利法,通过了第二部专利法案,其增加

① 参见王利明:《惩罚性赔偿研究》,载《中国社会科学》2000 年第 4 期。
② 参见 1993 年《消费者权益保护法》第 49 条。
③ 参见《民法典》第 1185 条。
④ 参见《专利法》第 71 条。
⑤ 参见张鹏:《知识产权惩罚性赔偿制度的正当性及基本建构》,载《知识产权》2016 年第 4 期。

了有关专利侵权赔偿数额的具体计算方式,要求“专利侵权损害赔偿的数额为专利权人售出或者许可他人使用该专利的费用的 3 倍以上”。然而并没有权威的依据来论证该法案将倍数制定在 3 倍及以上的合理性,并且随着实践的不断深入,议会也逐渐发现,专利技术的价值主要在于发明人对于该技术的排他性使用并因此形成的垄断性优势,而不是许可他人使用。很多专利权人也会通过转让该专利来获利,此时便欠缺许可他人使用其专利的费用来作为基准,这显然成了一个法律漏洞,对于专利权人的救济不利。因此 1800 年《美国专利法》将该规定改为“专利权人因侵权行为遭受的实际损失的 3 倍”,[①]即 1800 年《美国专利法》将侵权损失赔偿数额的基准由专利权人销售或许可他人使用的费用改变为专利权人遭受的实际损失数额,这样更切合当时的具体情况。

2. 1800—1870 年:专利侵权领域内衡平法救济与普通法救济的互补与区分

1819 年时,为适应当时技术的急速发展,《美国专利法》也进行了相应的修改,赋予联邦法院受理衡平诉讼的权力,在此基础之上,联邦法院有权发放禁令救济,并可以附带要求专利侵权人返还其违法所得。[②] 1836 年,《美国专利法》中的赔偿规则又进行了更切合实际的修改,主要是考虑没有主观故意的侵权人实施侵犯专利权的行为的情况。因为在侵权人主观上并没有侵权恶意的情况下,依据之前的法律规定,法官依旧只能按照专利权人实际损失的 3 倍僵硬地判罚,这对于非故意侵权人而言,无疑是过于严重的处罚。为了避免这种不公平的情况发生,依据 1836 年的《美国专利法》的规定,法官可以视案件的具体情况,在陪审团明确专利权人的实际损失数额的基础上,在该数额 3 倍以下判决侵权人的侵权赔偿额。

然而,虽然在赔偿数额的规则上,1836 年《美国专利法》进行了进一步的变革,但是由于普通法院和衡平法院的区分,专利权人必须在普通法院和衡平法院之中择一选择上诉,因此专利权人的权利并没有很好地得

---

① 参见张鹏:《专利侵权损害赔偿制度研究——基本原理与法律适用》,知识产权出版社 2017 年版,第 77 页。

② See Stevens v. Gladding, 58 U. S. (17 How.) 447, 455, 15 L. Ed. 155 (1854).

到保护。专利权人如果选择了普通法院,其就仅能请求基于实际损失而确定的赔偿数额,不能得到基于侵权所得而确定的数额,也不能得到禁令救济;专利权人如果选择了衡平法院,那么就只能请求基于侵权所得的赔偿数额,而无法得到基于实际损失的赔偿数额。

这种不可兼得的矛盾情况,主要是由于普通法院与衡平法院被严格地区分了,其程序和目的并不相同。普通法院是通过陪审团来裁决出赔偿数额,而侵权所得显然是不适用于这种方式的。美国最高法院在伯德尔诉德尼格一案(Burdell v. Denig)中指出,专利权人之所以可以获得以侵权所得为基础而计算的损害赔偿,是因为其源于衡平法上信托的基本观念,对于专利权人而言,侵犯专利的侵权人为其拟制信托人,对于侵权所得的数额陪审团较难确定,因此需要衡平法院的助理法官调查被控侵权人的账目、询问被控侵权人的员工来确定侵权所得的具体数额。[①] 相对地,衡平法院通过两种方式,即禁令救济和以侵权所得为标准的损害赔偿救济来实现对于专利权人权利的保护,但其不能以实际损失为标准来裁决专利权人可获得的损害赔偿。美国最高法院在利文斯顿诉伍德沃斯案(Livingston v. Woodworth)中明确,损害赔偿这种救济方式的目的不仅是对专利权人的损失予以补偿,更是对侵权人予以惩罚,以震慑侵权人和社会公众。但这并非衡平法创设的目的,衡平法的目的不包括惩罚,其仅限于矫正,因此损害赔偿救济本身是不适配衡平法的宗旨的,衡平法院也并没有权力运用损害赔偿救济来实现对侵权人的惩罚。[②]

专利损害赔偿救济被实际区分成了两种,即普通法救济和衡平法救济,分别实现了惩罚侵权行为和补偿专利权人损失的职能。但是这也导致了专利权人的救济不够全面的尴尬局面,因为专利权人在受到专利侵害时,只能从普通法救济或衡平法救济中选择一种救济方式,即属于衡平法救济的禁令和属于普通法救济的实际损失 3 倍以下的损害赔偿不可皆得,显然这种制度对于专利权人而言是不公平的。自 1836 年《美国专利

---

① See Burdell v. Denig, 92 U. S. 716(1876).

② See Livingston v. Woodworth, 56 U. S. (15 How.) 546(1853).

法》修改之后,虽然美国基本形成了完整的专利侵权损害赔偿体系,但是专利权人的救济权利还是有较大的瑕疵的。

1870 年《美国专利法》又进行了修改,打破了专利侵权损害赔偿中普通法与衡平法救济的区分,将属于普通法救济的基于实际损失的损害赔偿纳入衡平法院专利侵权损害赔偿救济措施之中,即衡平法院可以在判决的侵权所得的损害赔偿数额之上一并加入专利权人的实际损失,甚至可以将实际损失的数额提高至不超过 3 倍。[①] 这意味着,专利权人在诉至衡平法院之后,可以得到基于侵权所得和基于实际损失的两种损害赔偿救济,这极有可能导致专利权人获得超出其损失以外的赔偿金额,从而得到不当的利益。为了限制这种双重赔偿情形的发生,法院对上述规定采取了限缩性的解释,专利权人可以选择两种救济方式中的一种,要么选择基于侵权所得的损害赔偿,要么选择基于实际损失的损害赔偿,而二者并不能够兼得。[②] 在此基础上,美国法院又对双重赔偿这种特殊情形作出限定,规定在专利权人因侵权而受到的实际损失显著高于侵权人侵权所得的情形下,其可以在侵权所得的赔偿数额的基础上主张叠加其实际损失的数额。美国最高法院认为,专利权人在寻求衡平法救济时,可以获得基于侵权所得的损害赔偿救济,而且在 1870 年 7 月 8 日,即 1870 年《美国专利法》修改以后,若专利权人的实际损失显著大于侵权人的侵权所得,则专利权人可以在侵权所得的赔偿之上叠加基于实际损失的赔偿。[③]

1870 年《美国专利法》的修改使得 1836 年所确立的专利侵权损害赔偿制度更为完善,在一定程度上打破了衡平法救济与普通法救济之间的界限,但是其主要针对的是衡平法救济,并没有针对普通法救济的缺陷进行改良,因此这在司法实践之中产生了一系列的问题。第一,衡平法救济在一定程度上替代了普通法救济,成为了专利权人寻求救济时最优先的选择。在 1870 年《美国专利法》修改后,专利权人如果请求普通法救济,依旧只能获得以实际损失为准的或者以已确定的许可费计算的损害赔

---

① See Patent Act of 1870,16 Stat. 201.

② See Birdsall v. Coolidge,93 US64,68 - 69(1876).

③ See Coupe v. Royer,155 U. S. 582,15 S. Ct. 206(1895).

偿,而不能获得禁令救济以及侵权所得和实际损失叠加的“双重赔偿”。显然,这种修改使得选择衡平法救济的好处远大于普通法救济,因此专利权人无论是否准备请求法院发布禁令,第一选择都会是衡平法救济。衡平法诞生之初主要是为了弥补普通法自身内容僵化、保护范围有限等缺陷,处于一种补充的地位。通常而言,只有在普通法的救济方式(主要为损害赔偿)不足以弥补权利人损失时,权利人才会去寻求衡平法进行救济。[①] 但是在专利救济领域,由于上述规定,衡平法救济更为全面和优越,以至于即使专利权人并不主要诉求禁令救济,依旧会优先选择衡平法救济。由此可以看出,专利领域之中,衡平法救济已经在一定程度上取代了普通法的主导地位。第二,在专利权人准备起诉侵权行为时,如果专利有效期到期或者此时侵权人已经停止其侵权行为,那么专利权人就失去了寻求禁令救济的基础,无法向衡平法院诉诸禁令救济以及附随其上的基于侵权所得的赔偿。在此基础上,被迫向普通法寻求救济的专利权人,若对自己的实际损失无法提供证明,并且也没有已确立的专利许可费供给参考,那么即使其因为侵权人的侵权行为受到了巨大的经济损害,也只能得到微不足道的名义损害赔偿(nominal damages)救济。为了弥补实践中产生的这些问题和矛盾,后续法院提出了“合理许可费”的理念,并很快纳入了《美国专利法》之中,一直持续使用至今。

3. 1895—1952 年:合理许可费赔偿的确立与侵权所得救济的废除

时间追溯到 19 世纪,1895 年在酷普诉罗耶一案[②](Coupe v. Royer)中,美国最高法院认为如果没有证据表明专利许可费已经确立或没有证据确认专利权人受到的实际损害,总而言之就是不存在任何证据可以证明该行为对专利权人有任何形式的损害,那么陪审团所认定的损害赔偿数额不能高于名义损害赔偿数额。因此,后续许多法院在审判案件时都认为,即便在上述困境下,即没有任何证据去证实专利权人具体所受损害的数额,也不可以根据案件的具体情况适用合理许可费,因为这种救济方

① 参见何勤华主编:《外国法制史》(第 6 版),法律出版社 2016 年版,第 147 页。

② See Coupe v. Royer, 155 U. S. 582, 15 S. Ct. 206(1895).

法是缺乏法律依据的。

但是 1915 年多瓦吉亚克诉明尼苏达案[①](Dowagiac Manufacturing Co. v. Minnesota Moline Plow Co.)中,美国最高法院改变了对于合理许可费的态度,认可了合理许可费作为损害赔偿数额确定的一种标准的合理性。瓦吉亚克诉明尼苏达案由于专利权人无法提供证据证明该案件的经济收益与专利部分的关联性,因此无法判断专利在产品的销售利润中所作出的贡献,初审、二审法院皆以此为由拒绝了专利权人提出的基于侵权所得赔偿损害的诉求。美国最高法院与上述观点相左,其认为专利权是一种财产权,而侵权者所实施的侵权行为实质上是对于专利权人专利财产的一种非法掠夺,所以当计算损害赔偿数额时,应当考虑的是损失的价值本身。如果专利权人并没有确立专利许可费,则法院应综合考虑该技术方案本身的性质、用途和优势,以及技术应用范围,权衡判定出专利合理许可费用,从而体现出该技术方案的价值。在此基础之上,美国最高法院还提出,之所以这么做,并不是擅自为当事人拟定合同,而是为了提供一种确定侵权损害赔偿数额的计算方法,更好地帮助专利权人在一些困境之下保障自己的财产利益。

1922 年,《美国专利法》中增加了一个合理数额(reasonable sum)赔偿概念,主要是指在专利侵权行为确实成立时,若专利权人不能提供证据确定其所遭受的实际损失的具体数额,或者侵权人因侵权行为的非法获利数额,并且该实际损失或者侵权所得确实存在,那么法院可以根据案件的具体情况、相应的一系列证据,判定侵权人支付合理数额的损害赔偿。

1946 年《美国专利法》删除了合理数额赔偿,转而改为合理许可费。根据该法,美国法院在判定侵权成立之后,如果专利权人确有损失,那么应当令侵权人负担合理的赔偿金额以至于可以弥补专利权人因其的侵权行为而遭受的损失。所谓"合理",可以依据已确立的专利许可费或可能达成的许可费来界定,其主要在于推定出专利权人本应获得却因侵权而未获得的利益。侵权人在行使制造、使用或销售专利产品的侵权行为后,

---

① See Dowagiac Manufacturing Co. v. Minnesota Moline Plow Co.,235 U.S. 641(1915).

应当对该专利的专利权人承担侵权损害赔偿责任,该赔偿数额不应少于合理许可费,并且附加法院可能定夺的费用和利息。法院在对任何专利案件作出判决之后,可以酌情考量是否将合理的律师费判给胜诉方。

同时,1946 年,《美国专利法》还取消了基于侵权所得的损害赔偿计算方式。在 1946 年《美国专利法》修改之前,专利权人可以同时诉求两种损害赔偿救济,即专利权人因侵权行为而遭受的损失或者侵权人因侵权行为而获得的非法利益。但是在 1946 年《美国专利法》修改之后,由于侵权所得标准的废除,专利侵权损害赔偿数额的计算方式就不再包括以侵权所得为标准的方式了,也就是说,专利权人并不能主张获取侵权人在侵权行为之中所得的全部利益。不过基于具体的案件情况,法院还是可以利用侵权人的侵权所得去判定专利权人诉求的所失利润数额是否合理。[①] 世界各国大多采取了将侵权所得作为专利损害赔偿救济数额计算标准的一种,美国却逆流而行,删除了侵权所得赔偿。其实,美国仅于发明专利领域废除了基于侵权所得的赔偿方式,而对同为知识产权的版权、商标权乃至于外观设计专利权领域都没有废除这种损害赔偿标准。这引起了巨大的争议,有观点认为废除侵权所得赔偿的一个重要原因在于:在案件中,专利权人会举证证明被诉侵权人所获利润有哪些应当分割,而被诉侵权人此时需要去证明分割的合理性来降低赔偿的金额,但是在通常情况下这难以证明,因此专利权人会在此类案件中获得超过其本应得到的赔偿数额。由于这种情形的发生,侵权所得赔偿方式最终被美国国会废除。[②]

不过在 1946 年《美国专利法》修改之初,对于该修改是否确实废除了基于侵权所得的损害赔偿,其实是有争论的。这是由于美国参众两院针对专利法修改法案的报告书在某些地方上的用语较为模棱两可,所以不同的法院对此有不同的解释,一些法院认为该项修改并没有取消侵权所得赔偿救济。这份报告指出法案的目的是补偿专利权人在专利侵权发生

① See Water Technologies Corp. v. Calco. Ltd. ,850 F. 2d 660,672 (1988).

② See Rite-Hite Corp. v. Kelley Co. ,Inc. ,56 F. 3d 1538,1566(1995)(Judge Nies Dissenting).

之时所受到的整体损失，但是该报告在最后一段又有较为模糊的陈述，称："该法案不排除利润恢复(recovery of profits)作为一般损害赔偿的一个要素。"[①]此句"利润恢复"中的"利润"可以有两种理解，既可以将其解释为专利权人因侵权人的侵权行为而遭受到的利润损失，也可以解释为侵权人在侵权行为之中所获得的违法利润。因此，有些法院认为可将"利润"作第二种解释，认为专利法的规定并没有摒弃以侵权所得作为赔偿计算的方式，而只是强调合理许可费在损害赔偿数额确定过程中起到底线作用，损害赔偿数额不应低于合理许可费，至于侵权所得赔偿，其本身就是传统损害赔偿的一种计算方法，没有明确提出不代表已经废除该项赔偿。[②]

对于这些争议，美国最高法院在阿罗(Aro)案中明确表明，国会对于侵权所得赔偿救济采取了废除的态度。阿罗案在当时涉及很多争议问题，因此美国最高法院曾两次对该案进行审理判决，分别可将其认定为阿罗Ⅰ案和阿罗Ⅱ案。该案原告为敞篷车顶部更换公司(Convertible Top Replacement Co.)，其受让了汽车车体研究公司(Automobile Body Research Corp.)的一项关于汽车折合式顶篷组合架的专利。1952 年至 1954 年，通用汽车公司在得到汽车车体研究公司使用许可后，在其生产的车型之中运用了该项专利技术。于此期间，福特公司也同时使用了这项专利，但不同的是，它没有得到使用许可。直到 1955 年 7 月 21 日，福特公司与汽车车体研究公司才达成和解。被告阿罗公司(Aro Mfg. Co.)针对通用汽车公司和福特公司所生产的汽车产品，制造这些汽车车顶布的替代品，使消费者可以在自己的汽车车顶布受到磨损时购买这些替代品用以替换。原告敞篷车顶部更换公司认为阿罗公司生产销售的车顶布替代品属于专门为专利侵权使用而制造的物品，并非通用或适于非侵权用途的商品，根据《美国专利法》第 271 条(c)款的规定，该制造销售

---

① 参见张鹏：《专利侵权损害赔偿制度研究——基本原理与法律适用》，知识产权出版社 2017 年版，第 87 页。

② See Zysset v. Popeil Bros., Inc., 318 F. 2d 701, 137 USPQ 694 (7th Cir. 1963), cert. denied, 376 U. S. 913 (1964).

行为已然构成对于其发明专利的间接侵权。在阿罗Ⅰ案中,美国最高法院认为,这些汽车的拥有者购买车顶布替代品替换已被磨损的汽车车顶布属于合法维修行为,并不能构成直接侵权,阿罗公司所被指控的间接侵权行为也就失去了成立基础。不过在随后的阿罗Ⅱ案中,美国最高法院对于先前的判决进行了反思和更改,多数派认为应当分情况讨论该案件:通用汽车公司和福特公司情况不同,通用汽车公司已经获得涉案专利许可,因此通用汽车用户购买并更换汽车车顶布的行为并不构成直接侵权。然而福特公司是于1955年7月21日与汽车车体研究公司达成和解的,在此之前其并没有权利使用该项专利技术,该公司的制造销售行为都涉及侵权。因此福特汽车用户在福特公司与汽车车体研究公司达成协议之前,为购买的福特汽车进行车顶布的替换是构成直接侵权的,向福特汽车用户出售车顶布的阿罗公司也就构成间接侵权。不过在福特公司与汽车车体研究公司达成协议之后,福特汽车用户更换车顶布的行为就不再涉及侵权问题,阿罗公司的销售行为随之也不可能构成间接侵权。美国最高法院强调福特公司所签署的和解协议只是将福特公司在此之前实施的侵犯专利行为的责任免除,但并没有改变阿罗公司所实施行为属间接侵权的性质。因此,美国最高法院令地区法院重新审理该案件,确定阿罗公司作为间接侵权者应当承担的损害赔偿数额。

对于阿罗公司所应当承担的赔偿数额的计算,涉及一个核心问题,即《美国专利法》第284条是否确定废除了侵权所得赔偿救济方式。因为在该案中,原告敞篷车顶部更换公司所遭受的利益损失或者其合理许可费都较难举证,而被告阿罗公司的侵权所得却是极好证明的,可以计算出确定的数额。美国联邦法院顺势在该案之中明确表示,1946年《美国专利法》的修改已然废除了侵权所得赔偿。1946年专利法案之中,将赔偿金的范围限于足以弥补专利权人所遭受的损失,而并没有囊括侵权人在侵权行为中所获得的利益。在专利法传统中,赔偿金通常指专利权人在侵权行为所遭受损失的补偿,侵权人在侵权活动中的获利为侵权所得,与赔偿金并不能混为一谈。1946年《美国专利法》修改之前,赔偿金和侵权所得同时并存于专利法之中,但在修改之后,侵权所得便被废弃,不能再由专利权人主张了。

美国最高法院在判决中对于侵权所得应当废除的解释,引起了许多争议,哈伦大法官也指出该问题并不够成熟,需要暂缓考虑,[①]但是后续的法院依旧遵循了该判例。其中乔治亚－太平洋公司诉美国胶合板公司一案(Georgia-Pacific Corp. v. United States Plywood Corp.)中,纽约南区法院举出了4点支持1946年《美国专利法》已然废除侵权所得救济的理由:(1)侵权所得和赔偿金本身在之前的法律之中就有被区分,例如赔偿金可以适用3倍赔偿,但是侵权所得不可以;(2)美国国会明确了侵权所得赔偿救济依旧保留于外观设计和商标制度之中,但其在发明专利制度中唯独没有声明;(3)美国参议院和众议院的报告认为在计算赔偿金数额时,可以将侵权人的侵权所得作为考虑因素之一,但这只表明侵权所得可以在特定情形下作为赔偿数额计算的一个间接考虑因素,而并非将其直接算入赔偿数额之中;(4)1946年《美国专利法》的修改主要是因为侵权所得的计算程序耗费了司法助理们大量的时间和精力,并且利润分摊问题也横在其中难以解决,因此若侵权所得救济依旧保留在《美国专利法》之中,显然违背了《美国专利法》修改的主旨。

1952年《美国专利法》整合了之前历代的专利法案,其中第284条依旧强调应当判给专利权人足以弥补损失的损害赔偿金额,并且绝对不能少于合理许可费。1952年《美国专利法》修改之后,法院对于专利侵权损害赔偿主要采取合理许可费和所失利润两种救济方式,其中,合理许可费相较于所失利润而言是更为常用的一种救济方式。

4.1952—2011年:促进专利损害赔偿制度体系化发展和天价赔偿金额问题的抑制

自20世纪50年代起,《美国专利法》主要经历了三次较大的修订,分别是1975年、1982年、2005年。1975年《美国专利法》主要将“专利局”的名称更改为“专利商标局”,并依据1970年签订的PCT对国内专利法,

① 参见张鹏:《专利侵权损害赔偿制度研究——基本原理与法律适用》,知识产权出版社2017年版,第91页。

主要是专利撰写方面进行一定程度的修改。1982年《美国联邦法院改革法》生效，正式设立了联邦巡回上诉法院（The Court of Appeals for the Federal Circuit），其可以受理来自所有地区法院的专利上诉案件和专利商标局各委员会的上诉案件，对于不同地区法院在专利案件上解释不一的情形进行遏制。这极有利于美国专利侵权损害赔偿体系化发展，联邦巡回上诉法院可以系统地对于此后的案例进行分析，并探索解释损害赔偿数额计算的规则。①

第三次修改开始于2005年，该年6月8日，共和党众议员拉马尔·史密斯（Lamar Smith）提出了《2005年专利改革法案》，又称为《HR2795法案》。该法案主要目的有三，一是提高专利质量；二是减少冗余的专利案件；三是令美国专利法衔接上世界多数国家的专利法，与他们的专利法统一。2007年4月18日，民主党霍德华·伯曼（Howard Berman）和共和党议员拉马尔·史密斯一起提交了《2007年专利改革法案》，又称为《HR1908法案》。该法案对于专利侵权损害赔偿制度的变革主要体现在第284条，其通过提出"技术分摊规则"来遏制天价赔偿金额频繁出现的情形，即不再以专利产品的全部市场价值为基础来权衡损害赔偿金额，而是以该专利技术对于专利产品利润的贡献程度来计算赔偿金。《HR1908法案》在众议院以225票赞成、174票反对被通过，但其引起了很大的争议。计算机和电子企业对于《HR1908法案》表示了强烈的支持，认为该法案可以遏制赔偿金额过于高昂的情况，提高专利的质量并且减少不必要的专利诉讼；而生物医药等企业持激烈的反对态度，声称该法案会使企业持有的知识产权价值急剧缩水，专利保护力度因而降低，专利侵权更易发生。② 2008年2月6日，14家行业协会联合向参议院请求否决《HR1908法案》，最终参议院没有通过该法案。2009年3月3日，参议员力希和哈奇联合提交了《2009年美国专利改革法案》，又称为《S515法案》。《S515法案》在2007年法案基础上进行了删减修正，提出

---

① 参见张玉敏、杨晓玲：《美国专利侵权诉讼中损害赔偿金计算及对我国的借鉴意义》，载《法律适用》2014年第8期。

② 参见张绳祖：《美国专利法的修改及对我国的影响》，载《法律适用》2012年第11期。

在侵权行为确定成立后，法官需要判断涉案专利技术对于专利产品是否至关重要，并且法官还需要作为"看门人"，根据案件具体情况决定损害赔偿金额的计算需要包括哪些因素，以辅助陪审团决定侵权损害赔偿的具体金额。关于专利损害赔偿金额确定的条款引起了许多争议，不能使多数人形成统一意见，《S515 法案》在众议院未被通过。不过在 2011 年，《S515 法案》经过修改再次被提出，被命名为《2011 年美国专利改革法案》，又名《美国发明法案》。《美国发明法案》于 2011 年 9 月 16 日由时任美国总统奥巴马签署发布，其中之前法案涉及的专利损害赔偿金额问题涉及利益分配导致各方意见不一被回避，这项专利法案是近 60 年来美国改革力度最大的专利法案，涉及程序、行政等各方面，影响深远。

二、中国专利侵权损害赔偿制度历史沿革

1. 1984—2008 年：专利侵权损害赔偿制度摸索确立。我国在 1984 年首次订立了《专利法》，但限于当时的社会情况、立法技术等问题，并没有在其中对专利侵权损害赔偿做具体规定。而后 1992 年修正的《专利法》主要目的在于扩大专利保护范围，优化专利授权程序等，[①]亦没有着眼于专利侵权损害赔偿问题之上。有学者通过检索发现在这一时期，实践中多适用我国《民法通则》（已失效）第 118 条来要求专利侵权人承担损害赔偿责任。[②] 在 1992 年 12 月 31 日，我国最高人民法院发布了《关于审理专利纠纷案件若干问题的解答》（已失效），此份文件就专利侵权的损害赔偿问题提出了三种计算方法，第一种是以专利权人因侵权行为所受经济损失为基准来计算，具体数额为专利权人因侵权行为而减少的销售量乘以每件专利产品利润所得之积；第二种是以侵权人实施专利侵权行为的侵权所得为基准来计算，赔偿额为侵权人每件专利侵权产品的利润乘

① 参见吴汉东：《中国专利法的发展道路：现代化、国际化与战略化——在中国专利法颁布 30 周年座谈会上的发言》，载《知识产权》2014 年第 3 期。

② 参见谭东丽：《专利侵权损害法定赔偿研究》，中南财经政法大学 2019 年博士学位论文，第 39 页。

以市场销售总数之积;第三种是以合理数额作为损害赔偿,但是该数额不得低于专利许可使用费。如果当事人约定了其他损害赔偿计算方式,在公平合理的前提下,法院也可以支持该约定。从中可以看出,我国在解决专利损害赔偿问题之初,就以补偿原则为基调,着重于填平专利权人因侵权行为而遭受的损失。并且,在1998年,最高人民法院发布的《关于全国部分法院知识产权审判工作座谈会纪要》也强调了此点,该纪要在第三点"关于正确适用法律问题"中提到了关于知识产权损害赔偿的问题,其表明要紧紧抓住《民法通则》(已失效)的规定,全面补偿知识产权人所受到的经济损失,不能出现知识产权人"赢了官司输了钱"的不利情形。《关于全国部分法院知识产权审判工作座谈会纪要》还提出,对于确认构成侵权行为但知识产权人利润损失和侵权人侵权所得都难以计算的案件,可以采取定额赔偿来判定赔偿金额,其额度应在5000元至30万元,由法院根据案件具体情形认定。

2000年,我国《专利法》进行了第二次修正。在这次修改之中,可以看出我国对于专利的保护力度越来越强,并逐渐本土化国外的政策,使之适应我国国情,例如对于侵权人损害赔偿不担责的条件,除要求侵权人不知道该专利存在以外,还要求其证明自己产品的合法来源,这其实对于侵权人的责任要求要比其他国家更重一些。在损害赔偿金额的计算方面,2000年修正的《专利法》正式增订了专利侵权损害赔偿的计算方法,其主要参照我国在之前实践中的法律经验,并依据《与贸易有关的知识产权协定》第45条而创设。2000年《专利法》第60条规定:"侵犯专利权的赔偿数额,按照权利人因被侵权所受到的损失或者侵权人因侵权所获得的利益确定;被侵权人的损失或者侵权人获得的利益难以确定的,参照该专利许可使用费的倍数合理确定。"第60条规定基本延续了1992年《关于审理专利纠纷案件若干问题的解答》的设立思路,但将第三种计算方法即以不低于专利许可费的合理数额确定损失赔偿数额,修改为以专利许可费倍数确定。这或许是因为在当时企业法律意识淡薄,侵权行为频发,所以用更重的处罚力度去遏制这些不尊重专利权的情形。[①]

2001 年最高人民法院公布《关于审理专利纠纷案件适用法律问题的若干规定》[以下简称《审理专利纠纷若干规定》(2001)],该份文件在第 20 条至第 22 条更进一步规定对于侵权损害赔偿数额的具体计算方法。第 20 条规定了权利人所失利润的计算方法,即根据专利权人的专利产品因侵权所造成销售量减少的总数乘以每件专利产品的合理利润所得之积计算;还规定了侵权人因侵权所得的计算方法,即根据该侵权产品在市场上销售的总数乘以每件侵权产品的合理利润所得之积计算。第 21 条规定,在专利权人所失利润和侵权人侵权所得都难以确定的情况下,可以根据案件具体情况适用专利许可使用费的 1 至 3 倍确定侵权损害赔偿数额;若无适合的专利许可费以供参考,人民法院可以根据案情判定赔偿数额,一般为 5000 元至 30 万元,最多不得超过人民币 50 万元。第 22 条规定,专利损害赔偿数额可以包括专利权人因调查、制止侵权所支付的合理费用。

2. 2008—2015 年:专利侵权损害赔偿制度框架订立。2008 年修正的《专利法》第 65 条相较于 2000 年《专利法》有了三大改变,首先,其增加了法定赔偿的条款,法定赔偿虽是第一次在《专利法》中规定,但是之前在司法解释中就早有迹象,例如《审理专利纠纷若干规定》(2001)第 21 条。其次,2008 年《专利法》第 65 条进一步规定了侵权损害赔偿计算方式的确定顺序,先按照专利权人因侵权遭受的实际损失来计算,若实际损失难以确定,则再按照侵权人侵权所得来计算。若前两种计算方式都难以确定赔偿金额,则再考虑专利许可使用费的合理倍数。在专利许可使用费也无法确定的情形下,考虑的才是新添加的规定即法定赔偿,法院可以根据专利权的类型、侵权行为的性质和情节等因素确定赔偿金数额,数额应在人民币 1 万元至 100 万元。最后,2008 年《专利法》第 65 条还强调了赔偿金额应当包括专利权人为制止侵权行为所支

---

① 参见汤宗舜:《关于专利法第二次修改中几个规定的思考》,载国家知识产权局专利法研究所编:《专利法研究(2001)》,知识产权出版社 2001 年版。

付的合理开支。

而后2009年12月28日，最高人民法院发布了《专利纠纷法律解释》，在该解释第16条中，最高人民法院对2008年《专利法》第65条进行了更深层次的细化。《专利纠纷法律解释》第16条第1款限定了侵权所得利益计算的范围，只能是侵权人因侵犯专利权行为所获得的利益，若还有涉及其他权利而获得的利益则不能被计算在内；第16条第2款和第3款主要限定发明、实用新型和外观设计专利的损害赔偿范围，其要求这三类专利产品系其他产品零部件或包装物时，法院应当依据该专利产品本身的价值以及该产品在整个产品利润中的贡献率等因素来合理确定损害赔偿数额。

2013年最高人民法院修正并公布了《关于审理专利纠纷案件适用法律问题的若干规定》[以下简称《审理专利纠纷若干规定》(2013)]，但该规定只是增加了有关专利案件管辖的规定，并没有涉及专利侵权损害赔偿问题，尤其是有关法定赔偿的数额范围。2008年《专利法》早已将法定赔偿的数额限定在人民币1万元至100万元，然而《审理专利纠纷若干规定》(2013)依旧维持着2001年的相关规定，即仍然是限定在人民币5000元至30万元，至高不超过50万元。2015年最高人民法院第二次修正并公布了《关于审理专利纠纷案件适用法律问题的若干规定》[以下简称《审理专利纠纷若干规定》(2015)]，对于一些专利损害赔偿条款进行了删减或更改，主要将2013年该文件第20条第1款删除，并将原第20条第2款和第3款进行了一些语言上的变动，但对于专利权人实际损失和侵权人侵权所得的数额计算公式并没有实质性的改变。《审理专利纠纷若干规定》(2015)第21条主要将专利许可费的倍数范围删除了，之前在以专利许可费确定损害赔偿数额时，损害赔偿数额限定在专利许可使用费的1倍至3倍，现在只要是合理倍数即可；还将法定赔偿的数额与2008年修正的《专利法》第65条第2款所规定数额进行衔接匹配，限定在了人民币1万元至100万元。《审理专利纠纷若干规定》(2015)第22条也进行了一定的更改，将之前的“权利人因调查、制止侵权所支付的合理费用”更改为“权利人主张其为制止侵权行为所支付合理开支的”。

3. 2015—2020 年:专利损害赔偿制度跟随社会发展进一步细化并引入惩罚性赔偿。2016 年 3 月,最高人民法院发布了《关于审理侵犯专利权纠纷案件应用法律若干问题的解释(二)》[以下简称《专利纠纷法律解释(二)》(2016)]。在当时,知识产权的赔偿数额较低,有一个主要原因是举证困难,很多有关侵权数额确定的关键性证据都由侵权人掌控,权利人很难拿出相关证据,因此《专利纠纷法律解释(二)》(2016)第 27 条规定了双方举证责任的问题,在判定侵权人在专利侵权行为中所获得利益时,要求专利权人应当对此进行举证,若专利权人初步提供了证据,而侵权人掌控了侵权相关的账簿、资料,则侵权人应当提供该账簿和资料,若侵权人无正当理由拒不提供或者提供虚假的账簿、资料,法院可以根据专利权人的主张和提供的证据认定侵权人因侵权所获得的利益。需要注意的是,第一,该条所称的初步证据可以是侵权人的公司年报、侵权人自己对获利的宣传等,不应当过于严苛,以至于专利权人依旧举证困难。第二,在专利权人并没有初步举证或侵权人并没有掌握侵权相关账簿、资料的情形下,由于侵权获利依旧难以计算,所以应当考虑下一顺位赔偿计算方式即依据专利许可使用费确定损害赔偿数额。[①]《专利纠纷法律解释(二)》(2016)第 28 条则规定专利权人与侵权人主张依据约定的专利侵权赔偿金额或赔偿计算方法确定赔偿的,法院应当予以支持。在适用第 28 条时,需理解这种约定不一定必须发生在专利侵权行为实施之前,也可以在侵权行为发生之后,并且专利权人和侵权人都可以在诉讼时提出遵从约定数额或约定数额计算方式的申请。

在 2008 年《专利法》修正之后,司法实践中依旧问题重重,专利维权困难,赔偿数额也较低。我国在此期间发布了很多政策性文件,例如,2015 年《关于新形势下加快知识产权强国建设的若干意见》强调要实施惩罚性赔偿,提高赔偿数额上限;又如,2019 年《关于强化知识产权保护的意见》,强调了要改变权利人维权"举证难、周期长、成本高、赔偿低"的

---

① 参见宋晓明、王闯、李剑:《〈关于审理侵犯专利权纠纷案件应用法律若干问题的解释(二)〉的理解与适用》,载《人民司法(应用)》2016 年第 10 期。

局面,确立支持知识产权严保护政策导向。为了适应社会变革,加大力度保护知识产权,我国从 2011 年 11 月便开始准备《专利法》的第四次修正工作。2020 年 1 月中美签署的《中华人民共和国政府和美利坚合众国政府经济贸易协议》加速推动了我国《专利法》的修正。[①] 2020 年 10 月 17 日,我国成功完成了《专利法》的第四次修正工作。在此次修改中,我国对于专利损害赔偿制度也进行了一定的变革。2020 年《专利法》第 71 条首先将专利权人的实际损失和侵权人的侵权所得这两种计算方式的适用顺序并列设立在了第一位;其次将法定赔偿从原先的人民币 1 万元以上 100 万元以下改成了 3 万元以上 500 万元以下,可以看出法定赔偿的上限增加了 5 倍,下限也增加了;再次将惩罚性赔偿制度引入了《专利法》之中,规定侵权人若是故意侵权并且情节严重,那么可以以确定的赔偿数额的 1 倍至 5 倍来判定赔偿金;最后由于专利权人在损害赔偿中举证困难,《专利法》纳入了司法实践中的做法,即在专利权人已经尽力举证,而与侵权行为相关的账簿、资料主要由侵权人掌握的情况下,由侵权人承担提供与侵权相关的账簿、资料的责任。

第五节　专利侵权损害赔偿制度的意义

一、有利于维护专利权人的合法权益

专利权人在被授予专利权之后,对自己的发明创造享有法定的垄断权利,即未经专利权人授权,他人不得以生产经营为目的对专利权人的专利实施使用、制造、销售、许诺销售、进口等行为。专利权是一种排他性的权利,如果他人实施了独属于专利权人或经过专利权人授权才可以行使的行为,那么必然会对专利权人的权益造成巨大的损害,对专利权人或潜在的发明创新者的创新动力造成巨大的打击。因此需要专利侵权损害赔偿制度来弥补专利权人的损失,这是其极为重要的意义之一。

---

① 参见伯雨鸿:《我国〈专利法〉第四次修正之评析》,载《电子知识产权》2021 年第 3 期。

在专利侵权纠纷之中,侵权人应当以填平原则去填补因自己的侵权行为所造成的专利权人的损失,让被侵权人恢复到原先没有被侵权时应有的状态。这里的损失是指专利权人的实际损失,而不包括并未发生的、主观上臆想的损失。侵权人应当以实际的损失为依据,全面予以补偿,理论上既不能超出专利权人的实际损失,也不能低于其实际损失。

在传统的侵权责任法中,补偿被侵权人的损失被认为是最重要的功能。如《侵权责任法》(已失效)第1条规定"为保护民事主体的合法权益,明确侵权责任,预防并制裁侵权行为……",制定该法,赔偿损失要从保护被侵权人的合法权益的角度出发,明确侵权人对被侵权人所造成的损失,予以全面赔偿。另外,从民法中"公平"这一基本原则来看,在违法的民事活动中,侵权人对于自己过错而导致的他人的损失,应当承担与过错程度相适应的民事责任。

在知识产权领域,对知识产权人的实际损失进行全面的补偿,是知识产权侵权损害赔偿制度的底层逻辑,也是知识产权侵权损害赔偿制度的首要功能。《与贸易有关的知识产权协定》第45条第1款规定:对于故意或有充分理由应知道自己从事侵权活动的侵权人,司法机关有权责令侵权人向权利持有人支付足以补偿其因知识产权侵权所受损害的赔偿。第45条中的"所受损害的补偿"肯定了知识产权赔偿应当以填平原则为准,补偿知识产权人所受到的实际损失。在我国国内知识产权领域立法之中,也有相关规定,如《专利法》第71条、《著作权法》第54条和《商标法》第63条,其皆要求以权利人因被侵权而所遭受的实际损失为判断标准。

相对于一般的侵权行为而言,专利侵权行为的赔偿损失计算更为困难。这是由于传统的侵权损害赔偿是基于有形客体而建立的赔偿计算体系,而专利权的客体具有无形性,并不能生搬硬套地强行塞入这套体系之中。有形财产受到侵害可以表现为被毁损、灭失,只要根据该有形财产价值的减少就可以判定需要赔偿的损失,但是专利的"非物质性"导致其不会因为侵权人的使用而折损乃至灭失,其价值减少的表现形式并不同于有形客体。因此,对专利权人实际损失的计算是较为困难的,我国《专利法》也没有明确专利权人的实际损失的范围,导致司法实践中对于实际损失范围界定的标准极不统一,同类案件的赔偿数额并不一致。

总而言之,专利侵权损害赔偿制度最重要、最首要的意义就是补偿专利权人的损失,填平专利权人因他人的侵权行为而受到的所有实际损失,实现对专利权人的救济,使之恢复到未被侵权的状态。只有对专利权人的实际损失进行全面补偿,才能够弥补专利权人所受到的损害,保证专利权人的创新热情不被打击,维持专利制度的平稳运转。

除了补偿专利权人的损失外,专利侵权损害赔偿制度还可以预防专利侵权行为的再度发生以及制裁某些专利侵权人。在专利领域内,专利权的客体具有无形性,相比于传统的有形财产权而言,对于专利权的侵犯更为抽象,更难以预防,例如专利权人不能通过常规的物理占有的方式来排除他人对专利的侵犯,并且一旦侵犯便很容易形成一定的规模,导致专利权人受损严重。同时,专利权是一项以公开换取垄断的特殊权利,专利权人一旦公开了专利的技术核心,该本领域的普通技术人员便能够了解并实施该技术,对于侵权人而言,在此基础上实施侵权行为是较为简单的。由于专利具有这些特点,因此更需要专利侵权损害赔偿制度来防止专利侵权人从侵权行为中获取高额利益,降低专利侵权行为发生的概率。我国还引入了惩罚性赔偿制度,试图通过制裁专利侵权人主观故意且情节严重的侵权行为,来降低居高不下的专利侵权率,保护专利权人的合法权益。总而言之,专利侵权损害赔偿制度的最大目的就是保障专利权人的合法权益,通过事后的救济来恢复专利权人被侵害的权利,使之圆满,又通过事后救济的达成来遏制、预防专利权人的专利权再次遭受损害,使之保持圆满的状态。

二、有利于专利权制度的完善

我国对于专利权的民事救济主要有两个基本目标,即达成停止侵权人侵权行为,保护专利权人的损失不要进一步扩大以及补偿专利权人因为侵权行为而遭受的损失。因此,相对应地,专利权的民事救济措施中最为重要的两类分别为停止侵权和损害赔偿。停止侵权是一种物权救济方式,在专利权领域有一定的局限性。诚然,专利权作为一种财产权,使用停止侵权的救济手段有自身的合理性,但其并非能同物权一般达成当事人权利恢复完满的目的。首先,停止侵权仅保证了专利权人的损失并不会进一步地加剧,但是已经造成的损失却不可能弥补。如果不采取赔偿损失的救济手段,那么侵权人因为侵权行为而获得的经济利益无须赔偿给专利权人,专利权人的实际损失也无法弥补,这无疑是不符合公平正义的价值理念的,潜在侵权人也会因为有利可图而更加倾向于实施侵权行为。其次,专利具有无形性,只是承载于有形载体之上,因此其权利边界相较于物权等民事权利而言更为模糊,其作为私权甚至还有一定的公共属性。因此,如果僵硬地适用停止侵权这种民事责任,可能会损害第三方乃至社会公众的利益。最后,侵害专利权的方式与通常观念下侵害物权的方式有所差异,一个技术产品的毁损灭失,并不意味着蕴含在其中的专利技术方案随之毁损灭失,或者说专利技术方案本身是不会受到“物理”上的损害的。专利权受到的侵害更多表现为市场利益上的损失,例如侵权人擅自制造并大量出售低价的专利产品,那么专利权人的专利产品便会在市场中被挤兑,销售量的减少自然带来了专利权人经济利益的受损。因此,停止侵权并不一定能达到理想的救济效果,而损害赔偿制度可以作为替代性措施充分地为专利权提供救济,也可以配合其他救济方式包括停止侵害,最大限度地弥补专利权人在侵权之中所受到的经济利益损害。专利损害赔偿制度有较高的灵活性,可以弥补停止侵权等救济方式的不足,更加充分地保证专利权的救济效果,完善专利制度。

三、有利于科技创新促进经济发展

专利制度创设的目的主要在于促进科技的创新,以及社会经济的发展。专利损害赔偿制度可以维护专利制度的鼓励机制,运用国家机器的力量保护专利权人的技术方案,尊重专利权人的创新成果;同时其也可以创设一个良好的尊重专利权人发明创造,为“无形的”知识信息付费的社会氛围,从而激起社会大众对于创新的热情。

专利侵权损害赔偿制度是一种救济制度,其直接效果是补偿专利权人的损失,又兼具预防和惩罚侵权行为,修补专利制度因为侵权行为而丧失的激励创新的效果。专利所保护的本质上是一种信息,其具有非物质性,而由于专利权人需要公开这种信息用以换取对该信息的排他性权利,这使得这种信息的获取近乎是免费的,其他企业无须付出任何开发成本。因此需要允许专利权人能够禁止他人擅自利用其专利成果,以保证专利权人可以通过自己的发明创造获得收益,弥补自己高额的研发经费,并获得额外的经济利益,达到激励专利权人继续研发技术的积极效果。专利侵权行为破坏了专利制度的这种鼓励机制,绕开专利权人,擅自利用了其公开的技术信息,以至于专利权人不能从自己的研发成果中获得本应属于自己的利益,其不仅无法获得更多的利益,甚至无法填补前期投入的研发经费,这无疑会极大地打击专利权人的创新热情。专利侵权损害赔偿制度可以一定程度地修复被专利侵权行为所破坏的专利鼓励机制,通过判决专利侵权人填补专利权人损失的方式,使专利权人恢复到尚未被侵权时的初始状态,从而保证激励创新效果的恢复。专利侵权损害赔偿制度利用国家机器的力量,充分肯定并尊重了专利权人的创造成果,这同样也会激励整个社会群体去尊重专利技术,形成良好的推崇创新的社会风气,从根本上去激发社会公众对于创新的热情。

专利侵权损害赔偿制度还能够培养社会公众积极为知识产品付费的习惯,养成社会公众为智力成果进行投资而非侵权的良好意识,从而为整个社会铺垫出供给技术人员创新的沃土。专利技术方案的研发和转化需要大量时间、经费的投入,并且整个过程中都充斥着较高的风险,研发的速度、决策的方向等都可能导致高额的成本付之一炬。因此专利损害赔偿制度通过保障专利权人的权益并惩处侵权人的侵权行为,维护了双方的利益公平,保证专利权人不会因为侵权行为而无法收回前期付出的经济投资,该制度也教育社会公众行使专利侵权行为并不会得到所预想的利益反而会受到制裁,从而劝诫社会公众放弃走捷径的不当思想,尊重专利技术方案,形成良好的保护创新成果的社会环境。只有社会公众都有尊重技术成果的意识,才能够真正从根源上激发公众对于创新的热情,形成创新—获得收益—再将收益投入创新的正向循环,引领社会经济快速发展。

第二章　专利权的价值与专利侵权损害赔偿

第一节　专利权的价值

一、劳动价值理论与专利权的价值

在现代经济发展之中，知识经济的占比越来越高，许多公司的资产构成中知识产权的份额日益提高。专利制度是知识产权制度的重要组成部分，近年来关于专利侵权的案件频发，专利的转让、许可等交易行为也不断增多，而这些行为都逃不过的一个核心问题就是对于专利权价值的认定。只有认定了专利权的价值，才能够针对专利权设立合理的专利侵权损害赔偿制度，使得专利权人在遭遇侵权行为时得到合理的赔偿数额，保障其利益，更支持了专利制度的长远发展。

对于专利权价值的确定，可以试图从经济学中寻求解答。对于财产背后所潜藏价值的衡量，经济学主要有两大理论流派，即劳动价值理论和效用价值理论。劳动价值理论起源于英国古典政治经济学创始人威廉·配第，他提出所有物品都是由土地和劳动两种因素来评定价值的。[①] 亚当·斯密在威廉·配第的基础上进行了更深层次的分析,他在《国民财富的性质和原因的研究》中明确区分了交换价值和使用价值并提出劳动是一切商品的价值的源泉。[②] 大卫·李嘉图继承了前人的观点,强调商品的价值取决于生产该商品所必需的相对劳动量。[③] 黑格尔从古典经济学中吸收了"劳动"的概念,并运用劳动概念思考与"人"相关的一系列哲学问题,认为劳动是人与自然、人与自我、人与社会关系的重要媒介。[④] 马克思批判性地继承了古典经济学与黑格尔哲学,并对劳动的本质进行了经济学和哲学的双重思考,最终得出了属于自己的劳动价值学说。

马克思认为价值是一种凝结在商品中的无差别的人类劳动,交换价值是价值的表现形式,价值是交换价值的内容。他提出了劳动二重性理论,即生产商品这一劳动过程同时包括具体劳动和抽象劳动两个方面,具体劳动生产商品的使用价值,抽象劳动生产商品的价值。劳动二重性决定了商品的二因素,即商品具有价值和使用价值。使用价值是价值的物质基础,是商品的自然属性,具有质的不可比较性。价值的大小由价值量来表示,价值量是由生产使用价值所需的社会必要劳动时间决定的。

马克思的理论将有形商品的价值构成厘清,通过剩余价值概念揭露了资本主义的剥削实质。但是马克思所处时代为工业化的时代,在该时代之中,商品主要以普通的工业化产品为主,科学技术被认为是用来影响劳动复杂程度的事物。马克思认为复杂的劳动只是多倍的简单劳动,[⑤] 可以将复杂的劳动简化成简单劳动,从而统一按照简单劳动来进行分析计算。但是随着科技革命,技术的创造与革新成了经济发展的决定性因

---

① 参见龚大春:《知识产权原理》,中国政法大学出版社 2020 年版,第 56 页。

② 参见[英]亚当·斯密:《国民财富的性质和原因的研究》(上卷),郭大力、王亚南译,商务印书馆 1972 年版,第 44 页。

③ 参见[英]大卫·李嘉图:《政治经济学及赋税原理》,郭大力、王亚南译,商务印书馆 2021 年版,第 5 页。

④ 参见吴鹏:《论黑格尔的劳动概念及其困境》,载《中南大学学报(社会科学版)》2017 年第 3 期。

⑤ 参见[德]马克思:《资本论》(第 1 卷),中共中央马克思恩格斯列宁斯大林著作编译局译,人民出版社 1975 年版,第 58 页。

素，各类智力创造劳动的价值计算也随之被重视。专利技术的创造过程相对于一般工业化产品有自己的特殊性，其并没有“同类商品的社会必要劳动时间”，亦不能将专利技术的创造过程标准化、工业化，因而难以从劳动价值论之中去寻求对于专利技术价值的决定方式。

1. 对于专利技术而言，并不存在生产同类专利技术的社会必要劳动时间。所谓社会必要劳动时间，是指在现有的社会正常的生产条件下，在社会平均的劳动熟练程度和劳动强度下，制造某种使用价值所需要的劳动时间。社会必要劳动时间是相对于个别劳动时间而言的，个别劳动时间是个别商品的生产者生产其商品所用的劳动时间。一种有形产品，例如一件衣服，在现有的社会生产水平下，各个生产部门对于这件衣服的生产时间可能有所不同。比如一位对工厂机器不熟悉的工人在生产这件衣服的时候，便会因为不熟练而增加劳动时间，其个别劳动时间就较长，个别价值相应增大，但是这绝不代表这件衣服的价值相应增多，因为这件衣服的价值是由社会必要劳动时间所决定的，是由所有生产相同衣服的生产主体在平均劳动熟练程度和劳动强度下所用时间所决定的。这件衣服的生产主体不止一个，有些主体可能投入时间稍微少一些，有些会稍微多一些，在对利益的追逐下，他们彼此之间相互竞争，平均这些生产主体劳动熟练程度和劳动强度，即可得到生产这件衣服的社会必要劳动时间。因此，如果想要得到社会必要劳动时间，就需要这种商品的生产部门不止一个，然后将不同部门对相同产品的劳动熟练程度和劳动强度进行平均。

然而，专利权所对应的发明创造是无形的，诚然其生产过程依旧离不开人类的劳动，但是与普通工业产品不同，技术发明不需要重复的工业生产。技术方案在申请成为专利时，需要有三个重要的条件，即具备新颖性、创造性和实用性。其中新颖性意味着，发明人研发的技术需要“前无古人”，任何人都没有就该项技术方案在他提出专利申请的日期之前申请过，至于是否“后无来者”则无人在意，因为只要前人研发并申请了，该项技术的新颖性就已经失去了。智力成果的非物质性，导致发明创造一旦通过人类的智力活动研发产生，就能够无限传播，既不需要像有形工业产品那样通过工业化设备不断重复地进行生产销售过程，也不需要科研人员去重复技术研发过程从而不断地生产出该项技术,只要有一个人研发出了该项技术,属于该项技术的智力创造过程就可以结束了。不能批量生产的技术方案,不可能有多个生产部门一同进行相同技术的生产,并平均该项智力劳动的熟练度和强度,以至于得到最后的社会必要劳动时间。

2. 专利技术的价值量和个人劳动付出没有很强的正相关性。专利技术方案并不存在社会必要劳动时间,那么是否可以用个别劳动时间来判定专利技术的价值量呢?其实这是不能成立的,将个别劳动时间作为专利技术的价值,本质上就是将在技术研发过程中的物化劳动和活劳动作为专利技术价值量的评判尺度。然而技术方案的价值其实和个人劳动的付出量并没有很强的相关性。首先,技术研发的过程具有不可预见性、独特性。例如,在进行一项药物研发实验时,需要找到一种克制某病菌增长的成分,这通常来说需要进行无数次试验,最终在繁多的潜在成分之中找到那个可以适用的成分。但是此时一个研发人员,第一次实验就运气极好地选对了成分,完成了药物研发的核心工作。这次研发工作所消耗的劳动和物质资源都相当少,但显然不代表这项药物的价值量也小。一种药品若能研发成功,代表着无数条该项药品的生产线的兴起,代表着相关病人生的希望,经济价值和社会意义都极为巨大。因此技术的研发具有偶然性,不能稳定预见技术研发所需要投入的劳动,即使每个技术人员都研发出了同一种技术,而个人的灵感、智力水平,甚至运气不同,研发过程也会因人而异,导致在这其中所消耗的劳动量也大相径庭。举出一个极端例子,一位技术人员付出了巨大的个人劳动,但最终依旧没有研发成功,没有研究成果,那么这些付出显然是没有价值的。所以研发过程中的劳动付出与研发结果的价值量并没有明显的关系。其次,简单的专利技术可能会产生巨大的价值,而投入极高的技术成果可能反而会遭到市场冷遇,这导致劳动付出与价值之间无法形成稳定的联系。如在一支铅笔顶部加上一块小橡皮,这样的组合产品一经推出便引起了市场的火爆反馈,但是该项产品的研发过程可以说是极为简单,劳动付出也显而易见得低,经济价值却非常高。也就是说,带有橡皮的铅笔的价值不是由研发人员的个别劳动时间所决定,其还有市场因素在起作用。因此,技术人员的研发劳动决定了技术的产生,但难以因其的创造性劳动付出而确定该项技术的价值。

劳动价值理论经过了时间的检验,有其合理性,但是任何理论都有它的应用范围,不可能解释所有的现象。劳动价值理论诞生于工业化时代,其解决的是工业化的有形产品的价值问题,对于无形的知识产品,劳动价值理论需要进行进一步的扩张与更新。

二、效用价值理论与专利权的价值

与劳动价值理论对立的是效用价值理论,其认为商品的价值是由商品对于消费者欲望的满足能力或者消费者对于物品效用的心理主观评价而决定的。所谓效用就是指商品对于消费者能起到的满足程度,其是商品价值衡量的标尺。早在古希腊时期亚里士多德便提出物品的效用是商品交换的基础。17 世纪英国早期经济学家尼古拉斯·巴尔本提出物品价值的源泉是效用,没有效用的物品就没有价值。在 18 世纪,意大利经济学家斐迪南多·加利阿尼认为物品价值取决于消费者的主观评价。效用价值理论在这之后陷入了停滞,劳动价值理论兴起,直至 19 世纪 30 年代边际效用概念的形成。英国经济学家劳埃德区分了总效用和边际效用两个概念,德国经济学家戈森提出戈森定理,为边际效用价值论打下理论根基。19 世纪 70 年代,边际效用价值理论走向成熟,其中有三位代表人物:英国经济学家杰文斯、奥地利经济学家门格尔和法国经济学家瓦尔拉斯,他们分别独立地提出了自己的理论,但内容是相似的,都认为商品的价值取决于边际效用,即满足消费者最小的那一单位欲望的商品效用。效用价值论主要认为商品之所以有价值,是因为其对消费者有用,能够满足消费者的主观欲望。效用会随人们对于该商品主观评价的高低而增加或减少,只有边际效用能够显示商品的价值量波动,是评判商品价值的尺度。效用决定商品的价值,但稀缺性同样是使商品具有价值的不可或缺的条件,如空气之类物品几乎可以满足所有人的需求,它当然对于人类是很必须的存在,不过它随处可得并不稀缺,因此它没有效用,自然没有价值。针对不能直接满足人类消费欲望的生产资料，奥地利学派认为其价值需要间接判断，由其参与生产得到的最终消费品的边际效用来决定。维塞尔结合生产论和分配论，提出一种归属论，认为构成生产价值基础的是一种预期的收益，生产三要素土地、劳动、资本都具有潜在的创造价值的能力，三要素的不同组合可以得到不同的价值，差距极大。绝对准确地判断生产要素的价值几乎是不可能的，但是可以通过预先估计的收益价值来判断。如果生产要素为最终的商品提供了贡献，那么它的价值就应当从它组成的商品的价值中来寻找。①

专利并非天然地被视作一种财产，其是在鼓励科技创新的目的之下，由于政策的设定而被建构成的一种无形财产。古代的造纸术一经发明，便在全国风靡，但发明人蔡伦并没有权利去禁止或许可他人使用他的造纸技术方案，亦不能从他人的生产制造中获得经济利益，因为蕴含在纸这个载体上的知识并没有被人们单拎出来视作一种财产。现今的专利制度承认了覆于物质载体上的技术信息是一种可以为人所独占的财富，发明人在得到专利授权后可以于一定期限内对自己的发明创造享有垄断性权利。不过消费者在购物时，主要是以自己的主观需求来进行工业品的购买，而不会单独地去购买一种专利技术。例如消费者有避暑的需求，于是会买一台空调来满足其制冷的欲望，这个空调包含了制冷的专利技术，所以消费者在购买空调的同时也购买了蕴含在其中的专利信息。但是消费者不可能会摒弃空调不买，而选择买制造空调的专利技术。所以在消费端，专利技术与工业产品是紧密联合起来的，其并不会直接满足消费者的需求，而是通过参与工业产品的生产而间接地满足消费者。正如有学者所言，知识产权不是消费财物而是生产要素。② 专利技术是工业产品生产创造阶段的一种生产要素，它需要与资本、劳动等生产要素结合起来，共同组建成最终的商品，而商品在市场中能够给消费者提供的效用决定了包括专利技术在内的所有生产要素的组合的价值。对于工业生产者来

---

① 参见[奥]弗·冯·维塞尔：《自然价值》，陈国庆译，商务印书馆1982年版，第115页。

② 参见范晓波：《知识产权价值决定——以经济学价值理论为视角的考察》，载《电子知识产权》2006年第10期。

说，有些专利技术可以降低生产成本从而降低销售价格，获得超额剩余价值；有些专利技术可以制造新颖的产品，从而开拓全新领域的市场，获得高额收益；有些专利技术可以增加产品的质量和功效，使产品在行业竞争内获得优势。总之，专利技术可以帮助生产者在残酷的市场环境中持续保持竞争优势，获得超额利润。[①] 因此专利作为一种生产要素，可以间接地给消费专利产品的消费者提供效用，并且也可以直接地对生产者提供效用。根据效用价值论，对于专利技术这类生产要素应当采取消费者的视角，由他们主观评价专利产品的效用，再根据专利技术在专利产品中的贡献来评价专利技术的价值。但是一些学者认为，消费者与生产者的欲望并不相同，仅从消费者的欲望去推导经济规律并不够科学。[②] 商品的效用就是其对于消费者的主观欲望的满足能力，那么生产要素的效用就可以理解为生产者主观评价其能多大程度对于生产者生产商品作出贡献。[③] 所以作为生产要素的知识产权，其效用就是知识产权对于生产者获取收益的需要的满足程度。[④] 也就是说，依据效用价值论的观点，专利技术的效用取决于其能多大程度地满足生产者生产工业产品获取预期利益的欲望，该效用决定了专利技术的价值。对于专利技术而言，其具有无形性，本质上属于一种知识信息而非物品，因此当它被发明出来之后，传播的速度和成本都极低，供应量在理论上可以达到无限，如同阳光和空气。所以，有观点认为专利技术的供求关系中的"供"是无限的，"求"表现于整个市场对于利用专利技术创造的专利产品的需要，在"供"无限的情形下，专利技术的价值量取决于市场中对该专利技术的需求。[⑤]

专利的价值表现为专利技术在市场交易中的价格。[⑥] 现阶段，专利

---

① 参见范晓波：《知识产权价值决定——以经济学价值理论为视角的考察》，载《电子知识产权》2006 年第 10 期。

② 参见蒋自强等：《经济思想通史》(第 3 卷)，浙江大学出版社 2003 年版，第 26 页。

③ 参见晏智杰：《经济学价值理论新解——重新认识价值概念、价值源泉及价值实现条件》，载《北京大学学报(哲学社会科学版)》2001 年第 6 期。

④ 参见范晓波：《知识产权价值决定——以经济学价值理论为视角的考察》，载《电子知识产权》2006 年第 10 期。

⑤ 参见范晓波：《知识产权的价值与侵权损害赔偿》，知识产权出版社 2016 年版，第 46 页。

⑥ 参见徐小奔：《知识产权损害的价值基础与法律构造》，载《当代法学》2019 年第 3 期。

技术在生产中所占据的比重越来越大,发明人这种脑力工作者比起简单劳动力来说更不可替代,在与生产者进行议价博弈时,发明人显然可以有更多的自由,因此在双方交易时其专利技术价格具有更强的公正性,商议出的价格也更能表现出专利技术的价值。不过专利技术的价格波动极大,这是由于专利的效用随着市场的变化呈现较为剧烈的波动。通常来说,商品的价值由消费者评价商品对其的满足程度而决定。评价是一种主观行为,在市场交易之中,消费者随商品的稀缺性、有没有竞争性等因素,而与销售者进行博弈,最终达成双方都可以接受的交易价格,成交的价格就表达了商品的价值。商品的价格会随着主体的不同、时间的不同等情况而有所变化,但一般都不会背离商品本身价值太多。然而科学技术更新速度很快,主体对于专利价值的评价会随着技术环境的变化而产生较大差异,一种专利技术在刚出现的时候或许会受到很高的主观评价,但是可能三四年后,会有新的技术超越该专利技术,那么这项技术的效用就会大打折扣。因此生产者对于专利效用的主观评价会随着市场的经济发展程度,科技的发展程度,专利本身的时限、地域范围、文化背景等因素而产生波动,专利的价值也随之波动。

第二节　专利权的价值评估与分析

一、专利权的价值评估

近年来,由于科学技术在经济发展中的地位越来越高,拥有的专利技术的数量多少、质量高低成为科技公司在市场竞争中核心竞争力的重要组成部分。但是正如专利法学家莱姆利(Lemley)所言,专利权犹如彩票和权利的结合体。① 专利权的生命在于被利用、被转化于工业行业,在市场的利用之中实现其使用价值。但是并非所有专利都能够被专利权人合理地利用从而发掘其巨大的潜在价值,例如瑞士的电子表在刚被发明出

① 参见肖冬梅:《专利价值评估:工具、方法与发展趋势》,载《强国参考》2017 年第 1 期。

来时，并不被受到重视，其潜在价值未被挖掘，因此市场对其的价值评价较低，但是在被转给日本人的过程中，日本人合理地挖掘出了其价值，并进行了一定的创新，电子表风靡了世界。① 对于专利价值的评估一直以来都是一个难题，作为无形财产的专利权，其价值需要通过开发才能够显现出来，在并没有被完全开发出来之前，所有对专利权的价值评估都仅为在现有条件下的预测，如同在股市中对某一股票走势的预期。

从经济学角度而言，专利权价值评估是指在现阶段的市场环境中，对该专利能给专利权所有人带来的利益进行评定并估算预期成交的价格的制度。② 专利的价值不仅局限于经济层面，其在非经济层面如法律、技术、战略等方面均可能具有具体的价值，因此对于专利的价值需要提取多维度的因素来进行分析，最终评定出专利的使用价值。在早期的专利权价值评估中主要沿用了对于有形资产的价值评估方式，通常包括市场法、成本法和收益法三种，而后还发展出了实物期权法。

市场法，也称为市场价值法、市场比较法，属于演绎方法的一种，其主要是通过调查，选择与待评估专利类似的专利技术，参考其曾交易的市场价格来确定待评估专利的价值。③ 一般而言，采取市场法时，可以选择三个以上与待评估专利相类似的专利，将这些专利在相似交易中的交易价格进行加权平均，得出最终的待评估专利的评估价格。④ 市场法可以分为两类，直接法和类比法，直接法要求所找寻的参考资产与待评估资产完全相同，而类比法要求所找寻的参考资产与待评估资产相类似，并对该参考的交易金额做出适当的调整。⑤ 由于专利技术在申请专利时要求其具有新颖性，也就是说，与专利技术相同的技术方案在此之前不可能被申请，所以直接法难以运用在专利价值的评估中。在具有大量的相似专利的情况下，可以采用类比法对专利价值进行评估，该方法评估的准确性较

---

① 参见肖冬梅：《专利价值评估：工具、方法与发展趋势》，载《强国参考》2017 年第 1 期。

② 参见韦嵘晖、颜德昊、陈忠：《论专利价值评估对企业科技创新的影响》，载《中国发明与专利》2015 年第 10 期。

③ 参见吴汉东、胡开忠：《无形财产权制度研究》，法律出版社 2001 年版，第 266 页。

④ 参见杨思思、戴磊：《专利价值评估方法研究概述》，载《电子知识产权》2016 年第 9 期。

⑤ 参见范晓波：《知识产权的价值与侵权损害赔偿》，知识产权出版社 2016 年版，第 59 页。

高也极为便捷简易。市场法虽然较为简单和常见,但是该方法依旧存在一定的缺陷:第一,其要求待评估专利领域的市场极为活跃,以至于有大量的类似专利可以提供参考。我国的科学技术水平依旧处在发展之中,一些特定领域的专利数量并不充足,再加上我国技术交易市场也不够成熟,因此可供参考的类似专利的交易数量通常而言较少。第二,类似交易案例的获取较为困难。专利技术的交易通常涉及企业的发展和投资方向,多数企业并不会主动公开自身进行了哪些专利交易以及具体的交易金额,而我国也欠缺较大的可以提供专利交易的平台,所以在利用市场法进行评估时,很容易陷入难以搜集充足的可以参考的交易案例的困难之中。第三,在实际评估时,参考对象的选取以及评估数额的调整适当与否会很大程度地影响评估价值的准确性。由于专利技术不可能相同,因此在市场中只能找到类似专利技术的交易来作为参考,对于"类似"标准的确定奠定了专利价值评估质量的基础,如果"类似"标准过于宽泛而选择了并不类似、并不恰当的参考专利,则该专利价值评估的质量必然会较低,偏离该专利真实的价值。此外,在确定了合适的参考对象后,还需要根据待评估专利的特点对参考对象的交易价格进行适当的调整以更贴近待评估专利的具体情形。该调整所采纳的具体参考因素,例如参考专利的交易时间,交易行为所处的地域环境、市场环境、技术发展环境等,会影响调整的效果,使得专利价值评估可能更接近于真实价值也可能远离真实价值。从中可以看出,在对专利价值进行评估时,所应采取的参考专利、调整因素和调整方式都大大依赖于评估者的主观取向,尤其在发展还不够成熟的市场之中,更容易出现不同的评估机构给出的评估价格截然不同的问题。

成本法,也称重置成本法,指的是通过研发专利技术所需要的成本来确定待评估专利技术的价值的方法。[①] 成本法根据评估依据的不同可以分为复原重置成本法和更新重置成本法,复原重置成本法是指根据专利技术开发时的历史技术环境和开发条件,并以现行市价计算评估值;更新

---

① 参见杨思思、戴磊:《专利价值评估方法研究概述》,载《电子知识产权》2016 年第 9 期。

重置成本法是指根据现行的技术环境和开发条件等因素，并以现行市价计算评估值，通常采取更新重置成本法进行评估，本书下述的成本法一般指更新重置成本法。[①] 成本法的计算方式是现时条件下重置该待评估资产的成本减去资产的有形损耗、资产的功能性贬值和资产的经济性贬值。[②] 就专利技术而言，其并无有形的损耗，因此专利技术的评估计算方式可以为：专利价值 = 专利重置成本 × 成新率。[③] 所谓专利重置成本，是指在现有的市场条件下重新制造或外购待评估专利所需要支出的成本。重新创造专利技术的成本一般要包括研发、持有该专利技术时所投入的所有物化劳动和活劳动，即直接成本、间接成本、资金成本和合理利润；外购待评估专利成本的计算一般以专利技术购入时的历史价格为基准，根据物价的变化对历史价格进行适当调整而得。[④] 成新率是对专利技术的损耗的评估，由于专利技术无形的特性，其并不存在有形的损耗，但是其功能性可能会因为更为先进的技术的出现而有所贬损，其经济性可能会因为市场环境的变化、国家产业政策变化等因素而有所下降。对于成新率的计算主要是在考虑专利权剩余使用年限以及功能性、经济性贬损情况的基础上，采用专家鉴定法和经济寿命损耗计算法换算出专利权尚可使用的年限再进行计算，计算公式为：成新率 = 专利技术实际使用年限/（专利技术实际使用年限 + 专利技术尚可使用年限）。[⑤] 成本法的计算相对而言较为简单，由于计算来源多半可以在账面中查询，因此计算出的数值也比较可靠，但是成本法是从研发创造专利技术的成本的角度来评估专利价值的，并没有考虑专利技术在未来可能的市场效益。通常而言，研发或购买专利的目的是获得更高的利润，因此专利权所有人在研发专利或外购专利时所付出的成本应当是小于利用该专利所获得的收益的，成本法所评估出的专利价值一般会小于专利的真正价值。成本法并非完全

① 参见范晓波：《知识产权的价值与侵权损害赔偿》，知识产权出版社 2016 年版，第 57 页。

② 参见白雪梅：《无形资产评估成本法探析》，载《商业会计》2008 年第 1 期。

③ 参见崔婕：《成本法在专利技术价值评估中的应用》，载《中国证券期货》2011 年第 6 期。

④ 参见白雪梅：《无形资产评估成本法探析》，载《商业会计》2008 年第 1 期。

⑤ 参见崔婕：《成本法在专利技术价值评估中的应用》，载《中国证券期货》2011 年第 6 期。

不合理,研发专利时的成本投入与专利的价值依旧有一定的联系,例如新药专利一般价值非常高,这很大程度上是因为新药研发投入的时间、金钱成本极大,研发团队需要将投入的成本赚回。不过不可否认的是,专利权的获益能力与专利的成本投入之间呈现弱关联性的特点,专利权的价值主要体现在其效用之上,以成本法评估出的专利权的价值精度不高。在收益法和市场法难以适用,又没有明显证据表明计算出的专利重置成本远远偏离专利预期效益的情形下,可以考虑适用成本法进行评估。

收益法又称收益现值法,该方法首先需评估资产未来的收益情况,再将未来收益折算到当前评估日的现值。[①] 收益法的理论基础为效用价值理论,其以待评估资产的未来收益来衡量待评估资产现有的价值。收益法的计算公式[②]如公式(2.1)所示:

$$V = S \sum_{k=1}^{n} \frac{T_k}{(1 + t)^k} \tag{2.1}$$

其中,V 表示待评估专利的价值,S 表示利润分成率,T_k表示待评估专利预计在第 k 年创造的收益值,t 为折现率,k 为待评估专利可以持续获得收益的年份,n 为待评估专利最长的可以持续获得收益的年份,也就是待评估专利可以获得收益的年份(k)的最大值。从中可以看出,收益法对于专利价值的考虑建立在未来的每一年专利的预期收益之上,再通过折现率,将每一年的预期收益折现到评估日,收益法的考虑因素较为完备。在折现率的计算上,实际工作通常采用资本资产定价模型即 CAPM 公式来进行确定。[③] 有学者提出在利润分成率上可以建立专利评价指标体系,结合联合国公布的有关技术分成率的取值范围来确定具体待评估专利的技术分成率,通过待评估专利技术在整体产品技术中所做出的贡献确定待评估专利技术的利润分成率。[④] 待评估专利的预计持续收益年限,即公式中的 k 值,一般根据该专利剩余的法定期限并结合市场需求进

① 参见韩介梅:《专利技术价值评估初探》,载《知识产权》1996 年第 1 期。

② 参见王昕、王静怡:《专利价值评估方法简介》,载《河南科技》2014 年第 8 期。

③ 参见初雨萌:《基于改进收益法的 R 细胞治疗技术价值评估案例研究》,辽宁大学 2021 年硕士学位论文,第 26 页。

④ 参见冯丽艳:《专利价值评估中技术分成率的确定方法》,载《商业会计》2011 年第 3 期。

行确定，专利的法定保护期限根据专利种类的不同也有所区别，发明专利为20年，实用新型专利为10年，外观设计专利为15年，但是通常专利的收益年限无法持续至法定期间届满，技术的进步会导致比该专利更为先进的技术出现，并且市场对于该技术的需求也可能会萎缩，所以需要结合市场因素来判定待评估专利的最大收益年限。吴汉东教授提出在适用收益法时，需要考虑三大基本内容，首先是知识产品的市场容量，其次是非侵权替代品的市场状态，最后是知识产品的市场预期利益。① 不过即使对一些变量的确定方式进行了细化，对于专利未来的每年预期收益的确定、专利可以持续获得收益的年限、折现率、利润分成率等变量的确定，也依旧具有相当的主观因素，选取的参考标准不同可以使待评估专利的价值差距很大。收益法是一种对复杂资产未来收益的分析方法，在无形资产的实际评估中较常适用。

实物期权法首先由迈耶斯（Meyers）教授于1977年提出，其将属于金融期权定价的理论引入了实物资产投资领域。② 期权是指买方与卖方订立一种合约，约定买方可以在未来某一特定日期或某一段时间内按照约定的价格买入或者卖出某种标的资产，期权对于买方而言是一种未来的选择权，买方可以在特定的期限选择以约定的价格买入或者卖出某种资产。③ 根据标的资产类型的不同，期权可以分为金融期权和实物期权，实物期权以实物资产作为标的资产。期权定价的模型从经典的布莱克－舒尔斯（Black-Scholes）模型逐步发展到二叉树模型、三叉树模型等，国内也尝试利用期权模型对专利价值进行分析。有学者通过实证分析认为专利权期限服从正偏态分布，通过对专利权期限、专利预期收益、专利初始成本的区间估计进行处理，以布莱克－舒尔斯模型为基础，其构建出基于统

---

① 参见吴汉东：《知识产权损害赔偿的市场价值基础与司法裁判规则》，载《中外法学》2016年第6期。

② See Myers Steward C, *Determinants of corporate Borrowing*, Journal of Financial Economics, Vol. 5, p. 147－175(1977).

③ 参见韩国文、刘赟：《国内外实物期权研究综述》，载《技术经济》2006年第4期。

计模型偏态分布模糊数的专利价值实物期权评估模型。① 有学者提出在利用实物期权模型对专利价值进行评估时,应当引入技术进步因素,否则会高估专利价值,并提出可以用跳－扩散过程来描述技术进步过程。② 有学者提出将模糊集理论与实物期权定价模型相结合,通过定义梯形模糊数的期望和方差等,建立专利权价值评估的模糊实物期权定价模型。③ 实物期权法在专利价值评估领域的运用主要基于专利价值的不确定性类似于金融市场中的看涨期权,但是实物期权法模型主要源于金融市场,模型中有较多的假设与金融产品适配而非专利,例如布莱克－舒尔斯模型假定标的资产价格服从几何布朗运动,并且交易时间连续,但是专利的价格和交易时间并不一定符合该假设,因此在适用实物期权法时还需对其进行一定的调整,以得到更贴合于专利的价值评估模型。

除了市场法、收益法、成本法、实物期权法等经济学定量评估方法,对于专利价值的评估还有定性的体系评估方式。体系评估是指首先提取出与专利价值紧密相连的一些评估指标,并确定这些指标的权重,再构建系统的专利价值评估指标体系,用以预估专利权的价值。体系评估方式主要有专利价值度法和系统构建法。④ 所谓专利价值度法,是指对专利价值提取出一定的评估指标,由专家对这些指标进行打分,将这些分数进行加权汇总从而得到最终的专利评估价值。中国技术交易所曾构建一套专利价值评估体系,其从法律、技术、经济三个维度将专利价值度分为法律价值度、技术价值度和经济价值度,并从这三个维度中提取出了 13 项二级指标、43 项三级指标,以法律价值度为例,二级指标主要为专利稳定性、专利有效性等,在专利稳定性中其又分出 5 项三级指标,例如新颖性、创造性等,通过专家对每一个三级指标的打分,再确定指标的权重,最终

① 参见刘岩、陈朝晖:《基于正偏态分布模糊数的专利价值实物期权评估模型》,载《财会通讯》2015 年第 3 期。

② 参见程夷、周焯华:《技术进步对专利价值影响的实物期权分析》,载《工业工程》2011 年第 5 期。

③ 参见齐美然、郭子雪:《基于模糊实物期权理论的专利价值评估》,载《河北大学学报(自然科学版)》2013 年第 6 期。

④ 参见刘妍:《专利价值评估研究综述与趋势展望》,载《图书情报工作》2022 年第 15 期。

加权相加得出最后的专利价值度。[①] 还有学者分析高价值专利的技术、法律、经济、市场四个层面的典型特征，构建专利价值评估指标体系。[②] 系统构建法是指评估企业或者专利管理机构基于专利价值评估指标体系，构建自身的专利价值评估系统。例如美国的海洋动力（Ocean Tomo）公司，开发了一款专利评级（Patent Ratings）的专利价值分析软件，其基于先进的经济计量学建立复杂的数学模型，从专利的质量、价值、发展趋向、竞争性等方面进行分析。[③] 其他国家也相继开发出了专利价值评估系统，例如欧洲专利局开发的知识产权评价（IPScore）评估系统，韩国知识产权局开发的智能3（SMART3）专利评估系统。

二、专利权的价值分析

从受益人的角度来看，专利权的价值目标具有二元性，即私有知识产权的保护和公共利益的保障，专利制度需要在二者之间达成均衡。[④] 就专利所有权人而言，其可以通过专利权的使用、转让、质押等方式利用专利权从而获得经济收益；就社会公众而言，因专利权而激励产生的专利技术可以惠益民众。专利权需要在社会公众和私人利益之间达成一种动态平衡，其最终的目标是实现科学技术的进步，人类能够共享科技发展的好处，实现专利权的最终价值。

一般在对专利价值进行分析时，多以专利所有权人的角度展开。专利权的价值包括经济价值和非经济价值，非经济价值主要指专利权可以为个人带来荣誉、晋升等价值。在对专利权的价值进行评估时，一般考虑其经济价值，经济价值是在专利权人通过申请专利权，以权利要求书为限

---

① 参见中国技术交易所：《专利价值分析与评估体系规范研究》，知识产权出版社2015年版，第1—12页。

② 参见刘勤、杨壬淦、刘友华：《高价值专利评估方法、存在问题及对策》，载《科技管理研究》2022年第4期。

③ 参见董涛：《Ocean Tomo300™专利指数评析》，载《电子知识产权》2008年第5期。

④ 参见温芽清、南振兴：《知识产权法的二元价值目标及其均衡——基于法经济学视角的分析》，载《河北大学学报（哲学社会科学版）》2010年第5期。

而获得对自身研发技术的排他性权利后，其利用该技术得到的经济利益。专利权的经济价值可以分为直接经济价值和间接经济价值，直接经济价值主要指权利人通过实施专利权可以直接获得经济报酬的部分价值，包括使用价值、交易价值、清算价值、担保价值和公平价值；间接经济价值主要指权利人通过专利提高其在市场上竞争的优势，例如通过布局专利阻碍对手的技术发展等。[①] 在评估专利价值时一般不考虑专利权的间接价值。

专利权的价值源于使用，该专利技术是否能够在市场中运用并取得一定的效用是专利权价值的体现，也是专利权可以转让、许可、质押的基础。一般而言，专利在市场中的使用主要有两个方面，或是在产品生产环节降低成本，在市场竞争中获得价格优势；或是在现有产品基础上添加新的功能，吸引消费者购买从而淘汰同类型产品。专利技术在企业生产环节的运用可以提升企业的生产效率、降低企业的生产成本，提高相对剩余价值，使得企业在生产相同商品时的生产成本相较于同类企业更低，从而下调该企业产品的价格，令企业产品在市场上获得价格竞争优势；或维持产品原价得到更高的产品利润。专利技术降低企业生产成本的途径有很多种，主要有：(1)降低消耗的各种原材料，例如氧化铝"熟料窑烧成煤种的开发研究"可以有效降低燃料的消耗，据当时测算预计可以减少燃料支出 230 万元；[②](2)减少生产线的环节，降低制造一部分生产线工程的成本，例如特斯拉的"结构部件用压铸铝合金"的专利，该专利描述了一种具有极高强度和韧性的铝合金，如果用该铝合金来制造汽车可以无须进一步加工处理，降低了生产成本还提高了产品质量；[③](3)减少生产环节所需劳动力数量，降低劳动力成本开支，例如现在的许多工厂有自动化机械生产环节，因此许多环节无须人力进行，因此节省了雇用工人的成本；(4)在不影响产品制造效率和质量的前提下，采用更低成本的原材料等。

---

① 参见万小丽：《专利价值的分类与评估思路》，载《知识产权》2015 年第 6 期。

② 参见李松枝、刘仕喜：《科技进步在降低生产成本中的作用》，载《中国审计》1999 年第 11 期。

③ 参见刘金城：《特斯拉的铝合金专利暗示超强电动汽车的生产成本更低》，载《铸造》2021 年第 10 期。

除了降低企业生产成本，有一些专利技术可以制造出具有新的功能的、前所未有的产品，从而使企业可以售卖出更多的产品获得更多的利润，比如有些专利使得原本常见的商品有了更新颖的功能，因此在市场竞争中可以获得更大的优势，例如相较于平常的手动式晾衣架，电动智能晾衣架可以自动上升、下降，更加方便快捷，于是电动智能晾衣架越来越多地出现在普通人的家中；有些专利产品是市面上未曾有过的产品，由于短期内市场暂时没有竞争品，因此商家可以获得极大利润，从长期来看也有利于建立知名的品牌，例如第一台电脑、第一部手机、第一台人脸识别仪器等，皆给企业带来了较大的利润。专利的价值主要体现在专利的使用上，无论是在生产环节降低生产成本还是在销售环节扩大销售数额，专利的经济价值就在于降低的成本和扩大的销售额所带给企业的经济利润。一项先进的专利技术如果无法投入工业中进行使用，那么该专利的价值就无处可寻，或者说等同于没有价值。对于企业而言，如何挖掘出专利技术潜在的最大价值也是一个困难的课题。专利技术是一种具有可操作性的理论，怎样在工业领域以最低的成本利用专利技术，发挥出专利潜在的所有价值，取决于企业的专利使用策略、销售策略、技术人员的转化水平等。因此即使是同时使用相同专利技术的两个企业，也可能会因为不同的因素，利用专利得到的利润大相径庭，从中体现出的专利经济价值自然也有所不同。

在使用价值的基础上，专利的价值还可以体现在转让费、专利许可使用费等方面。在专利的转让、许可等交易中，依旧以专利的使用为最底层的衡量基础，如果专利权不能在市场中进行利用给企业创造利润，那么该专利就没有交易的基础。在对专利权进行交易时，最重要的是双方需要就该专利权未来能够产生多大的经济效用而进行协商确定。双方在协商专利许可使用费时需要考虑许可的方式，排他或者独占许可一般来说许可费用要高于普通许可，还要考量该专利是开创性的还是改良性的以及其他因素，以更好地确定专利许可使用费在未来市场中可以带来的利益。作为被许可方，其可以选择在专利实施前一次性支付或者选择在实施中分期支付，这两种方式下所支付的具体数额都在支付前已确定，所以被许可方将要承担利用专利不当,获取的利润低于专利许可使用费的风险。因此,在订立合同前对于专利权经济价值评估的准确性就非常重要。被许可方还可以选择在实施后根据事前约定的许可费率,每隔一定的时间期限将许可费交付给专利权人,这种方式可以减轻被许可方的评估压力,使最终的专利许可使用费更贴近专利权的经济价值,但是该方式需要专利权人有能力对被许可方的实施获利情况进行核查。

第三节　专利侵权损害赔偿制度的价值

一、法律价值

专利侵权损害赔偿制度的法律价值,是指专利侵权损害赔偿制度在社会生活中所能达到的具体效果和人们所期望达到的社会目标。正如德国一位学者所说,作为一种文化现象的法律制度是涉及价值的事物,只有进入涉及价值的立场框架才能理解。[①] 法律责任的设立可以令侵权人承担自己侵权行为的不利后果,使得法律规定的权利、义务、权力得到国家力量的保障,实现法律的价值。[②] 侵权损害赔偿的制度设计会牢牢地与其价值所绑定,其改变和发展都受到了制度内在的价值的影响。专利侵权损害赔偿制度在我国主要具有救济、预防和制裁价值,通过这些价值的实现,专利侵权损害赔偿制度可以进一步地发挥社会各主体对于技术创新的热情,为社会营造尊重技术的良好氛围,促进我国的科学技术水平的发展,加快我国产业升级的步伐。

1. 救济价值。救济价值也称为填补价值、补偿价值,指的是受害人在遭受侵权人所实施的侵权损害行为后,可以采取要求侵权人承担侵权责任的方式使得受害人恢复到侵害发生之前的状态的价值。[③] 这里的损害

---

① 参见[德]古斯塔夫·拉德布鲁赫:《法哲学》,王朴译,法律出版社 2013 年版,第 4—5 页。

② 参见张骐:《论当代中国法律责任的目的、功能与归责的基本原则》,载《中外法学》1999 年第 6 期。

③ 参见张新宝:《侵权责任法立法:功能定位、利益平衡与制度构建》,载《中国人民大学学报》2009 年第 3 期。

指的是受害人所遭受的实际损害,而不包括主观臆想的或者实际上并未发生的损害。步入19世纪,在实证主义的影响下,社会法学思想很大程度修正了个人主义的法学思想,强调要考虑具体的人的具体需求,而非抽象个人的抽象意志,在侵权救济制度上认为应当站在受害者的立场上去考虑法律责任的根据,最大限度地给予受害者以救济。[①] 现代侵权责任制度以人本主义精神为出发点,以保护受害者为构建法律制度的中心,最大限度地去保护受害者的权益。[②] 在侵权责任制度中,被侵权人在遭受实际损害之后,可以要求侵权人对自己所受的损失全面补偿以救济自己的合法权益,这符合防范化解大众矛盾,以人为本构建和谐社会的立法初衷。[③] 正如2009年公布的《侵权责任法》(已失效)第1条所说:"为保护民事主体的合法权益,明确侵权责任,预防并制裁侵权行为,促进社会和谐稳定,制定本法。"所谓救济就是保护民事主体的合法权益,救济价值作为侵权责任最主要的价值,对于促进社会的和谐与稳定有着不可磨灭的作用。不过侵权损害赔偿制度的价值是多元的,救济价值是该制度的核心价值但不应当是唯一价值,综合预防、制裁等价值才能真正地实现对于被侵权人权利的保障,全面地发挥侵权损害赔偿制度的功能。[④]

将视角聚集到专利保护领域,专利侵权损害赔偿制度作为我国侵权责任制度的一部分,也主要以填补侵权人损害为原则,提供重要的救济价值。救济价值在专利侵权损害赔偿制度之中具有首位性,专利侵权损害赔偿制度自然是有多种多样的价值,例如制裁、预防价值等,但是救济价值是其不可替代的最为主要的功能。专利侵权损害赔偿制度从设立之初的目的就是救济专利权人在侵权行为之中所遭受的实际损失,2000年修正的《专利法》第一次规定了有关侵权损害赔偿数额的法条,第60条提出侵犯专利的赔偿数额按照权利人因被侵权所受到的损失或者侵权人因

---

① 参见姜战军:《损害赔偿范围确定中的法律政策》,载《法学研究》2009年第6期。

② 参见王泽鉴:《侵权行为法基本理论 一般侵权行为》(第1册),中国政法大学出版社2001年版,第34页。

③ 参见程啸:《侵权责任法》(第2版),法律出版社2015年版,第23页。

④ 参见杨立新:《侵权法论》,人民法院出版社2004年版,第40页。

侵权所获得的利益确定。相较于一般的侵权责任制度,专利侵权损害赔偿制度有自己的特殊性,这主要是因为专利本身是无形的知识,与传统的有形财产不同。[①] 传统的侵权损害赔偿制度的设立是针对有形客体的,其损害赔偿的计算主要基于有形财产的毁损、灭失等,但是专利技术具有非物质性,侵权人对于专利的侵犯并不会造成专利技术的毁损和灭失,因此如果僵硬地适用传统损害赔偿中的计算模式,将导致专利权人的损失难以得到合理的救济,侧面助长了专利侵权行为的持续增多。

2. 预防价值。侵权责任法在传统观点之中更注重救济价值,预防价值并没有受到重视。然而在当代,传统侵权法受到了极大的挑战,对于大规模侵权事件的预防收效甚微。因此,当代侵权法越来越突出预防价值,强调通过预防的手段来减小侵害发生的可能性,防止大规模侵权事件损伤权利人乃至社会公众的利益。对预防价值的突出重视是传统侵权法与现代侵权法的重要区别之一。[②] 预防价值是指侵权损害赔偿制度通过要求侵权人承担侵权责任,从而震慑侵权人和潜在侵权人,使其避免实施侵权行为,达到预防侵权行为发生的效果的价值。侵权责任制度的主要功能就是救济恢复权利人所遭受的损害,在此基础之上,还有预防功能和制裁功能,只是后两种并不为人所重视。[③] 预防功能的实现,是指损害赔偿使得侵权人的侵权行为得不到经济利益,甚至可能对自己有一定的损害,而令侵权人自觉地不再去侵犯他人权益。法经济学认为,侵权法的经济本质是通过责任的运用,将那些高于交易成本造成的外部性损害内部化。[④] 从成本收益的法经济学角度来分析侵权损害赔偿制度,其是通过法律规则重新分配了各方的责任承担,对于侵权人而言他的侵权行为使被侵权人要承担他所造成的人身或财产风险,而侵权损害赔偿制度将这

---

① 参见张鹏:《专利侵权损害赔偿制度研究——基本原理与法律适用》,知识产权出版社 2017 年版,第 128 页。

② 参见石佳友:《论侵权责任法的预防职能——兼评我国〈侵权责任法(草案)〉(二次审议稿)》,载《中州学刊》2009 年第 4 期。

③ 参见曾世雄:《损害赔偿法原理》,中国政法大学出版社 2001 年版,第 8 页。

④ 参见[美]罗伯特·考特、[美]托马斯·尤伦:《法和经济学》(第 5 版),史晋川、董雪兵等译,格致出版社、上海三联书店、上海人民出版社 2010 年版,第 301 页。

种风险分配给了侵权人来承担,实现了损害的内部化。[①] 损害赔偿制度运用法律规则将侵权人和被侵权人所承担的风险进行了重新分配,让侵权人因为侵权行为而产生的外部成本内部化为自己的损失,从而使得被侵权人的损失得到弥补,侵权人无利可图,从根本降低侵权行为发生的可能性,实现损害赔偿制度的预防价值。预防功能可以分为特殊预防和一般预防,两者主要的区别在于预防的对象不同,一般预防针对的是一般社会公众,而特殊预防针对的是实施过侵权行为的侵权人。

专利技术较传统有形财产而言,更容易被侵权,侵权行为的隐蔽性更高,专利权人的维权成本也更大,所以专利侵权损害赔偿制度的预防价值越来越受重视。专利法创设的核心目标在于激励大众对于创新的热情,促进科技的进步,为此给予专利权人一定时期对于自己技术的排他性权利。但是如果专利权人的权利被侵权人所侵害却得不到合理的补偿,那么为"天才之火"所浇上的"热油"就大打折扣,此时专利法对于技术人员的创新热情的激励显然是不够的。专利侵权损害赔偿制度是专利制度目的实现的一道防线,专利侵权行为基本是获益侵权行为,当侵权人无法从侵权行为中获利时,侵权行为的发生就没有了利益的动力,自然也会大大削减。专利侵权损害赔偿制度对于侵权行为的发生显然是有较强的遏制预防的功效,不过对于预防功能的追求并非要最大化,而是最优化。预防并不是追求绝对的无侵权行为的"真空环境",是要采取最为经济有效的损害赔偿措施。[②] 目前,专利侵权损害赔偿制度对于专利侵权行为的预防成效以及所能达到的社会效果,相较于维持该制度所付出的公共成本而言是合算的。

3. 制裁价值。制裁价值也称为惩罚价值,是指损害赔偿制度通过令侵权人承担超过被侵权人实际损失的赔偿金额,达到对侵权人的制裁效果,震慑侵权人和潜在侵权者,使其不再实施侵权行为。对于损害赔偿制度是否具有惩罚价值,大陆法系和英美法系持不一样的观点,大陆法系多

---

① 参见郑晓剑:《损害赔偿的功能与完全赔偿原则的存废——利益平衡视角下之反思》,载《河南社会科学》2018 年第 2 期。

② 参见董凡:《知识产权损害赔偿制度研究》,华南理工大学 2019 年博士学位论文,第 118 页。

认为只有救济属于民事损害赔偿制度的功能,而惩罚并不属于;但是英美法系多认为惩罚性赔偿的出现就是民事损害赔偿制度试图制裁侵权者的表现。[①] 我国早在1993年《消费者权益保护法》第49条就设立了惩罚性赔偿的规定,我国民法学界的多数观点认为损害赔偿制度除救济、预防功能外,也具有一定的惩罚功能。[②]

专利侵权损害赔偿制度的保护客体具有特殊性,因此损害赔偿制度的制裁功能对于专利技术方案的保护会更具有优势和必要性。专利权对象是无形的技术知识,专利权人需要将技术知识公开才能换取垄断性权利。对于专利侵权人而言,非法得到专利技术的成本低、方式便利,并且利用该专利技术所能赚取的经济利益又极高,这无疑会造成专利侵权行为高发的不利局面。即使专利权人在诉讼之后,得到了覆盖实际损失的经济补偿,对于侵权人而言也并没有严重的损失,更何况由于侵权行为隐蔽不易被发现,专利权人维权困难,诉讼成本高等,侵权人的侵权行为被法律成功制裁的概率也不高。因此在易发侵权行为的专利保护领域,损害赔偿的制裁价值可以增加专利侵权成本,使其威慑潜在的侵权人,减少恶意侵犯专利攫取利益的行为发生。从法经济学分析,在过错责任原则下,专利侵权损害赔偿制度的制裁价值可以提高社会最优注意水平,企业主体为了避免投入的注意不足而落入专利侵权范畴,会增加对专利活动的注意水平,提高其对创新的投入,鼓励技术的创新发展。[③]

为此,许多国家在立法实践中,纷纷订立了惩罚性赔偿制度,例如《美国专利法》第284条,《韩国专利法》第128条等。我国在2020年《民法典》第1185条中,明确规定了:"故意侵害他人知识产权,情节严重的,被侵权人有权请求相应的惩罚性赔偿。"同年又在《专利法》第71条中引入惩罚性赔偿制度,规定在侵权人主观故意、情节严重的情形下,可以按照

---

① 参见董凡:《知识产权损害赔偿制度研究》,华南理工大学2019年博士学位论文,第123页。

② 参见郑晓剑:《损害赔偿的功能与完全赔偿原则的存废——利益平衡视角下之反思》,载《河南社会科学》2018年第2期。

③ 参见邓雨亭、李黎明:《专利侵权惩罚性赔偿之威慑机理与规则适用研究:以法经济学为视角》,载《知识产权》2020年第8期。

补偿性赔偿数额的1至5倍确定赔偿数额。专利领域惩罚性赔偿责任的适用,可以显著提高专利的侵权成本,惩罚故意侵权人,威慑其不敢再故意实施专利侵权行为,遏制专利侵权行为的发生,同时教育公众故意侵权会承担严重的赔偿责任,引导其尊重知识产权,积极创新。在科技发展越来越关乎国家命运的今天,专利侵权损害赔偿制度的制裁价值日益被重视。专利侵权损害赔偿制度的救济价值和制裁价值分别对应"回头看"和"往前看"的思维,制裁价值更具威慑作用,可以降低侵权行为对社会效益的减损,将利益蛋糕做大。①

二、伦理价值

法律规范是建立在社会基础上的,以调整人与人之间的关系为基础的社会规范。社会法在发展的历程中,应当以正义、尊重等道德作为基础标准,追溯社会法设立的最初源头,并不是传统惯例或者法律法规,而是伦理道德。② 法律难以与伦理进行割裂,因为二者都是涉及对于人的行为的规范,都在试图定义何种人的行为为正常的、善良的。专利侵权损害赔偿制度作为一项法律制度,其也建立在国家自身传统的伦理基础之上。伦理是根植于人类社会中的一套指导标准,法律的现代化过程在一定程度上也是与现代的伦理进行更深的融合。③ 伦理学起源于古希腊,其本质是以人类道德问题为研究对象的科学,伦理学历经两千多年的发展,主要可以分为元伦理学和规范伦理学两类。元伦理学是指对道德研究采取语言分析和逻辑实证等方法,做"超越"传统伦理学的伦理学,这种"超越"体现在其对于传统伦理学合理性的分析论证,该分析论证的主要研究对象是传统伦理学中所包含的逻辑结构和语言意义。④ 规范伦理学长久

① 参见张富强、许健聪:《完善我国著作权惩罚性赔偿立法的思考——基于法经济学"效益最大化原则"的分析》,载《知识产权》2015年第8期。

② 参见[德]马克斯·韦伯:《论经济与社会中的法律》,张乃根译,中国大百科全书出版社1998年版,第309页。

③ 参见张铁薇:《侵权法危机的伦理诊断》,载《法学家》2012年第1期。

④ 参见高辉:《试论伦理学的三种理论形态——基于理论形态学的考察》,湖南师范大学2012年博士学位论文,第102页。

以来一直处于伦理学的主导地位,其是指以人类的行为准则为研究对象,致力于揭示能够引导人的行为的道德准则以及规范,探究人在实际生活中究竟应当怎样行动,给人以较强的实践指导的一种伦理学理论。[①] 在长期的对规范伦理学研究的过程中,不同学者对于道德规范模式和评价标准并没有形成统一的认知,规范伦理学逐步区分为功利论伦理学和道义论伦理学。所谓功利论,也可以称为功利主义、效用主义,其主张道德规范仅有一个,那就是"以最大多数人的最大幸福"为行为准则。[②] 功利论由边沁和穆勒先后经过系统的阐述而真正发展成一个伦理体系。在功利论的视角下评判人的行为时,主要以该行为的效用为道德评价依据,也就是说,在评价一个人的行为是否具有正当性时,需要考察该行为是否能够给最大多数人带来最大的幸福。功利论不是一种个人主义或者利己主义,功利论认为人的行为不是要给自身带来最大的幸福,而是要给最大多数人带来幸福,其强调的是一种公共的、普世的幸福。功利主义在当代又发展出了行为功利主义和规则功利主义。行为功利主义以人的行为所产生的效果来对该行为的正当性予以评判,如果该行为能够给自己和受到该行为影响的相关的人带来最大量的、多于坏处的好处,那么该行为就是正当的。行为功利主义否定普遍的道德准则,主张根据具体的实施主体的处境来对其行为进行评价。规则功利主义认为评判人的行为是否正确,需要根据该行为是否符合道德规则来评判,即该行为是否符合能让最大多数人获得最多利益的行为准则。规则功利主义又分为两个派别,现实规则功利主义和理想规则功利主义。前者提出,人们所应遵循的行为准则应是现行的道德准则;而后者认为,评价个人行为所依据的应是理想的道德规则。[③] 目前,主流的观点为理想规则功利主义。

道义论,也称为义务论,其认为人的行为或活动的道德性质并不在于

---

① 参见朱贻庭主编:《伦理学大辞典》(修订本),上海辞书出版社2011年版,第6页。

② 参见韩东屏:《西方规范伦理学的弊病与诊疗——重置功利论、道义论、德性论及其道德原则》,载《中州学刊》2020年第7期。

③ 参见刘舒杨、王浦劬:《当代功利主义主要流派论析》,载《中共福建省委党校学报》2017年第11期。

其所能达成的目的,而在于该行为本身是否符合某种形式的道德原则。[①]功利论以人的行为的结果为导向,如果该行为能够达到"善"的效果,那它就具有正当性;但道义论评判的对象并非行为的结果而是行为本身,如果该行为本身符合道德原则,那么它就是正当的行为。功利论与道义论的本质区别在于前者将人的利益放在了首要的评判标准上,后者认为人的尊严高于幸福,人的尊严是人可以享受幸福的前提。[②] 在道义论的理论发展中,康德基于前人的零散观点建立了具有现代意义的系统的道义论伦理学体系,而后费希特、罗尔斯等人在此基础上进行了更深入的探寻。康德认为应当无条件地实践由理性构建的定言道德命令,之所以这么做是因为定言道德命令具有绝对必然性,因义务而实施的行为才具有道德价值,并且只有自己立法并遵循该法才能够体现人的尊严和高贵。[③]

从功利论的角度分析专利侵权损害赔偿制度,专利侵权损害赔偿制度的价值为弥补专利权人在他人侵权行为中所遭受的损失,补偿其原本应当在利用专利权的过程中所收获的经济利益,制裁侵权人实施的专利侵权行为,令侵权人将非法获取的本不属于其的利益归还他人,高效地保障专利制度激励创新的效果,推动社会科技不断进步,令社会公众最终能够不断享受科技进步所带来的益处,使社会的最大多数人收获科技进步所带来的最大益处。从规则功利主义视角来看,专利侵权损害赔偿制度的设立是为了更具效率地补偿专利权人的损失,遏制侵权人和潜在侵权群体的侵权行为,发挥专利制度本身激励创新的作用,满足社会最大多数人群的最大幸福。专利侵权损害赔偿制度所内含的功利主义是间接的,需要通过专利制度蕴含的功利主义来实现。譬如专利制度本身不够理想,没有达成权利人与社会公众之间的利益平衡,没有最大限度地激励技术研发人员技术创新的热情和商业主体转化智力成果为商业产品的热情,那么该专利制度本身不是理想的能够实现最大多数人的最大幸福的

① 参见万俊人:《论道德目的论与伦理道义论》,载《学术月刊》2003 年第 1 期。

② 参见刘霞:《评有关功利论与道义论之区别的三种流行观点》,载《哲学研究》2013 年第 12 期。

③ 参见韩东屏:《西方规范伦理学的弊病与诊疗——重置功利论、道义论、德性论及其道德原则》,载《中州学刊》2020 年第 7 期。

制度体系。作为维持专利制度有效性的一项保障制度，专利侵权损害赔偿制度即使设立得极具有合理性，也无法更改专利制度本身所做出的利益分配，甚至可能因为严格维持了专利制度的利益分配而使其更远离了功利主义的要求。在专利制度的设置符合功利主义的要求的前提下，专利侵权损害赔偿制度需要考量侵权人与专利权人之间的利益关系，对专利权人所遭受的所有损害进行合理分配。根据功利主义的理论，专利侵权损害赔偿制度并非仅为了保障专利权人个人的利益，其是为了社会大多数人的共同利益，因此专利侵权损害赔偿制度的保护力度应当合理，而不是最大。

从道义论的角度思索专利侵权损害赔偿制度，需要考虑专利侵权损害赔偿制度本身的“善”，也就是专利侵权损害赔偿制度的道德正当性。专利侵权损害赔偿制度作为侵权责任制度的一部分，也适用主流的矫正正义哲学基础来回答。科尔曼主张混合的矫正正义，认为矫正正义施加了侵权人纠正不法行为和因不法行为引发的赔偿损失义务，可以促进个人的幸福，维持一个能提供有关他人行为合法期待的规范体系。①

对于专利侵权损害赔偿制度的伦理性，也有学者提出由于专利制度本身的获益性，专利侵权行为并非真正地对专利权人造成了损害，而只是对其预期获取的利益进行了侵占，如果依据无损害即无赔偿的思路，那么专利侵权损害赔偿并没有坚实地令侵权人进行赔偿的基础。② 不过专利制度赋予了专利权人以自研技术获利的权利，虽然专利没有物理的形态，其被“侵占”“损坏”的方式与有形客体有所不同，但专利权并非不会受到损害。只要专利侵权行为确实损害了专利制度所规定的专利权人的法益，即使损害的形式、结果与传统的侵权行为有一定的不同，也不能否认该损害的存在，该被损害的部分应当由侵权人进行补偿。有观点认为知识是人类的共有财富，不应该被个人垄断，比如医药的专利费用极高而导致一些医药价格高昂，贫穷的人无法负担，这对专利制度本身的伦理性形

① 参见王绍喜：《矫正正义理论与侵权法的哲学分析》，载《私法》2021年第2期。

② 参见张鹏：《专利侵权损害赔偿制度研究——基本原理与法律适用》，知识产权出版社2017年版，第150页。

成了挑战。如果有人为此仿冒制造了药物，并廉价地售卖，救活了众多人，那么他依旧可能要承担巨额的专利损害赔偿费用，此时专利侵权损害赔偿制度由于维持了“具有伦理道德风险”的专利制度而在伦理性上同样受到挑战。本书认为专利制度的存在是以人为本的，最终目的是让所有人能够享受科技进步的益处。如果没有专利制度，可能新药本身都无法创造，更不要提惠及全民。至于新药的昂贵，可以由相关的社会保障制度来保障人民买得到、买得起。专利侵权损害赔偿制度也是以人为本的，在侵权行为扭曲了这种激励机制，侵害了专利权人的利益时，其可以矫正这种不法行为，维持专利制度鼓励创新的效果。侵权产品由于省去了研发成本，可能会比专利产品更为便宜，短期来看可以造福消费者，使其用更为低廉的价格享受先进的科技，但是从长期来看，侵权产品的存在会遏制技术研发人员创新的热情，市场主体都在等待别人的创新，再进行侵权获利。最终结果只能是无人进行研发，科学技术进步缓慢，社会公众和专利权人双输。专利侵权损害赔偿制度正是为了避免这种情形的出现，合理的保护力度可以激发技术人员的研发热情、市场主体的成果转化热情，使多数社会公众能够获得最大幸福。

三、政策价值

从价值目标和制度功能的多维度角度来分析知识产权制度的本质，可以对知识产权的本质进行不同的描述：在私人层面，它是知识财产私有的权利形态；在国家层面，它是政府公共政策的制度选择；在国际层面，它是世界贸易体制的基本规则。[①] 任何法律的实施都离不开政策，都存在政策的取舍和选择。知识产权执法作为执法中的一部分，自然也离不开政策的支持，甚至其中蕴含的政策性相较于其他执法更为鲜明、重要。知识产权执法中的政策性源于知识产权的特殊性、知识产权法律的裁量性以及知识产权保护制度的公共政策属性。[②] 公共政策是公共权力机关对

---

① 参见吴汉东：《知识产权本质的多维度解读》，载《中国法学》2006 年第 5 期。

② 参见孔祥俊：《论知识产权执法的政策思维》，载《专利代理》2015 年第 2 期。

社会公共利益所作出的权威性的分配,是在一定时期内公共权力机关为了实现一定的公共目标、解决一定的公共问题,通过比较政策成本和政策效果,所作出的对社会行为有选择性地指引和规制的方案,公共政策的表达形式主要包括一系列的法律法规、行政规定、规划、计划、命令、项目等。[①] 专利制度也是公共政策的表达形式之一,在国家层面上,专利制度体现了国家的意志,是一种国家为了达到激励创新的社会目的,制定并实施的可以指导和分配技术创新资源的创造、归属、利用以及管理的政策安排。[②]

党的二十大报告指出,完善科技创新体系。坚持创新在我国现代化建设全局中的核心地位。健全新型举国体制,强化国家战略科技力量,提升国家创新体系整体效能,形成具有全球竞争力的开放创新生态。加快实施创新驱动发展战略。加快实现高水平科技自立自强,以国家战略需求为导向,集聚力量进行原创性引领性科技攻关,坚决打赢关键核心技术攻坚战。加快实施一批具有战略性全局性前瞻性的国家重大科技项目,增强自主创新能力。[③] 利用创新来驱动国家的发展已经成为我国的一项重大政策,而激励和保持创新的热情需要一定的配套制度来完成。科学技术的本质是一种无形的知识信息,信息的传播具有外溢性,尤其是在互联网时代,信息的传播速度和范围都很难控制,可以说信息一旦发出,后续的传播就超出信息发出者的控制范围了。科技知识的传播自然可以造福社会大众,但若只强调科技的传播和公共利益属性,会大大降低研发者的创造热情,从长远来看,不利于科技的进步和经济的稳定发展。专利制度赋予了技术创新者对自身创新点的排他性权利,通过对技术信息的使用与传播予以一定的限制,使得除技术创新者之外的任何人未经允许都不能够利用该创新技术获取利益,这样特殊的产权制度是在社会公众的

---

① 参见陈振明主编:《公共政策分析》,中国人民大学出版社 2003 年版,第 43 页。

② 参见吴汉东:《中国应建立以知识产权为导向的公共政策体系》,载《中国发展观察》2007 年第 5 期。

③ 《习近平:高举中国特色社会主义伟大旗帜　为全面建设社会主义现代化国家而团结奋斗——在中国共产党第二十次全国代表大会上的报告》,载中国政府网,https://www.gov.cn/xinwen/2022-10/25/content_5721685.htm。

长远利益与技术研发人员的短期效益之间作出的权衡。专利制度通过给予创新研发者利益刺激而激发公众科技创新的热情,推动理论的创新走向工业实践,切实地为社会作出经济贡献。专利制度是维持我国技术创新不断持续发展的有力机制,其内核离不开国家的政策考量。

专利侵权损害赔偿制度作为专利制度的一部分,其公共政策属性也相对突出。专利侵权损害赔偿制度的公共政策价值主要体现于,专利侵权损害赔偿制度可以发挥权利保障的作用,使得专利权利的保护力度达到一个适宜的程度,既可以保障技术研发者利用创新的技术得到充足的经济回报,使得技术研发者积极应对创新过程中的风险;还可以鼓励民事主体积极利用专利技术,促进专利技术的产业化、贸易化,令市场配置创新资源的决定性作用得以充分发挥。① 传统的损害赔偿救济理论以填平受害者的损失为基本目的,其是一种针对侵权行为的事后补偿机制。不过随着时代的发展,公共安全事件的发生数量日益增长,损害赔偿等侵权责任的公共政策属性日趋重要,需要从公共政策领域去理解侵权责任制度的目的与功能。就专利侵权损害赔偿而言,其不仅仅在于令侵权人补偿权利人因侵权行为所遭受的损失,其更是一种政策手段,通过平衡侵权人与权利人之间的利益来最终达到专利制度鼓励技术创新的公共政策目的。② 专利制度作为一项以鼓励创新为目的的公共政策方案,其根基在于给予了专利权人"垄断"专利技术的权利,使得专利权人可以通过排除他人的使用而得到经济利益。若专利权人在创新之后通过许可他人实施或者自己利用专利技术生产销售产品而获得经济回报,自然会使得其继续投入成本来研发新技术以获得更多的回报,从而进入一个通过创新获取利益的良性循环。其他社会公众或者竞争对手亦会从中受到刺激,积极研发新的技术来效仿获得更多的经济利益,使得专利制度在社会范围内达到了激励创新,促进经济增长的公共政策目的。然而专利侵权行为成本低廉、不易防范、极为隐蔽,而且侵犯专利所获得的利益通常极高,因

① 参见张鹏:《专利侵权损害赔偿制度价值初探》,载《科技与法律》2016 年第 2 期。
② 参见朱冬:《知识产权侵权损害赔偿救济制度研究》,知识产权出版社 2018 年版,第 8 页。

此专利侵权行为屡禁不止。专利侵权行为可以打破专利权人通过垄断技术获得利益的链条,截取专利权人本应获得的财富。如果没有制度对专利侵权行为施以打击,补偿专利权人的损失,那么专利权人就难以从创新之中获得利益,所赚得的经济回报甚至可能无法填补研发成本,其也不会再进行技术创新。其他社会公众在这样的案例之下,也不会尊重他人的专利权,更不会试图通过投入时间、金钱成本进行技术研发来获得报酬。专利制度设立时所期望的鼓励创新的目的在没有损害赔偿救济制度的情况下,显然是无法成功的。专利侵权损害赔偿制度的设立更能够体现出专利制度公共政策的属性,其是专利制度目的实现的保障,是专利制度能够持续激励创新的一道有力的防线。

不过,这并不意味着专利侵权的损害赔偿力度越大越好。如果专利侵权损害赔偿仅是为了保护专利权人的利益不受损害,对专利侵权人实施一定的制裁,那么或许专利侵权损害赔偿的力度越大越好,可以尽力地弥补专利权人的所有损失。但是专利侵权损害赔偿具有较强的政策属性,其最终是达到鼓励创新的目的,具有合理保护力度的专利侵权损害赔偿制度更能够发挥出自身的政策价值。专利侵权损害赔偿制度能够在专利权人遭受损失的时候,通过令侵权人赔偿一定数额的金钱来保证专利权人合理利润依旧归于自身,不被他人非法夺取,从而继续激励其开展创新的活动。不过现代的大部分科技都是基于先前的现有技术而进一步研发的,在市场中有些产品不可避免地会引起是否侵犯他人专利权之问。如果专利侵权损害赔偿的数额过高,则可能会导致许多市场主体为了规避侵权的风险而不再研发竞争产品,相应的技术反而因为专利权的垄断而难以进步。降低的技术竞争压力会使专利权人获得更高的利润或者专利许可使用费,专利价格的高昂变相地阻碍了专利技术的产品化、市场化,专利权人也会因为损害赔偿数额较高而有滥诉的风险。显而易见地,过大力度的专利侵权损害赔偿会抑制技术创新的动力,阻碍专利技术从理论走向工业生产和市场销售,违反专利侵权损害赔偿设置之初的公共政策目的,削减专利侵权损害赔偿制度的政策价值。要立足于专利侵权损害赔偿制度作为一个公共政策所具备的鼓励创新和经济进步的政策价值，保持专利侵权损害赔偿的保护力度的合理性，既不可过于微弱也不能过分提高。

四、经济价值

法律对经济的发展会产生能动的反作用，符合生产力发展规律的法律可以对经济起到促进的作用。从新结构经济学视角来看，现代经济的增长是一个技术、产业结构与制度政策结构不断变化的过程，合理的制度结构的变迁可以促进经济的发展。不同发展进程的国家，其要素禀赋结构也不尽相同，一国的要素禀赋结构可以决定该国的比较优势，根据比较优势来安排产业结构和制度结构，就可以降低交易的成本，将比较优势转化为竞争优势，从而促进经济的增长。[①] 所谓要素禀赋结构，是指在给定时点上一个经济体可用的各种生产要素的相对丰裕程度。[②] 一般来说，生产要素主要包括土地、劳动力、资本等。要素禀赋及其结构决定最优的产业和技术结构，要改变和达到这种产业和技术结构，需要相应地升级对应的硬的基础设施和软的制度结构。不同发展程度的国家的要素禀赋并不相同，发达国家的资本相对更加充裕，科技也更为发达，因此发达国家的产业会集中于资本投入更多的高新技术产业，例如近年来极为热门的人工智能、电子信息等产业。而发展中国家一般资本相对稀缺，要素禀赋结构中劳动力、资源等生产要素占据更大比重，因此发展中国家的最优产业结构受要素禀赋结构的影响，当为劳动密集型产业和资源密集型产业，事实上多数发展中国家的产业结构也确实如此。不过，要素禀赋结构并非一成不变。发达国家经济的飞速发展，正是源于其要素禀赋结构的飞快变化，18世纪以前西欧国家的人均收入年增长率仅0.05%，但是经过工业革命后，由于技术创新、产业结构的变化，劳动生产率快速提高，资本积累的速度也不停加速，到18世纪以后，西欧国家的人均收入年增长率升至1%。[③] 在

---

① 参见林毅夫：《新结构经济学》，载《理论学习与探索》2023年第2期。

② 参见王勇、汤学敏：《结构转型与产业升级的新结构经济学研究：定量事实与理论进展》，载《经济评论》2021年第1期。

③ 参见林毅夫：《新结构经济学》，载《理论学习与探索》2023年第2期。

一定时间内,一个经济体的要素禀赋结构是一定的,以此为起始点,生产要素中劳动力会跟随人口的增长水平而变化,自然资源假定在模型中不会改变,资本会在生产和消费的过程中不断积累,不断进入资本更为集中的产业,并倾向于采用更为密集的技术来生产,不同的要素禀赋的增长速度最终会改变要素禀赋结构。① 一国的经济水平若想要快速提升,首先要进行产业升级,调整产业和技术结构,将资源密集型产业和劳动密集型产业升级至劳动生产率更高的、技术水平更高的资本密集型产业和技术密集型产业。产业和技术结构的提升最终需要依赖要素禀赋结构进步的推动,要素禀赋结构的进步也需要当前的产业结构最匹配此时的要素禀赋结构。在要素禀赋结构、产业结构和技术结构变化的过程中,制度安排也要随之改变,以契合当前的现状,降低交易成本,形成竞争优势,促进经济的快速增长。②

我国的产业结构一开始是以自然资源和劳动力产业为重的,随着资本的逐渐积累,我国的要素禀赋结构中资本要素占比越来越重,产业结构也亟待转型,我国正在从劳动密集型产业和资源密集型产业向技术密集型产业转型。20 世纪 90 年代以来,技术在我国的比较和竞争优势中占据了重要的地位,尤其是我国处于技术后发阶段,有着技术后发的红利,可以更加快速地凭借现有的先进技术完成资本的积累和经济的发展。③不过随着经济的快速增长,资源、劳动力产业在推动经济增长的能效上越发疲弊,由于与发达国家科技水平的逐渐接近,技术后发优势也逐渐削弱。积累的资本为了生成更多的资本,往往倾向于往高附加值产业、高技术产业投资。若资本足够,技术发展不足,那么产业也将难以升级,经济自然也难以快速增长。所谓产业升级,就是后一次产出的产业附加值高于前一次的产业附加值。④ 现今信息革命如火如荼,以信息技术为主导

---

① 参见林毅夫:《如何做新结构经济学的研究》,载《上海大学学报(社会科学版)》2020 年第 2 期。

② 参见林毅夫:《新结构经济学》,载《理论学习与探索》2023 年第 2 期。

③ 参见林毅夫、蔡昉、李周:《中国的奇迹:发展战略与经济改革》(增订版),格致出版社、上海三联书店、上海人民出版社 2012 年版,第 49 页。

④ 参见林毅夫:《中国未来创新发展的优势与挑战》,载《国际金融》2021 年第 8 期。

的一系列技术密集型产业无疑是我国产业升级的方向之一。在该发展背景下，无论是我国经济的内在需要，还是国际产业竞争的外在需求，科技创新都成了最为重要的一项砝码。持续的经济发展需要不断的产业升级，而持续的产业升级需要技术不断地创新。

自党的十八大以来，以习近平同志为核心的党中央高度重视创新的作用，提出创新驱动发展战略。“创新”指代的是对于科学技术的推进，研发出的科技要在现有技术的基础上有所进步。“驱动”意味着我国未来的经济发展需要靠科技来推动，而不再如从前那般依靠劳动力和资源。专利制度对于推动技术研发和创新的效果显著，其是为“天才之火浇上利益之油”，大大鼓励了技术研发人员对于科技创新的热情。专利制度的设立和完善正是为了迎合生产力发展的需要，促进科学技术的进步，为产业升级提供技术基础，最终推动经济的高速发展。专利侵权损害赔偿制度作为专利制度的一部分，其设立目标自然也不会与专利制度本身产生冲突。专利侵权损害赔偿制度是专利制度实施的保障，是专利权遭受损害之后，专利权人可以重新回归未侵权状态的有力武器。

专利侵权损害赔偿制度的经济价值在于其可以在专利受到侵害时，全面补偿专利权人所受的损失，以使失序的市场经济重回正轨，保证专利制度对创新的激励不会失能。专利具有无形性，并且专利权人需要在申请专利时将技术方案向社会公开，专利信息在互联网时代近乎唾手可得，侵权人获得技术方案的门槛很低，相应的侵权成本也就较低。专利的侵权行为较为隐蔽，无形的专利技术方案需要通过已经制造出的物质产品来承载，而制造出的侵权产品有时并不能从外观上判断是否包含了与专利技术相同的技术方案，专利权人不得不大范围、长时间地对疑似侵权的产品加以排查、比对等。在侵权易、维权难的现实困境下，若不利用专利侵权损害赔偿制度降低专利权人的维权成本，提高侵权人的侵权门槛，使得专利权人与侵权人之间达成一定的平衡，那么针对专利的侵权行为必然会不断泛滥。专利权人无法得到本应属于他的经济利益，其创新的热情必然降低，专利制度原本的激励作用被打破，被打破的专利制度无法再促进科技的进步，产业升级的技术基础也就无从谈起，即使资本在不断地积累，也难有技术密集型的产业可供投资，正所谓“巧妇难为无米之炊”。当然，引进先进的技术也有带动技术创新和产业进步的空间，但是随着我国科技的不断进步，我国与发达国家的差距越来越小，后发者优势也越来越小，依赖他国的先进技术显然不是我国经济发展的长久之计。从实证角度分析专利侵权损害赔偿制度与经济发展的关系，可以发现在低收入阶段，专利侵权损害赔偿的救济力度与经济发展之间没有明显的关联；在中、高收入阶段，专利侵权损害赔偿的救济力度对经济发展有明显的促进作用。[①] 鉴于我国于2014年人均国内生产总值超7500美元，已经逐步迈入中等偏上收入国家的队伍，在促进经济增长的论题上，应当加大专利侵权损害赔偿的救济力度。

第四节 专利权的价值与专利权侵权损害赔偿

劳动价值理论与效用价值理论对于专利价值的探寻都有一定的道理，就劳动价值理论而言，其认为专利价值的源泉为劳动，虽然专利技术是无形的，在形式上相较于有形工业产品有一定的不同，但是凝聚在专利技术中的劳动并不与工业产品的劳动有本质上的差别。专利权作为一种无形财产，其本质还是凝聚了人类的劳动，通过人的复杂的智力劳动而创造产生的。在著作权领域，有一个著名的例子，即大猩猩利用智能手机拍摄了一幅自己的自拍照，这张自拍照是否可以由著作权保护呢？答案显然是不能的，因为这张自拍照的主体并非人类，因此这张自拍照并不包含人类的价值判断和智力选择，简言之，这张照片并不包含人类的智力劳动，因此其并不存在被保护的价值。作为一种无形的知识产品，专利技术被保护的基础在于，研发人员在该创新技术上投入了复杂的脑力创作活动，以至于该技术超越了现有的技术方案。马克思的劳动价值理论，为专

---

① See Mansfield E, *Intellectual Property Protection, Direct Investment, and Technology Transfer: Germany, Japan, and the United States*, The World Bank, International Finance Corporation, 1995, p. 7.

利产品的价值分配机制提供了正当性，技术研发人员作为专利技术的创造者，专利技术中凝聚了其智力劳动，因此专利技术的价值应当初始地分配给技术研发者，这也是专利制度设立的基础逻辑。[①] 不过马克思的劳动价值理论诞生于工业时代，对于无形知识产权的价值揭示依旧有一定的历史局限性。知识产品的创造过程不存在社会必要劳动时间，因而劳动价值理论在知识产品价值量的计算上具有较大的争议。

有学者提出生产知识产品的社会必要劳动时间可以从个人研发技术的时间来计算，也就是个别劳动时间，专利技术研发人员可以作为自身生产者的集合，生产专利技术的个别劳动时间即与社会必要劳动时间重合。[②] 个别劳动时间是否能够替代社会必要劳动时间还有待考证，个体的智力劳动活动具有特别性、具体性，难以作为一个一般的衡量标准。不同的技术研发者由于经验、条件、运气等个体因素的差异，研发一项技术的劳动时间不可能一致，理论上在该特殊的个别劳动时间中应当蕴含着一般的社会必要劳动时间，但是由于无法通过众多技术生产者重复生产某项技术来确定平均的劳动时间，该社会必要劳动时间并没有办法显现。例如，有些技术研发人员灵光一现，偶然做出来一项高难度的技术成果，其付出的个别劳动时间较少，但是这具有偶然性，如果有平均研发该技术的社会必要劳动时间，那么应当大于该技术研发人员的个别劳动时间。可见，从个别劳动时间的角度来确定专利的价值量是较为困难的。专利技术在社会生产中通常起生产要素的作用，结合劳动力、资本等要素生产工业产品。专利技术在社会生产中的功能一般有三种，第一种，提高劳动生产效率，辅助工厂降低产品生产的成本。一些专利技术的使用可以降低生产专利产品的成本，例如一些专利技术方案可以加快产品的生产速度，使得在同样数量、同等劳动时间的条件下，使用专利技术的企业可以生产出更多的商品；又如一些专利技术方案可以节约原材料的使用，降低企业的生产成本。该种专利技术可以降低生产产品的劳动时间，使得企

---

① 参见徐小奔：《知识产权损害的价值基础与法律构造》，载《当代法学》2019 年第 3 期。

② 参见梁心新：《知识产权的劳动价值论探析》，载《知识产权》2017 年第 10 期。

业获得超额利润,如果推广到全行业,最终可以使得生产该产品的社会必要劳动时间降低。第二种,改进现有产品的产品功能,一些专利技术可以在现有产品的基础上开发出新的功能,比如之前的电视机只能观看黑白的影像,但是随着技术的发展,出现了彩色电视机,相对于原有的黑白电视机,其在显示上增加了功能。加入专利技术的生产过程的生产劳动可以理解为比原先生产劳动更为复杂的劳动,简单劳动与复杂劳动有一定的转化比率,假设生产彩色电视的劳动时间相较于黑白电视没有改变,生产黑白电视的简单劳动与彩色电视的复杂劳动之间有 2 倍的比率,那么每一台彩色电视所蕴含的价值量就是黑白电视的 2 倍,这增加的 1 倍的价值量就是专利技术的作用。第三种,开发出新功能的产品:具有开创性的新功能的产品一般缺乏原产品进行对比,但是可以从生产新功能产品的原材料进行对比。对比生产原材料的社会必要劳动时间与生产新功能产品的社会必要劳动时间,后者减去前者就是社会必要劳动时间的增量,除去劳动力等生产资料,就是专利技术在其中所贡献的社会必要劳动时间增量,也就是专利技术所提高的新功能产品的价值量。由此可以看出,专利技术的社会必要劳动时间不是由个人生产该技术的劳动时间计算的,而是由该专利技术所能解放的社会必要劳动时间计算的。① 但是专利技术所能够解放的社会必要劳动时间在计算上有一定的困难,其与市场的运用具有较强的关联性,可以说如果没有市场的主观应用,专利技术就没有解放社会必要劳动时间的土壤,因此专利技术的价值量的计算,具有一定的主观性,单纯地采用劳动价值理论难以准确地计算出专利技术的价值量。

有学者提出可以利用效用价值理论解释专利技术的价值,其以市场的角度去判断专利技术的价值,认为专利技术的价值源于其效用,作为生产要素的专利技术,其价值量由市场的需求决定。② 本书认为,专利技术的价值依旧源于劳动而非效用,正如前述的大猩猩拍照的例子,这张大猩

---

① 参见杨延超:《知识产权资本化》,法律出版社 2008 年版,第 22 页。

② 参见范晓波:《知识产权的价值与侵权损害赔偿》,知识产权出版社 2016 年版,第 49 页。

猩的照片在互联网上广为流传，吸引了众多媒体和个人的眼光，显然是具有效用的。如果认为效用决定了这张大猩猩自拍照的价值，那么它应当有很高的经济价值，值得被著作权法保护。然而作为一种无形的知识产品，专利技术被保护的基础在于，研发人员在该创新技术上投入了复杂的脑力创作活动，以至于该技术超越了现有的技术方案。

但是在判定专利技术方案的价值量上，效用价值理论是一个可靠的分析工具。正如前述所说，专利技术的社会必要劳动时间可以等同于其解放了的社会必要劳动时间，不过专利技术是间接地参与社会生产从而解放了社会必要劳动时间，期间经历了很多步骤和程序，因此专利技术具体解放了多少社会必要劳动时间，依旧十分抽象模糊，难以计算。这时效用价值理论或可作为一种计算工具，专利技术在社会生产中的三种功能，也对应了其在市场中的效用，可以说专利技术的效用正是在于其通过提高劳动生产效率、改进产品功能、构建新功能产品三方面来解放全社会的社会必要劳动时间。边际效用价值论认为商品的价值量决定于满足人的最后一单位欲望商品的效用，边际效用是衡量商品价值的尺度。不过对于专利技术而言，其和传统的有形财产不同，自专利权人研发出专利技术方案后，专利技术方案作为一项信息就可以无限地复制下去，理论上这种信息可以像空气和阳光一样无限地为市场提供。效用价值理论认为商品的价值起源于效用，但又不完全等同于效用，价值存在的充分条件是效用和稀缺性同时存在。正如庞巴维克所述，在其他条件相同的情况下，市场上某一类商品的数量越多，该商品的价值就会越小。如果一项物品的供应非常多以至于满足了一切需要后，剩余的该物品无法找到其他有益的使用，那么这项物品的边际效用就归于零，也就是说该物品没有价值。[①]如果按照这种理论进行推论，专利技术从被专利权人向全社会公开起，就会因为缺乏稀缺性而没有了价值，但这又与现实之中专利技术许可、转让等市场行为的完成所需付出的高昂价格呈现出相反的状态。为什么会有如此矛盾的现状出现呢？这正是因为专利制度的出现，其通过赋予专利

① 参见姚开建主编：《经济学说史》（第3版），中国人民大学出版社2016年版，第234页。

权人对自身专利技术的垄断而使专利技术方案的使用呈现出稀缺性。消费者购买商品一般是为了该商品的使用价值,其可以利用该商品满足自身的需求,由于传统的商品都是有形体的,所以消费者使用商品的前提是得到具有物理性质的该商品。而专利技术方案则有所不同,其是无形的,早已公开了的,因此消费者只需通过一定的渠道浏览便可以“得到”该专利信息。专利制度并不限制这种“得到”方式,甚至一定程度上推动了这种“得到”方式,专利制度只限制了使用这种技术的方式。如果有企业想要以生产经营为目的使用这项专利技术信息,那么它就会发现这项信息的使用并不是无限的,其需要得到专利权人的许可或者转让,因此信息的使用具有稀缺性。这也能够解释为什么专利技术的期限一旦届满,专利技术就突然失去了价值,明明该项专利技术可能还继续在工厂之中使用,甚至因为届满,专利技术的使用范围应当更大了,但是该专利技术却失去了价值。这是因为没有了专利制度的限制,专利信息的“得到”“使用”都不具有稀缺性,消费者可以任意使用,虽然专利技术依旧在市场中发挥效用,但依据效用价值论,该专利技术没有了稀缺性就没有了价值。不过从劳动价值论的角度去考量这种情形,其实有所不同,这项专利技术从专利制度届满之后依旧可能在解放相关产品、相关市场的社会必要劳动时间,理论上该项专利技术的价值量不应当突然降低为零。但是劳动价值理论对于价值衡量的前提是,该劳动产品用于交换,不是商品的劳动产品没有价值一说。专利技术信息在失去了专利制度保障后,就变成了社会公共的知识财富而不再是可以用于交换的商品,因此也失去了评判价值的基础。劳动价值理论与效用价值理论在这种情形下的思考路径虽不一致,但是殊途同归,最终的结论具有共性。

在效用价值理论中,商品的供求关系可以决定商品的价值。在专利期还没有届满时,专利技术信息的“供”来源于专利权人,“求”一般为生产者。由于专利技术信息的特性,那么企业生产者一旦得到了专利权人的授权,那么该信息的提供量就不会受到其他条件约束,从而呈现出无限提供的特征。专利技术信息的稀缺性体现在企业生产者如果需要在生产中使用该专利技术信息,则必须要得到专利权人的授权,但是在得到授权之后,企业生产者生产产品的数量限制就在于劳动力、资本等其他生产要素,可以说专利信息在被授权后就不再是限制企业生产者通过专利信息获得利益的因素了。生产者使用专利技术的最终目的是将蕴含专利技术的专利产品进行售卖,满足整体消费市场的需求,而专利技术作为生产资料,其价值由最后制成的专利产品的边际效用量决定。

需要明确的是,专利技术信息的特性导致其不同于有形财产,有形财产的边际效用只是针对单个客体的效用,例如假设有一筐苹果,其中最后一个苹果对于人的边际效用为5,这意味着这一筐中每一个苹果的边际效用为5,但不代表这一筐苹果的整体边际效用为5。而专利信息是不可区分、不可分离的,当消费者使用一项专利信息的时候,使用的是蕴含专利信息的专利产品,专利产品的边际效用是该单个专利产品的边际效用。如果按照专利技术在该单个专利产品的总价值中占据的分量来评判专利技术的价值,那显然不够合理,因为该专利技术信息不可分,所以所有专利产品边际效用中专利技术信息所占据比例的总和才能作为该专利技术的价值量。其中,专利信息的效用发挥需要结合生产资料制成专利产品,但是制造的策略依据不同的生产者有所不同,最终的效用大小也会不同。这种效用大小不同,并不是专利技术信息本身的效用大小不同,而是对专利技术信息的利用不同所导致的。理想情况下,应当是设计一项专利产品,其中的专利技术信息可以完全地发挥出它的所有效用。专利技术信息将在这件理想专利产品的边际效用中有一定的占比,将该占比乘以所有的理想专利产品数量即可得到专利技术信息的理想的价值量。不过在实际操作中,生产者不一定能发掘出这样的理想专利产品,因此在实践中可以以现有的能够最高地发挥出专利技术信息效用的专利产品来计算。专利技术信息需要投入市场才能够有评价价值的可能,如果市场对专利技术作用的挖掘仅达到了其理想价值量的一半,那么剩余一半将超出现有市场的认知,无法认知到、发挥出的效用不可能被市场承认,其价值量就由现有专利产品的边际效用决定。如果后续有市场挖掘出更能够发挥专利技术信息效用的专利产品,那么就以后续的专利技术产品的边际效用来决定该价值量。在对专利技术价值进行预估时,需要基于现有的市场认知,尽可能地挖掘专利技术信息的所有效用,评判哪种利用方式能够更好地发挥专利技术的效用,使评估的价值量更能够接近理想的价值量。

总而言之,虽然专利信息的供给是无限的,但是专利制度的限制使得专利信息的使用具有了稀缺性,因此专利信息才有交换和评判其价值的前提。专利信息是间接地参与消费市场的,其需要通过企业生产者的购买、使用,最终制造成专利产品投入消费市场才能发挥其效用,实现其价值,因此在考量专利技术的价值量时需要以所有专利产品的边际效用为基础,考量专利技术在所有专利产品的边际效用中的占比,并进行叠加最后得出专利技术信息的价值量。在评判专利技术的价值量时,需要明确专利技术的价值以劳动价值论为根据,专利技术的价值量依旧依据社会必要劳动时间来评判,只是专利技术的社会必要劳动时间等同于其所解放的社会必要劳动时间。在具体评价专利技术究竟解放了多少社会必要劳动时间时,可以利用效用价值论,通过专利技术的效用总值来计算专利技术的价值量。

专利技术的价值量是动态的、不够稳定的,会随着消费市场的需求、专利权人的利用、企业生产者的制造和销售等策略、自身的有效期限而有所变化。专利技术虽然在刚开始研发成功的时候,价值量会很高,但随着科技的快速进步,其有可能会被取代,以至于消费者的需求都被其他技术所抢夺,此时该专利技术的价值量就会快速降低。例如,假设一项药品专利可以治疗某一种疾病,本来它有着稳定的市场需求,但是新研发的一种药品专利,其也可以治疗该种疾病,并且副作用大大降低,此时原药品专利的需求就会大大减少,其价值量也会迅速降低。专利技术在企业生产者的不同利用策略下,所能够达成的效用也有所变化,专利技术信息发挥作用离不开与生产资料的结合,但是该怎样进行结合、利用是由生产者来决定的,因此专利技术的价值量会随着市场中的利用方式的变革而有所变化。

损害是专利侵权损害赔偿的重要构成要件,没有损害就没有赔偿。所谓损害是指权利人的财产性利益或者精神性利益在非自愿的情形下遭受了损失。① 因为专利权是财产性权利,所以专利权人并没有精神性的

---

① 参见程啸:《侵权责任法教程》(第4版),中国人民大学出版社2020年版,第104页。

权益可被侵犯,在考虑专利侵权损害赔偿时自然也不会考量专利权人的精神损失。专利权作为一项民事权利,其在损害赔偿数额的确定上通常也遵循民法的损害赔偿一般原则,即填平原则。专利侵权损害赔偿的数额在理论上应当完全填补专利权人因为受到侵权行为而遭受的所有经济损失。专利权人在受到的经济损失中包括直接损失和间接损失,直接损失是指专利权人在他人侵权行为中所受到的直接的利益减损,例如专利权人专利产品的销售数额会因为侵权产品的存在而减少;间接损失是指专利权人本应获得却没有获得的利益,以及为了维权而支出的各种合理费用。①

由于专利技术非物质的特性,专利权受到侵害的表现与传统的有形财产有一定的区别,有体物受到损害主要表现在物理上,他人的侵权行为而导致该物体被损毁、侵占等;专利技术受到损害主要表现在市场上,侵权行为而导致专利技术所应创造的收益减少。专利技术的价值量为所有专利产品的边际效用中专利技术所占据的比重的总和。如果有侵权行为的发生,那么意味着在市场中就会有专利产品的非法替代产品来抢占专利产品的市场份额,此时市场对于专利产品的整体需求就会减弱。消费者购买侵权产品,会降低专利产品的市场份额,其可能选择购买侵权产品而非专利产品,由于侵权产品也采用了专利技术,因此所有的侵权产品也应当是计算专利技术价值量的一部分,只是这部分价值量所产生的收益并没有被专利权所有人获得。所以专利权人在侵权中所遭受的损害表现为,本应通过专利技术获取的预期收益被侵权人侵占,该预期收益是专利技术所蕴含的价值量。不过值得一提的是,侵权产品的增加,会导致市场中拥有同样专利技术的产品的数量增加,此时专利产品、侵权产品的边际效用都会随之下降。因此专利技术的价值量的计算就会出现产品的数量上升、产品的边际效用下降的情况,而专利技术价值量究竟是上升还是下降就要根据实际情况来判断。但是,对于计算专利权人所受的损害来说,

① 参见商建刚:《知识产权侵权损害赔偿中实际损失的司法认定》,载《电子知识产权》2020年第4期。

可以将侵权产品作为生产者扩大生产的一部分,此时产品数量的扩大本就会导致产品边际效用的降低。所以,不宜将专利产品边际效用的降低与专利产品数量的降低叠加计算为专利权人的损失,因为在专利权人扩大生产的预期利益中,就包括了专利产品边际效用降低的情形。

第三章　专利侵权损害赔偿评估

第一节　专利侵权损害赔偿评估概述

一、专利侵权损害赔偿评估的概念

专利侵权损害赔偿评估是指专利损害评估机构及其评估师，根据国家法律法规和专利损害评估准则，遵照相关法律和评估的程序，依据损害赔偿评估的原则，对专利权人在专利侵权行为中所损失的经济利益进行评定和估算的专业服务行为。知识产权损害赔偿评估是一个跨学科领域的研究，是经济学与法学结合应用的一个领域。一开始，知识产权损害赔偿评估归属于法学领域，由法院来全权决定侵权损害赔偿数额，但是法院多凭借自身的经验和直觉来进行确定，这使得赔偿金额过于随意、不确定，一直具有较大的争议。在损害赔偿数额的确定中引入经济学，是为了使得损害赔偿金额更为确定，更具有科学性。不过在如今的司法实践中，对于专利侵权损害赔偿数额的评估确定依旧缺乏系统科学的计算方法的支撑。2006年，我国财政部、国家知识产权局共同发布了《关于加强知识产权资产评估管理工作若干问题的通知》，该文件详细规定了有关知识产权资产评估管理工作的具体事项,明确了知识产权资产评估行为的合法性,为知识产权资产评估行业的发展奠定了法律基础。

知识产权损害赔偿评估作为一项新兴行业,其理论发展还不够完备,许多复杂现实问题欠缺深厚的理论支撑。知识产权损害赔偿评估理论的发展以实际问题为导向,主要为了满足知识产权侵权案件中对知识产权损害的评估,以辅助确定最后的损害赔偿数额,因此理论体系的发展也不够健全。现阶段对于专利技术的价值评估多采用传统的对于有形资产的价值评估方式,能够综合专利技术本身的特性、经济学知识以及法律属性的价值评估案例较为少见。现有研究中,还欠缺能够普遍运用、内核完整并且符合专利技术特性的统一的理论体系,专利损害赔偿评估理论还处于早期的摸索阶段。

二、专利侵权损害赔偿评估的原则

专利侵权损害赔偿的评估具有一定的复杂性,其为多个学科交叉研究的领域,因此专利侵权损害赔偿评估的原则也具有多面性,既包含了常见的资产评估领域的原则,也要考虑专利技术内部所蕴含的法律原则。

1. 专利侵权损害赔偿评估的工作原则。(1)独立性原则。独立性原则是指评估机构在评估专利侵权损害时,需要保持自身第三方的独立地位,不能受到当事人等各方的影响。评估机构只有保持自身的独立性,不和任何一方的利益有所牵连,才能在进行评估的过程中没有立场的倾向,才能保证其得出的评估结果公平公正。因此评估机构及其专业评估人员不应当与当事人等相关方有任何利益上的往来,保持自身第三方的客观独立的身份。(2)客观性原则。客观性原则是指评估机构在评估过程中,要以客观事实为依据,尊重客观事实,对真实情况进行实事求是地调查研究。专利侵权损害赔偿的评估计算,需要建立在专利侵权损害的相关事实上,如果相关事实不真实,那么根据相关事实推导计算的专利侵权损害赔偿评估就不可能准确。客观性原则还要求当事人等各方提供准确的、客观真实的评估所需的案件资料。(3)科学性原则。评估机构在评估专利侵权损害时,需要明确评估的目的,清晰评估对象,选择适合评估专利技术这种无形资产的方式。科学性不仅在于计算方式本身的科学性,还需要进行科学运用。首先需要找到贴近评估专利技术这种特殊对象的评估方法,否则即使评估方式具有科学性,也会因为不恰当地运用而导致评估结果不合理、不科学。专利技术相较于有形财产有所不同,如果僵硬地适用传统的针对有形财产的评估方式,难免会遭遇“水土不服”,使得专利侵权损害赔偿的评估结果的科学性、准确性下降。在运用恰当的评估方式后,科学性原则还要求评估机构的评估程序科学合理,不同评估业务的评估程序有所不同。评估机构应当根据专利侵权损害自身的规律,结合国家相关规定以及专利侵权损害的具体情形,确定科学的评估程序,这样才能更好地得到具有科学性的评估结果,并能够在评估过程中合理地降低人力、财力、物力等评估成本,提高评估效率。[①] (4)专业性原则。专业性原则要求专利侵权损害的评估机构为专业机构,其必须拥有与专利技术、营销、会计、知识产权法等相关的多学科评估人才,这是能够实现对专利侵权损害赔偿准确评估的人才基础。在评估市场中,评估机构之间应当有一定的良性竞争,这样才能保证评估机构评估技术不断进步、水平不断提高,给予委托人更加公正、合理、科学、高水平的评估报告。(5)针对性原则。专利侵权损害赔偿评估时,需要明确评估对象,针对具体的委托合理划清评估范围。专利权人所遭受的损害可能来自不同的侵权者,需要明确该专利权的侵权对象以及其所造成的损害范围和程度,而不是直接评估该专利权所遭受的所有损害,否则可能将本不应该评估的损害范围纳入其中。已经进入司法程序或者行政处理程序的专利权纠纷,可以依据法院或者行政机关关于该专利损害的程度的判定或裁决来进行评估。

2. 专利侵权损害赔偿评估的技术原则。(1)贡献原则。贡献原则是指资产评估不能只孤立地看待该资产本身的价值,需要关注其是否是某一资产的组成部分,其对整体资产的贡献有多少,如果失去该资产,整体资产的价值会降低多少。具体到专利技术领域,需要明确该专利技术对

---

① 参见刘玉平主编:《资产评估学》(第 2 版),中国人民大学出版社 2018 年版,第 13 页。

整体的专利产品的价值具有多大的贡献率,或者如果失去该专利技术,原先的专利产品会损失多少价值。并且还需要明确,在所有损害之中,专利技术被损害的价值占据所有实际损害的比重,使得对于专利侵权损害的评估的范围不会被不恰当地扩大或缩小。(2)替代原则。替代原则是指当同时存在几种具有相同功能的专利技术时,以最低价格专利技术为参考标准。因为一般理性的市场主体在购买使用专利技术时,通常会倾向于相同功能中价格最低的技术,或者说,其在支付费用时通常不会高于具有相同功能的替代物的最低价格。在评估时,待评估专利技术的可选择性和有无替代性是应当纳入考量的一个重要参考因素。(3)预期原则。预期原则在传统资产评估中是指对资产的评估需要考量该资产未来的预期收益,而不一定需要完全取决于过去的生产成本或者销售价格。该原则显然有效用价值理论的理论基础在其中,认为资产的价值最重要的考量是其未来能够发挥的效用或者说预期利益,如果资产的成本很高但是效用一般,其价值一般也不会太高。具体到专利侵权损害赔偿评估中,需要对专利技术的预期收益和因侵权行为而受到的预期收益的减少两方面都进行评估。(4)合理评估基准日原则。评估基准日原则是指在对专利技术所受损害的价值进行评估时,需要明确一个合理的评估基准日。在对专利侵权损害赔偿评估时,该评估涉及众多时间点问题,如专利申请日、侵害行为开始日、侵害行为终止日、专利侵权立案日、委托评估日等,在评估时需要一个统一的合理的评估基准日,否则会使得整个评估过程混乱、标准不一,如果评估基准日不合理,评估结果也会不够准确。在确定专利侵权损害赔偿评估基准日时,应当以尽量接近侵权人执行赔偿时专利技术的实际损害价值为目的,缩短评估的专利技术价值损害与实际价值损害之间的差距,因此评估基准日可以尽量延后,委托评估日相对其他时间点而言更为合理。

3. 专利侵权损害赔偿评估的法律原则。专利侵权损害赔偿评估的过程通常是为了辅助司法、执法的进行,因此其具有较为明显的法律特性,需要遵循一定的法律原则。(1)程序合法原则。在专利侵权损害赔偿评估的过程中,主要包括委托程序、实施评估的程序、取证程序、评估结论的审查程序等，这些程序都需要满足相关的法律法规的规定。例如，对于评估结论的审查，需要在法庭上经过质证或者专家的听证，否则评估结论不能被直接作为审判依据或者行政处理依据进行采纳。(2)依据合法原则。在专利侵权损害赔偿评估中，评估所依据的资料必须是合法合规的，具有法律效力或者符合评估准则、规范的证据，否则该评估结论不应当被采纳，或者部分不被采纳。在评估过程中，评估机构及其评估人员所采用的评估方法也应当是符合相关评估规范和法律规定的。(3)评估报告合法原则。评估机构及其评估人员在得出评估结论并制成评估报告时，需要满足业内评估报告的基本形式，符合评估报告的基本标准。评估报告一般而言需要包括标题、文号、目录、声明、摘要、正文、附件。根据《资产评估法》第27条的规定，评估报告需要由至少两名承办该项业务的评估专业人员签名并加盖评估机构印章。在评估报告附件中还应当提供有关评估机构以及签名评估人员的备案文件或者资格证明文件。

三、专利侵权损害赔偿评估的特点

专利权相较于传统的有形财产权，由于其无形性的特点，其在评估上也有一定的特性。

1. 专利权的损害价值评估由于专利技术无形性的特点，而具有一定的困难。首先，专利技术并不具备物质实体，因此其所受到的损害也并非物理上可以分辨出的损害，而是专利技术所带来的预期利益的减损，对该预期利益的具体减损数额的评估给评估行业带来巨大的挑战。在具体的专利侵权案件中，被侵害的专利技术的不同、侵害行为的不同会导致侵害后果也不同，在评估中需要明确专利技术所受到的侵害的程度。其次，专利技术是专利产品的一部分，专利产品所创造的所有利益并不一定完全归功于涉案的专利技术。例如，有些专利产品可能包含不止一个专利技术，涉案专利技术只是其中一种，那么就要明确涉案专利技术在整体专利产品中的贡献率。不能将专利产品所创造的所有经济利润都归功于涉案专利技术的贡献。不过在实际情形下，专利技术已经融于专利产品这个整体之中,分清专利技术对整体的专利产品的贡献率是一件极为复杂的事情。再次,在市场之中,有时并非仅有专利产品和侵权产品两种竞争产品的存在,可能还存在相同功效的第三方产品。此时专利产品所创造的收益的降低并不一定完全是因为侵权产品的存在,还有其他竞争产品争夺消费市场的缘故。由于市场销售情况极为复杂,专利权人预期利益的受损范围与侵权行为以及竞争行为之间的因果关系的分辨极为困难,竞争行为导致的专利权人的受损容易被不恰当地算入损害赔偿评估之中。最后,由于专利技术的无形性,专利技术的价值具有不确定性。专利技术不同于有形财产,其价值掩于专利产品。专利技术的价值根据技术环境的发展、竞争对手的策略、专利权人的利用方式、开发程度、销售策略等都会有所不同。因此,专利技术在遭受损害后,其价值的减少也具有不确定性,需要通过合适的评估计算方式使得评估值更接近于实际的专利价值损害值。

2. 时间因素对于专利价值损害评估具有重要作用。专利技术作为一项知识信息,专利权人在研发并申请后,只能拥有固定的专利保护期限。专利技术的价值与专利技术的剩余保护期限具有强相关性。专利技术的价值损害要以其本身的价值为基数,因此时间因素对于专利技术价值损害评估结果具有较大的影响。除此之外,专利侵权行为的持续时间对于专利价值的损害也有影响,时间越长通常而言损害程度越大。不过时间因素的作用也是有限的,由于专利技术的保护期限以及诉讼时效的限制,专利价值所受损害的起算时间点最多只能追溯到起诉日之前两年,终止时间最多只能到专利技术保护期限届满。因为技术的进步速度较快,市场变化也比较快,专利技术不再实际产生经济效益的时间可能要早于专利期限届满日。

3. 专利技术的法律状态影响专利侵权损害赔偿的评估。专利技术并非在专利权人申请并获得授权之后就能够一直维持有效的状态,专利权人还需要及时缴纳年费。只有专利权一直维持有效的状态,专利损害价值的评估才有意义。

第二节　专利侵权损害赔偿评估的类型

专利侵权损害赔偿评估根据评估的专利权客体的不同、损害的类型不同,可以有不同的分类。

专利权的保护客体分为发明、实用新型和外观设计,基于此,专利侵权损害赔偿评估的类型也可以分为发明专利侵权损害赔偿评估、实用新型专利侵权损害赔偿评估、外观设计专利侵权损害赔偿评估。发明专利侵权损害赔偿评估以发明专利为基础来探究其损害价值,发明专利通常而言创新程度较高,受到的保护力度也更大一些,发明专利的保护期限为20年。在对发明专利侵权损害评估时,需要基于发明技术的高成本、高投入、高创新来衡量专利技术所遭受的价值损害。实用新型专利侵权损害赔偿评估以实用新型为对象,考察针对实用新型专利所做出的生产、销售、宣传等侵权行为对该专利所造成的价值损害。实用新型指的是针对产品形状、构造或者其结合所研发出的技术方案,其创新程度相较于发明专利会低一些,保护力度也相对而言低一点,实用新型的保护期限为10年。在对实用新型专利所遭受的价值损害进行评估时,需要考虑作为实用新型本身难度较低,经济贡献程度可能有限。外观设计专利侵权损害赔偿评估是以外观设计为评估对象,在发生侵权人未经许可擅自实施生产、销售等侵权行为后,评估该外观设计所遭受到的价值损害。专利外观设计是针对工业产品所设计的富有美感的外观,其可以用来吸引消费者前来欣赏、购买,因此在一定程度上也能提高商品的价值。

专利侵权损害赔偿评估可基于直接损失和间接损失的专利侵权损害分为专利侵权直接损失赔偿评估和专利侵权间接损失赔偿评估。专利侵权直接损失赔偿评估是指由于专利侵权行为的发生,专利技术本应在侵权时间内达到的正常经济效益被侵权人破坏,评估机构针对该被破坏的经济效益部分的具体数额进行评估。专利权价值直接受损的主要表现为,专利权人本应获得的经济利润受损,如专利产品的销售数量减少、专利许可使用费的减少等。专利侵权间接损失赔偿评估是指专利权人可得利益的受损,是专利权人可以预见的、没有被直接反映出来的专利技术价值损失。专利侵权行为不仅会造成专利产品销售总数下降等明显的直接的专利价值损失,还有可能会给专利权人造成预期的潜在利益的受损。例如,劣质侵权产品的出现可能会导致专利产品的信誉下降,降低专利技术的潜在价值;又如,非专利部分的附带损失,一些专利产品可能与非专利产品紧密捆绑在一起,此时非专利产品部分的销售数量的下降在一定情况下也可以算入间接损失。

按照专利侵权损害的范围来进行分类,可以将专利侵权损害赔偿评估分为部分专利损害价值的评估和全部专利损害价值的评估。所谓部分专利损害价值的评估是指针对某一部分,对专利价值的减损进行评估,如仅评估专利的直接价值损害,而忽略专利的间接价值损害。全部专利损害价值评估是指全面评估专利的各个方面的价值损害,包括专利的直接价值损害和间接价值损害。全部专利损害价值评估显然会得出相较于部分专利损害价值评估更高的数额,但这不一定适用于案件的实际情况。例如,有些专利价值的减损与侵权人的侵权行为之间确有因果关系,但是因果链条过长,如果依旧算在赔偿范围之内,或许并不恰当,可能会使得最终的评估结果过高,偏离实际。

第三节 专利侵权损害赔偿评估的方法

根据《专利法》第 71 条的相关规定,可以得知在法律上对于专利侵权损害赔偿评估的方式主要分为三种,第一种为专利权人的实际损失,其一般通过专利产品减少的销售数量乘以每件专利产品的合理利润来计算,若无法得到专利产品减少的销售数量可以通过侵权产品的销售数量来替代;第二种为侵权人的侵权所得,其一般通过侵权产品的销售数量乘以每件侵权产品的合理利润来计算;第三种为专利许可使用费的合理倍数,其一般是通过实际存在的专利许可使用费乘以法院酌定的合理倍数来计算。由于专利技术的案情极为复杂,因此这三种方式并不能够解决所有的案件情形,还需要结合具体的情况来考虑。

1. 从专利权人所受损失的角度来进行评估,可以分为两种方式,第一种为直接计算法,第二种为贡献率计算法。从专利权人所受损失的角度进行分析,就是通过侵权前侵权后的专利权获益情况来判定专利权所受到的价值损害。直接计算法从侵权行为对于专利权的价格和销售情况的影响的角度来考量,从而判别出由于侵权行为的发生专利技术的价值减少了多少。直接计算法的评估计算公式如公式(3.1)所示:

$$S_1 = \sum_{a=1}^{n} [(b_{a1} - c_{a1}) d_{a1} - (b'_{a1} - c'_{a1}) d'_{a1}] \quad (3.1)$$

其中S_1为在直接计算法下,专利技术价值损失的总值;b_{a1}是指在第 a 年下,如果没有发生侵权行为,每件专利产品所应当具有的价格;c_{a1}是指在第 a 年下,如果没有发生侵权行为,每件专利产品所应当投入的成本;d_{a1}是指在第 a 年下,如果没有发生侵权行为,专利产品本应当销售的专利产品的总数;b'_{a1}是指在侵权行为发生的第 a 年,每件专利产品的价格;c'_{a1}是指在侵权行为发生的第 a 年,每件专利产品所需要投入的成本;d'_{a1}是指在侵权行为发生的第 a 年,专利产品在市场中销售的总数;a 为侵权行为持续的年限,a 的取值范围为 a = 1,2,3,…,n。

直接计算法考量了从侵权行为开始的每一年专利技术直接创造的经济利润的减损值,并将每一年的减损值相加来得出最后总的利润减损值,以此判定专利侵权损害赔偿数值。直接计算法较为直观,就是通过计算侵权行为发生后专利技术在市场中的经济利润减少值来评估专利权人所遭受的损害,并认为经济利润的减少主要体现在两个方面,即价格的降低和销售数量的降低。直接计算法在能够确定专利产品下降的销售总数的前提下,可以快速准确地计算出专利权人的损失。

贡献率计算法是指在一些复杂情况下,专利产品在市场中的经济利润的下降不能完全归结于专利技术被侵害,此时需要通过专利技术的贡献率来间接计算专利权的损害价值,如一些产品的利润并不一定完全归结于被侵权的专利技术,产品可能还有其他的专利技术,因此在产品利润下降时,不一定完全是该专利技术被侵害的缘故,如果依旧将所有的经济利润损失都算入损害赔偿评估，那么评估结果相对于实际情况会畸高。贡献率计算法对于专利价值损害的评估计算方式如公式(3.2)所示：

$$S_2 = e_2 \sum_{a=1}^{n} (f_{a2} - f'_{a2}) = e_2 \sum_{a=1}^{n} [(b_{a2} - c_{a2}) d_{a2} - (b'_{a2} - c'_{a2}) d'_{a2}] \tag{3.2}$$

在公式(3.2)中，S_2为在贡献率计算法下，专利技术价值损失的总值；e_2是指专利权在专利产品中的贡献率或者收益分成率；f_{a2}是指在第 a 年下，如果没有发生侵权行为，专利权人将通过专利技术创造的净收益；f'_{a2}是指在侵权行为发生的第 a 年，专利权人通过专利技术创造的净收益；b_{a2}是指在第 a 年下，如果没有发生侵权行为，每件专利产品所应当具有的价格；c_{a2}是指在第 a 年下，如果没有发生侵权行为，每件专利产品所应当投入的成本；d_{a2}是指在第 a 年下，如果没有发生侵权行为，专利产品本应当销售的总数；b'_{a2}是指在侵权行为发生的第 a 年，每件专利产品的价格；c'_{a2}是指在侵权行为发生的第 a 年，每件专利产品所需要投入的成本；d'_{a2}是指在侵权行为发生的第 a 年，专利产品在市场中销售的总数；a 为侵权行为持续的年限，a 的取值范围为 a = 1, 2, 3, …, n。

贡献率计算法与直接计算法最大的区别在于e_2，即贡献率的存在。直接计算法将专利产品在市场中的所有经济利润的下降都归结于专利权被损害；贡献率计算法是在专利产品下降的经济利润中进行区分，分出因专利技术遭受侵权而下降的经济利益，并认定其为专利技术被损害的价值。在实际评估过程中，专利产品经济利润的下降不一定完全等同于专利技术被损害的价值，因为市场销售情况极为复杂多变，专利产品有可能混合多种先进技术，专利产品中受到侵害的专利技术不一定只有待评估技术，所以需要考察待评估技术在整个专利产品中的贡献率，以更精准地判定待评估技术的价值损害。

2. 从侵权人在侵权行为中所获得的非法经济利益的角度来评估，可以分为直接获利法和获利贡献法。专利侵权人侵犯专利权的目的是获取本不属于其的经济利益，因此直接获利法就是推断侵权人因侵权行为而获得的利益等同于专利权人所遭受的经济损失，并以此确认专利技术的损害价值。直接获利法是指将侵权人在市场中销售侵权产品，并因为专利技术而获得的高于本应获得的收益，作为专利技术的损害价值的计算方法。直接获利法主要通过比较侵权人在擅自利用专利技术前后，其增加的经济收益来进行评估，评估计算方式如公式(3.3)所示：

$$S_3 = \sum_{a=1}^{n} [(b'_{a3} - c'_{a3}) d'_{a3} - (b_{a3} - c_{a3}) d_{a3}] \tag{3.3}$$

在公式(3.3)中，S_3为在直接获利法下，专利技术价值损失的总值；b'_{a3}是指在侵权行为发生的第a年，每件侵权产品在市场中销售的价格；c'_{a3}是指在侵权行为发生的第a年，每件侵权产品所需要投入的成本；d'_{a3}是指在侵权行为发生的第a年，侵权产品在市场中销售的总数；b_{a3}是指在第a年下，如果没有发生侵权行为，侵权人之前销售的未侵权相关产品的单位价格；c_{a3}是指在第a年下，如果没有发生侵权行为，侵权人之前销售的未侵权相关产品每件所需要投入的成本；d_{a3}是指在第a年下，如果没有发生侵权行为，侵权人在市场中所销售的未侵权相关产品的数量；a为侵权行为持续的年限，a的取值范围为a=1,2,3,…,n。

直接获利法用于侵权人在侵权以前生产销售过类似非侵权产品的情况，其将侵权人在侵权前所收获的经济利润与侵权后所收获的经济利润的差值推定为专利技术的损害价值，认为专利技术的价值主要体现在帮助侵权人降低生产成本、提高产品销售数量和销售价格方面。直接获利评估方法要求评估机构能够掌握准确的侵权人的相关销售数据，不过在实际情况下，侵权人经常拒不提供这些关键信息。使用直接获利法需要注意，其一定程度上忽略了侵权人赚取的经济利益与被侵权专利技术之间的因果关系，如侵权产品能够销售到某种数量并不一定完全是因为专利技术的贡献，也有可能是因为侵权人的销售策略、经营策略等。

获利贡献法是指在侵权人没有生产销售过非侵权类似产品的前提下，计算侵权人因为生产销售侵权产品所获得的经济利润，并利用专利技术对整体侵权产品的贡献率将利润差额分开，从而得到专利技术本身的损害价值。获利贡献法依旧推定侵权人在侵权行为中所获得的经济收益与专利权人所遭受的损失等同，并考虑到待评估专利技术并非侵权产品唯一的生产要素，侵权产品在市场销售中所创造的所有经济效益需要通过专利技术的贡献率来进行分成，从而得出专利技术的损害价值。获利贡献法的评估计算公式如公式(3.4)所示：

$$S_4 = e_4 \sum_{a=1}^{n} (h_{a4} - g_{a4}) = e_4 \sum_{a=1}^{n} (b'_{a4} - c'_{a4}) d'_{a4} \qquad (3.4)$$

在公式(3.4)中，S_4为在获利贡献法下，专利技术价值损失的总值；e_4是指专利技术在侵权产品中的贡献率；h_{a4}是指侵权人在实施侵权行为的第a年所赚取的经济收入；g_{a4}是指侵权人在实施侵权行为的第a年所投入的成本；b'_{a4}是指在侵权行为发生的第a年，每件侵权产品在市场中销售的价格；c'_{a4}是指在侵权行为发生的第a年，每件侵权产品所需要投入的成本；d'_{a4}是指在侵权行为发生的第a年，侵权产品在市场中销售的总数；a为侵权行为持续的年限，a的取值范围为a=1,2,3,…,n。

3. 专利权人遭受的侵权损害不一定只集中在过去，其还可能导致未来收益的减损。前四种计算方式皆聚焦于侵权行为所导致的专利权人已有的实际损失，但是由于专利权受到侵害，专利权人可能在未来售卖专利产品时依旧受到影响，也就是说，即使侵权行为已经终止，专利权人在未来的收益上也可能因为该侵权行为的发生而减少。期权损失法就是针对这种情况，在专利权人已有的实际损失或者侵权人已获得的侵权利益的基础上，进一步根据专利权的类型、相关产品的市场现状、专利权的法律状态等因素判断未来一段时间内专利权人可能遭受的损失。期权损失法的计算方式如公式(3.5)、公式(3.6)所示：

$$S_5 = e_5 \sum_{a_1=1}^{n} (f_{a_1} - f'_{a_1}) + i\, e_5 \sum_{a_2=1}^{t} (f_{a_2} - f'_{a_2}) \qquad (3.5)$$

$$S_6 = e_6 \sum_{a_1=1}^{n} (h_{a_1} - g_{a_1}) + i\, e_6 \sum_{a_2=1}^{t} (h_{a_2} - g_{a_2}) \qquad (3.6)$$

公式(3.5)是基于贡献率计算法，叠加专利权人实际的损失和对未来损失的估计得出最终评估结果的计算方式。其中，S_5是指在贡献率计算法下，叠加期权损失的专利技术损害价值；e_5是指专利技术在侵权产品中的贡献率；f_{a_1}是指在第a_1年下，如果没有发生侵权行为，专利权人将通过专利技术创造的净收益；f'_{a_1}是指在侵权行为发生的第a_1年，专利权人通过专利技术创造的净收益；i为折现系数；f_{a_2}是指在第a_2年下，如果没有发生侵权行为，专利权人将通过专利技术创造的净收益；f'_{a_2}是指在侵权行为发生的第a_2年，专利权人通过专利技术创造的净收益；a_1是指侵权行为持续的年限，a_1的取值范围为$a_1 = 1, 2, 3, \cdots, n$；a_2是指侵权行为停止后，专利技术价值继续受侵权行为影响的年份，a_2的取值范围为$a_2 = 1, 2, 3, \cdots, t$。

公式(3.6)是基于获利贡献法，叠加专利权人实际的损失和对未来损失的估计得出最终评估结果的计算方式。其中，S_6是指在获利贡献法下，叠加期权损失的专利技术损害价值；e_6是指专利技术在侵权产品中的贡献率；h_{a_1}是指侵权人在实施侵权行为的第a_1年所赚取的经济收入；g_{a_1}是指侵权人在实施侵权行为的第a_1年所投入的成本；i 为折现系数；h_{a_2}是指侵权人在实施侵权行为的第a_2年所赚取的经济收入；g_{a_2}是指侵权人在实施侵权行为的第a_2年所投入的成本；a_1是指侵权行为持续的年限，a_1的取值范围为$a_1 = 1, 2, 3, \cdots, n$；a_2是指侵权行为停止后，专利技术价值继续受侵权行为影响的年份，a_2的取值范围为$a_2 = 1, 2, 3, \cdots, t$。

该方法在贡献率计算法和获利贡献法的基础上，结合多种因素试图预测在停止侵权之后专利权人继续受到的损失，也就是专利技术继续被损害的价值。折现率的计算是期权损失法中的一个关键环节，其需要结合该专利权的类型、专利本身特点、侵权案件的具体情况、相关产品的市场环境、相关技术领域的发展来进行综合的、科学的计算。

4. 基于传统有形资产评估方式重置成本法来对专利技术的损害价值进行评估的计算方式可以被称为成本法。成本法首先通过重置成本法来计算出专利权原本的价值，再通过确定专利权的受损分摊率，将专利技术在侵权行为中受到损害的价值与整体价值进行分割，并以此作为专利技术损害价值。利用成本法对专利技术损害价值进行评估的计算方式如公式(3.7)所示：

$$S_7 = V_7 R_7 = [A_7(1 + B_7) - C_7] R_7 = A_7 \frac{N_1}{N_2} R_7 (1 + B_7) \qquad (3.7)$$

公式(3.7)中，S_7为在成本法评估模型下专利技术的损害价值；V_7是指在侵权行为发生时基于成本法所计算出的专利技术的价值；R_7是指专利权的受损分摊率；A_7是指在侵权行为发生时专利技术的重置成本；B_7是指专利产品所处行业的平均利润率或者社会资本平均利润率；C_7是指专利技术在侵权行为发生之前已经减损的价值；N_1是指侵权赔偿时间点与专利权经济寿命年限届满时间点的距离，表示专利权剩余的保护年限，N_1的数值大小受到诉讼时效的限制，一般而言，侵权赔偿时间点距离起诉时间点不能超过两年；N_2是指专利经济寿命年限。

在成本法中较为重要的计算要素是R_7，也就是专利权的受损分摊率，所谓专利权的受损分摊率，是指专利技术因为侵权行为而损失的价值占整个专利技术价值的比重。受损分摊率的计算可以采用综合评分法或者年限权重法。所谓综合评分法，是指首先选取侵权行为的情节、结果、持续时间、社会影响等因素，通过调查和专家打分来确定各个因素占据的权重，最终建立一个用以评测受损分摊率的模型。然后根据待评估专利技术的具体案件情况，运用建立好的模型来计算该专利技术的受损分摊率。所谓年限权重法，是从专利权被侵权的年限的角度来进行计算，其计算方式如公式(3.8)所示：

$$R_7 = wj = \sum_{a=1}^{n} w_a j_a \tag{3.8}$$

其中，w为侵权年限在专利权的整个经济寿命年限中的位置权重；j表示在侵权行为持续的期间内，专利产品的侵权利用率；w_a为侵权行为持续进行的第a年的年度权重；j_a为侵权行为持续进行的第a年的侵权利用率；a为侵权行为持续的年限，a的取值范围为a=1,2,3,…,n。

(1)对于专利权的被侵权年限权重，其计算方式有两种，分别为直线平均法和生命周期法。直线平均法是直接通过专利侵权年限占剩余专利权经济寿命年限的比重来计算专利权的被侵权年限权重，其计算方法如公式(3.9)所示：

$$w = \frac{k_q}{k_s} = \frac{k_q}{k_e - k_y} \tag{3.9}$$

公式(3.9)中，k_q是指专利侵权行为的持续年限，根据案件的具体情况，该持续年限可以仅包括实际侵权行为持续时间，也可以既包括实际侵权行为持续时间，又包括侵权行为停止之后专利权收益能力依旧被损害的年限；k_s是指专利侵权行为实施时，专利权的剩余经济寿命使用年限；k_e是指专利权的经济寿命使用年限；k_y是指在侵权赔偿时间点以前已经使用专利技术的年限。直线平均法较为直接、简单，但是其并没有考虑到专利技术创造经济效益的能力可能随着时间的推移而或降或升，其默认专利技术的收益能力在每一年都是“均匀”的、线性的，这种计算方式有时会脱离复杂的实际市场情况。直线平均法比较适用于专利技术或者专利产品的市场已经极为成熟的情况。

生命周期法是指分析专利权的生命周期曲线，考虑专利权在非线性的复杂的经济寿命周期内侵权行为持续的年限在该周期内所处的位置，来计算专利权的被侵权年限权重，计算方式如公式(3.10)所示：

$$w = \frac{k_q}{k_s} l = \frac{k_q}{k_e - k_y} l \tag{3.10}$$

公式(3.10)中，k_q是指专利侵权行为的持续年限；k_s是指专利侵权行为实施时，专利权的剩余经济寿命使用年限；l是指侵权行为所处生命周期的位置权重；k_e是指专利权的经济寿命使用年限；k_y是指在侵权赔偿时间点以前已经使用专利技术的年限。比较公式(3.9)和公式(3.10)，可以发现，生命周期法相较于直线平均法，多出了l变量，其意味着生命周期法不再将专利技术的收益能力看作随着时间线性变化的变量，而是通过l来修正在侵权期限内专利技术的收益能力，使其更接近复杂的实际情况。数值l的选取需要根据该专利技术的具体情形、自身所处领域的技术发展水平等因素综合计算分析，其计算方式如公式(3.11)所示：

$$l = \frac{l_f}{l_s} \tag{3.11}$$

公式(3.11)中，l_f表示被侵害的专利权的收益能力；l_s表示专利权剩余的收益能力。l_f的确定可以通过侵权人实施侵权行为所获得的违法收入实现；l_s可以基于现有的专利产品的市场并通过合理预测而确定。

(2)所谓专利产品侵权利用率j，是指侵权人对于专利权的非法利用程度。对于专利产品的侵权利用率j的计算，可以采用三种方式，分别为专利侵权产品销量法、专利产品成本降低法和专利侵权产品利润增加法。专利侵权产品销量法是从专利侵权产品在市场中的实际销量的角度来评判侵权人对于专利产品的非法利用程度，其计算方式如公式(3.12)

所示：

$$j = \frac{Q_f}{Q_z} \tag{3.12}$$

公式(3.12)中，j 表示在专利侵权产品销量法下，专利产品的侵权利用率；Q_f表示侵权产品年生产和销售数量；Q_z为专利产品在未被侵权之前的正常年产销数量，或者专利产品若未被侵权的合理年产销数量。专利侵权产品销量法以侵权产品在侵权期间年生产销售规模为基础，探寻其占据专利产品在侵权行为还未发生之前正常的年产销量或者专利产品在未被侵权的情形下预期的合理年产销数量的比重，并以此来确定专利产品的侵权利用率。

专利产品成本降低法是从探寻专利技术给侵权人和专利权人在生产相关产品时降低成本以获得增加的收益的角度来计算侵权利用率 j，计算方式如公式(3.13)所示：

$$j = \frac{Q_{f1}}{Q_{z1}} \tag{3.13}$$

公式(3.13)中，j 表示在专利产品成本降低法下，专利产品的侵权利用率；Q_{f1} 表示侵权人在实施侵权行为期间运用专利权降低成本所获取的侵权利润；Q_{z1} 表示专利权人正常利用专利权降低成本获取的利润。专利产品成本降低法是从降低成本以获取更多收益的角度，来评判侵权人非法利用专利权的程度，其利用侵权人非法使用专利权降低成本所获取的收益与专利权人正常使用专利权降低成本所获取的收益的比值来计算专利权的侵权利用率 j。

专利侵权产品利润增加法是从专利权人和侵权人利用专利技术提高相关产品的售价以获得更高收益的角度，来计算侵权利用率 j，计算方式如公式(3.14)所示：

$$j = \frac{Q_{f2}}{Q_{z2}} \tag{3.14}$$

公式(3.14)中，j 表示在专利侵权产品利润增加法下，专利产品的侵权利用率；Q_{f2}是指侵权人在侵权期间利用专利权提高相关产品售价所获得的收益；Q_{z2}是指专利权人正常利用专利权增加专利产品的售价所获得的收益。专利侵权产品利润增加法根据侵权人利用专利权增加专利侵权产品的售价所获得的利润与专利权人正常利用专利权增加专利产品的售价所获得的利润的比值来确定专利权的侵权利用率j。

5. 市场比较法：市场比较法是指通过在市场上搜寻与专利产品相关的产品侵权损害赔偿的数额或者交易的市场价格，来评估专利技术的损害价值的方式，其理论基础为经济学中的效用论和均衡价格论。市场比较法比较适用于较为成熟的市场，有较多的与专利技术相似的技术案例可供参考，在这些参考案例的基础上，还需要在技术、功能、使用许可条件、规模等方面，具体问题具体分析，量化待评估专利技术与现有案例之间的差异，得出待评估专利技术的价值，再通过分析测算出的受损分摊率计算待评估专利技术的损害价值。市场比较法的计算方式如公式(3.15)、公式(3.16)所示：

$$S_8 = E_s r_{s1} r_{s2} \cdots r_{sn} = \frac{(e_{s1} + e_{s2} + \cdots + e_{sn})(r_{s1} r_{s2} \cdots r_{sn})}{n} \tag{3.15}$$

$$S_9 = E_v R_9 = \frac{(e_{v1} + e_{v2} + \cdots + e_{vt})(r_{v1} r_{v2} \cdots r_{vt})}{t} R_9 \tag{3.16}$$

在公式(3.15)中，S_8是指利用市场比较法计算，选择相关侵权损害赔偿案例参考得出的待评估专利技术的损害价值；E_s是指专利侵权损害赔偿案例的损害价值；r_{s1}—r_{sn}为选取的n个相关专利侵权损害赔偿案例的修正系数；e_{s1}—e_{sn}为选取的n个相关专利侵权损害赔偿案例的专利技术损害价值；n是指选取的相关专利侵权损害赔偿案例数量。

在公式(3.16)中，S_9是指利用市场比较法计算，选择相关专利技术价值案例参考得出的待评估专利技术的损害价值；E_v是指专利技术的市场价值；R_9是指待评估专利技术的受损分摊率；r_{v1}—r_{vt}为选取的t个可参考相关专利技术价值的修正系数；e_{v1}—e_{vt}为选取的t个相关专利参考对象的专利技术市场价值；t是指选取的相关专利参考对象的数量。

在科技快速发展的现在，与专利技术相关的领域内可供参考的相似技术越来越多，因此市场比较法也就有了可适用的余地。

6. 收益法:收益法是指通过预估专利技术在遭受侵权的期限内和在侵权行为停止后依旧因侵权行为而遭受损害的期限内,专利技术损失的现值,来确定专利技术损害价值的评估方式。收益法的计算方式可以分为两种,即直接损失法和价值分摊法,前者是指直接通过专利权人在侵权期间所遭受的损失和侵权停止后未来预测遭遇的损失来确定专利技术的损害价值;后者是指基于在侵权期间和侵权行为停止后的一段时间内专利技术的价值,通过专利技术的受损分摊率来确定专利技术的损害价值。直接损失法和价值分摊法的计算方式如公式(3.17)、公式(3.18)所示:

$$S_{10} = S_q + S_y = (\sum_{t_1=1}^{n_1} w_{t_1} R) + (\sum_{t_2=1}^{n_2} w_{t_2} i) \tag{3.17}$$

$$S_{11} = S_v R_{11} = [\sum_{t_1=1}^{n_1} V_{t_1} R + \sum_{t_2=1}^{n_2} V_{t_2} i] R_{11} \tag{3.18}$$

对于公式(3.17),S_{10}是指利用直接损失法计算的专利技术损害价值;S_q是指在侵权行为发生期间专利权已经遭受的损害额或者侵权人的侵权获利额;S_y是指在侵权行为停止后,专利权人依旧在一定期限内因为侵权行为而造成的收益减损额;w_{t_1}是指在侵权行为已经发生的第t_1年时,专利权的损害价值或者侵权人的非法收益;R是指复利终值系数;w_{t_2}是指在侵权行为已经终止后的第t_2年专利权较正常情况下应获得收益减少的损失数额;i为折现系数;t_1为侵权行为持续的第t_1年,其取值范围为$t_1 = 1, 2, \cdots, n_1$;t_2为侵权行为停止后,专利技术依旧受到侵权行为影响的第t_2年,其取值范围为$t_2 = 1, 2, \cdots, n_2$。

对于公式(3.18),S_{11}是指利用价值分摊法计算的专利技术损害价值;S_v表示在侵权时间范围内和侵权行为停止但依旧有影响的期限内,专利技术的价值;R_{11}是指专利权的损害分摊率;V_{t_1}是指在侵权行为发生的第t_1年,专利技术在正常未被侵权的情况下所应达成的经济收益;R是指复利终值系数;V_{t_2}是指在侵权行为终止后的第t_2年,专利技术在未被侵权的正常状态下所应达成的预期经济收益;i为折现系数;t_1为侵权行为持续的第t_1年,其取值范围为$t_1 = 1, 2, \cdots, n_1$;t_2为侵权行为停止后,专利技术依旧受到侵权行为影响的第t_2年,其取值范围为$t_2 = 1, 2, \cdots, n_2$。在实际情况下,经常会遇到专利权人、侵权人在相关产品的损失或获利上,数据、资料不全以至于难以计算的问题，此时就可以对现有市场、技术等方面进行调查得到一定的数据，利用该数据根据收益法推算出专利技术的收益，并确定专利技术的损害分摊率，从而将专利技术的损害价值从专利技术的整体价值中分割显现出来。

第四节　影响专利侵权损害赔偿评估的因素

对于专利而言其在进行侵权损害赔偿评估过程中，需要考虑众多因素，如专利权的权利状态、专利权的类型、剩余有效期、技术的先进性、专利许可使用状态等。

1. 专利权的权利状态。在申请专利得到授权之后，理论上专利权的权利状态就处于有效的阶段，但专利权的权利状态并不是一直保持有效不变的，其还可能因为未缴纳年费、专利权人放弃、被宣告无效、权利范围缩小等情况而产生变化。

根据《专利法》第 43 条和第 44 条规定，专利权人应当在被授予专利权后，每年及时缴纳年费，如果没有按照规定进行缴纳该专利权会在期限届满之前就终止。2023 年修订的《专利法实施细则》第 115 条也对相关问题有所规定，提出："授予专利权当年以后的年费应当在上一年度期满前缴纳。专利权人未缴纳或者未缴足的，国务院专利行政部门应当通知专利权人自应当缴纳年费期满之日起 6 个月内补缴，同时缴纳滞纳金；滞纳金的金额按照每超过规定的缴费时间 1 个月，加收当年全额年费的 5% 计算；期满未缴纳的，专利权自应当缴纳年费期满之日起终止。"从相关规定中可以明确，专利技术的权利状态并不会一成不变，需要专利权人不停地缴纳年费维护。如果专利权人没有按照上述规定即时缴纳年费，专利权就会被终止。依据专利申请的特点，专利权人在申请专利后，为了获得对自身研发的技术方案的垄断性权利，需要将该技术方案公开。公开的技术方案之所以在市场上具有价值，是因为该技术方案由专利制度保护，其他人在专利制度的制约下没有经过专利权人的允许，即使已经知道了该专利技术信息也不能擅自加以利用。但是如果专利权人没有定期缴纳年费,后续也没有按照规定补缴年费和滞纳金,专利权就会在应当缴纳年费期满之日终止,此时专利技术方案因没有专利制度保护,成了公共知识财富,在市场中失去了可以交易的价值,专利侵权损害赔偿评估也失去了可以评估的基础。总之,在进行专利侵权损害赔偿评估时,需要明确待评估专利技术的年费缴纳情况,以判定专利技术是否维持有效性,若已终止,需要确定该专利权终止的时间,并与侵权行为开始和终止时间点进行比较,在专利权终止以后的侵权损害结果不应被算入专利技术的损害价值之中。根据《专利法》第 44 条的规定,如果专利权人书面申请放弃专利,那么专利权也会在保护期限届满前终止,此时的权利状态与未缴纳年费相同,评估专利技术的损害价值时也要将专利技术放弃时间与侵权行为开始和终止时间进行对比。

除了因专利权人的主动选择致使专利权失效,专利权也有可能被宣告无效。一项专利技术在申请时,需要满足专利法所规定的各种要件,包括实质和形式要件,但是专利技术极具专业性,对于审查人员的专业要求很高,因此很难避免在审查过程中完全不出错。《专利法》第 45 条至第 47 条对专利权宣告无效的情形进行了具体规定,提出专利行政部门自专利权被授予之日起,任何单位或个人认为该专利权的授予不符合专利法规定的,都可以向专利行政部门提出无效申请,专利权被宣告无效后,其效力被认为自始至终不存在。如果出现该专利技术在申请时已经被使用公开、专利技术权利要求书表达不清、专利技术缺乏创造性等问题,即使授权的专利也有可能被宣告无效,此时该专利权会被认为自始至终无效,专利技术的价值不复存在,更不用说专利技术的损害价值了。

2. 专利权的类型也会影响专利侵权损害赔偿评估,专利权的客体有三种,分别为发明、实用新型和外观设计。发明、实用新型和外观设计的申请难度、保护力度都有所不同。发明和实用新型在申请时,需要具备新颖性、创造性和实用性。根据《专利法》第 22 条的规定,发明专利在创造性要件上,需要达到"突出的实质性特点"和"显著的进步",而实用新型专利只需要达到"实质性特点"和"进步",可以明显看出发明专利相较于实用新型专利在创造性要求上要高一些。外观设计专利在授权条件上并没有明确要求新颖性、创造性和实用性,《专利法》第 23 条规定了类似新颖性、创造性的要求,并提出该专利不得与他人的在先权利相冲突。发明、实用新型和外观设计在授权条件上有高下之分,在保护力度上也有所不同,发明专利的保护期限为 20 年,实用新型专利为 10 年,外观设计专利为 15 年。专利权的价值与保护时长息息相关,保护时间越长,专利权人可垄断性地利用该专利的时间就越长,专利技术给专利权人所能创造的价值就越高。在对专利申请的审查上,我国对于发明专利通常采取早期公开,延迟审查制度,而实用新型专利和外观设计专利采用形式审查制度,所以发明专利一旦授权,其稳定性通常高于实用新型和外观设计,这必然也要被考虑进专利价值和专利损害价值评估中。

3. 专利许可使用状态对于专利侵权损害赔偿的评估也有一定的影响。由于专利技术具有无形性,其可以在同一时间内,在不同地点供不同的主体使用,因此其所有权和使用权之间可以进行一定的分割,专利权人可以在拥有、使用该专利技术的同时,许可他人使用该项专利技术。专利许可使用主要可以分为三类,即独占实施许可、排他实施许可和普通实施许可。[①] 独占实施许可是指在许可使用合同约定的使用范围内,专利权人仅能许可该合同的被许可人实施该专利,其他人包括专利权人自身都不可以在该范围内实施该专利;排他实施许可是指在许可使用合同约定的使用范围内,专利权人仅能许可该合同的被许可人实施该专利,不过专利权人自身可以按照约定实施该专利;普通实施许可是指专利权人在合同约定的实施范围内,不仅可以许可该合同的被许可人,还可以许可他人实施该专利,并且自身也可以实施。不同种类的专利使用许可,可以不同程度地分割专利权人对于自身专利技术的使用权,使得专利技术的价值不停地被分割,对专利技术的价值进行的评估,是对除被许可部分的剩余价值的评估。进一步对这种专利使用许可分析可以发现,被许可人支出专利许可使用费用是为了利用专利技术抢占市场,获得经济利润。专利

① 参见王迁:《知识产权教程》(第 7 版),中国人民大学出版社 2021 年版,第 184 页。

许可对专利价值的影响在于允许被许可人利用专利技术抢占市场,完整的专利技术所能够盈利的市场被瓜分变现了,未在被许可范围内的专利技术的盈利能力自然会降低,随着盈利能力的降低,专利技术的价值也会随之缩减,专利损害价值也可能会有所减小。因此,在评估专利技术损害价值时,需要明确专利技术的许可使用状态,将其作为判断专利权总体市场价值以及被侵害价值时的一个重要因素。

4. 专利权的价值与其剩余保护期限呈负相关性,因此剩余保护期限的长度对于专利技术损害价值的评估也具有重要意义。发明、实用新型和外观设计不同于商标,其在保护期限届满之后是不能够进行续展的,因此只要达到了保护期限,专利技术就会迈入社会公共财富领域,不再为专利权人提供经济利益,其也丧失了市场经济价值。通常而言,专利技术越是接近保护期限终点,未来能够创造市场经济效益的时间就越短,随之剩余专利技术价值量也会缩减,影响专利技术损害价值量的评估。

5. 专利技术的先进程度对于专利侵权损害赔偿的评估也有影响。专利技术的授权要件需要满足新颖性、创造性、实用性,因此专利技术能够得以授权说明其在该领域是新颖的,并非现有公共领域内的技术。不过每个专利技术高于现有技术的程度并不一样,有些专利技术虽然能够达到得以授权的程度,但是其先进性可能比其他专利技术要低。专利技术虽有特定的保护期限,但是其投入市场并创造效益的期限可能达不到保护期限的长度,因为相关竞争对手以及社会大众也会进行技术研发,该项技术有可能在未来被超越,如果有更先进的技术可以取代该专利技术,那么该专利技术所能创造的经济利润就会大打折扣,其价值量也会大大缩减。如果该专利技术的先进程度很高,社会公众能研发出匹敌或者超越该专利技术的概率就会缩小,其预测的经济使用寿命就越高,相应的专利价值也会提升,专利技术损害价值也会受到影响。因此,在对专利技术损害价值进行评估时,要对专利技术的先进程度进行考察,技术的先进程度越高,其所受到的损害可能越大。

第五节　专利权价值评估与专利侵权损害赔偿评估

专利权价值评估与专利侵权损害赔偿评估既有联系又存在区别，专利权价值是专利侵权损害价值的基础，专利侵权损害价值是专利权价值的一部分。专利侵权人在实施专利侵权行为后，主要损害的是专利权人利用专利权获取的经济收益，也就是专利权的价值。如果该专利技术不存在价值，那么专利侵权的损害也就无从谈起，专利权具有价值是专利侵权损害价值的基础。专利技术通过使用可以在市场中给专利权人带来经济利益，如果没有任何侵权行为，专利技术的完整价值体现在其所能够给专利权人带来的完整经济收益。该完整经济收益本应完全属于专利权人，但是侵权人通过侵权行为非法获取了部分经济收益，这使得专利技术的完整价值产生了缩减，需要其将侵犯的经济收益返还才能够弥补专利权人的损失。侵权人通过侵权行为非法获取的本属于专利技术所创造的经济利益，就是专利完整价值中所被损害的部分，也是侵权人所应当赔偿的部分。专利侵权损害赔偿评估正是在评估专利侵权损害价值，只有明确专利权人具体的经济损失才能够准确地确定侵权人应当赔偿的数额。

专利权是一种无形的财产权，其本质是一种知识信息，不可能像有形财产一样会被物理地损毁或者侵占，所以不能适用传统的损害赔偿评估，紧盯专利技术信息本身是否被侵害，否则会陷入无法估算专利权所受损害的困境。专利权的价值量由其在市场中的效用总值来体现，因此专利权遭受损害的表现不再是“毁损”，而是其通过市场所发挥的效用总值的减少，也就是专利权的价值量的减少。专利权的侵权行为往往会造成专利技术收益的减少，分割了专利技术原本可以给专利权人带来的经济利益。这种专利侵权损害价值因为源于专利技术本身的价值，所以一般会小于专利技术的价值，最大也不会超过专利技术的价值。专利技术的价值计算一般是截止至保护期限届满，即使侵权行为的持续时长超过了保护期限截止日，其损害价值也不会高于专利技术本身的价值。因为保护期限届满之后，专利技术便进入了公共技术领域，不再考量其价值。当然这并不代表专利技术完全没有价值，其依旧可能在市场中发挥着重要作用，既维持着之前在生产领域的价值，又可能是后来先进专利技术的技术基础。但是专利制度并不再保护该专利技术，该专利技术无法再通过垄断性地使用获得经济收益，因此其失去的是在市场中进行交换、创造经济价值的可能。

专利权价值评估与专利侵权损害赔偿评估有一定的不同，专利权的价值与专利侵权损害价值在性质上略有不同，专利侵权损害价值虽然在量上表现为专利权价值的一部分，但是二者并不是简单的整体与部分的关系，因此专利权价值评估与专利侵权损害赔偿评估在方法、特征等方面都有所不同。(1)专利权价值评估与专利侵权损害赔偿评估的对象有所不同：专利权价值评估面对的对象是完整的专利价值，而专利侵权损害赔偿评估的对象是被侵权的专利技术在侵权行为影响下所损失的价值。传统针对专利权价值的评估主要是从基准日起算，评估在专利剩余保护期限范围内专利技术的价值，其带有很强的预测性。在进行专利技术价值评估时，要考虑专利技术价值在之前使用中的折损，已经使用过、损耗过的不能算入专利技术的价值。专利侵权损害价值评估主要是回望过去侵权行为发生的期间，侵权行为给专利技术的完整价值所带来的损害，评估的方向不再是预测专利技术的未来，而是专利技术本能够在过去实现的价值以及实际在侵权行为发生后实现了多少价值，或者侵权行为侵害了多少价值。当然侵权行为有时也会在终止后持续对专利权产生影响，造成专利价值在未来期间受到损害，需要对该损害进行预测、评估，不过专利侵权损害价值的主要评估依旧还是着眼于发生于过去的实际损害。(2)专利侵权损害价值与专利技术价值的表现形式也有差别：在专利侵权损害赔偿评估过程中，专利侵权损害价值最原始的表现形式是专利权人在侵权行为中所遭受的利益损害。但是在评估专利侵权损害价值时，专利权人在侵权行为中的损害通常难以确定，因此还需要通过其他方式变通计算。根据《专利法》的规定，侵权人通过侵权行为所获取的违法所得也是专利技术损害价值的表现形式之一，这是因为侵权人在利用专利技术获取非法利益时，所获取的利益本应是属于专利权人的，在理论上侵权人的非法获益与专利权人的利益损失是等同的。除此之外，专利许可使用费的合理倍数也是专利侵权损害价值的表现形式之一，将侵权人的侵权行为视为没有签订专利许可使用合同的使用行为，评判侵权人与专利权人在签订专利许可使用合同的情况下，根据侵权人的侵权范围，侵权人应当给予多少专利许可使用费，这就是从专利许可使用费的角度具象化专利技术损害价值。专利技术价值的评估是对于整个专利技术未来能够给专利权所有人带来的经济收益进行预测，其表现形式就是专利权的价值或者专利许可权的价值。(3)专利侵权损害赔偿评估与专利技术价值评估在评估方法上也有所不同。传统的专利权价值评估主要运用市场法、收益法和成本法，市场法主要参考多个在市场中相似技术的交易案例，通过比较待评估专利技术与案例之间的区别，进行一定的调整从而得到专利技术的价格；成本法是指根据现有市场、技术环境推算研发待评估专利技术所需要投入的成本来确定专利技术的价值；收益法是指预测待评估专利技术在未来的剩余保护期限内预期达到的经济收益，并计算出合适的折现率将该经济收益折算到评估基准日，从而得到专利技术的价值。除此之外，还有实物期权法、体系评估法等。专利侵权损害赔偿评估对象为专利侵权损害价值，评估对象的不同，其评估方式自然也有所区别。专利侵权损害赔偿评估，主要针对过去侵权行为发生的期限内，专利技术价值中被侵权行为所损害的那一部分。专利侵权损害价值的评估，在专利权人或者侵权人的经营资料较为完整的情况下，会更倾向于对专利权人、侵权人企业经营利润的会计与审计，这与传统的企业资产评估中的经营利润审计相似。① 如果专利权人或者侵权人的经营资料缺乏，则专利侵权损害赔偿评估方式会结合现实的经营资料外加相关技术、产品市场的现状、侵权地区的经济和技术发展等因素，也就是会计审计方式与相关行业收益水平的评估的结合。这些评估方式都不具有预测性质，都是通过会计、审计等方式试图还原过去一段时间内的损害真相，以确定真

① 参见王景、高燕梅：《知识产权损害赔偿评估》，知识产权出版社2016年版，第45页。

实的损害数值,得出准确的损害赔偿数额。(4)专利侵权损害赔偿评估的法律性质比专利权价值评估更强。专利侵权损害赔偿评估不单单是一种对资产的评估,其还有着法律的底色。专利侵权损害赔偿评估发生在专利侵权行为之后,基于该违法行为给专利权人造成的损害,专利侵权损害赔偿评估利用一系列资产评估方式去对具体的损害进行评估,以辅助确定专利侵权损害赔偿数额,更准确、合理地补偿专利权人的所有损失,平衡专利权人与侵权人之间的利益关系。专利侵权损害赔偿评估需要一定的法律程序启动,通常是由人民法院或者相关行政部门的委托来开启。在评估过程中,也要遵循相关的法律规范,采用合法合规收集来的案件事实、资料来进行评估,专利侵权损害赔偿评估的范围、形式、方法不能违背现有的法律,要遵循法院的判决、相关法律法规的规定。专利侵权损害赔偿评估的结论并非一经得出就立即被采纳,根据情况,还需要依据法律程序通过质证。一般的专利权价值评估主要以经济行为为目的,评估专利权的价值量是为了达成专利权转让、许可使用、融资、质押等经济行为。评估出的结果可以在这些经济行为中提供一个相对客观、科学的专利权价格,以更好地促进双方的谈判效率,保证交易公平。专利权价值评估的委托人既可以是专利权人,也可以是各种经济活动的相对人,比如受让人、被许可使用人等。

第四章　专利侵权

第一节　直接侵权与间接侵权

一、直接侵权

专利侵权从理论上可以分为直接侵权和间接侵权。直接侵权行为是指行为人未经专利权人许可直接实施受专利权控制的行为。直接侵权行为与间接侵权行为的划分,主要看行为人的侵权行为是否落入了专利权的控制范围之内。直接侵权行为如制造、销售、许诺销售专利产品等,皆直接落入了专利权中的制造权、销售权、许诺销售权的保护范围之内。而间接侵权行为并没有落入专利权的直接控制范围之中,行为人的行为本身是不构成直接侵权的,其主要是教唆、引诱了直接侵权行为的发生,或者在明知、应知的情况下依旧为直接侵权提供了实质性的帮助。根据《专利法》第11条的规定,“发明和实用新型专利权被授予后,除本法另有规定的以外,任何单位或者个人未经专利权人许可,都不得实施其专利,即不得为生产经营目的的制造、使用、许诺销售、销售、进口其专利产品,或者使用其专利方法以及使用、许诺销售、销售、进口依照该专利方法直接获得的产品。外观设计专利权被授予后,任何单位或者个人未经专利权人许可,都不得实施其专利,即不得为生产经营目的制造、许诺销售、销售、进口其外观设计专利产品”。专利直接侵权行为的构成必须具备下列条件。

1. 行为发生在专利有效期内。专利侵权行为成立的前提是该专利必须是有效的,即在专利有效期间内。如果在申请专利之日以前,他人已经实施了该专利技术,那么他属于先用权人,不构成专利侵权。在申请专利公布至专利权授予这两个时间节点之间,若他人实施了该专利技术,也并不构成侵权,但是需要缴纳适当的使用费。在专利申请人被授予专利权至该专利期限届满期间,若他人未经专利权人许可擅自实施该专利,则构成专利侵权。在专利权消灭以后,该专利进入公有领域,公众可以自由地使用该技术而不用担忧侵权问题。专利权消灭的情形包括以下三种:专利期限届满、专利权人放弃该专利、该专利被宣告无效。

2. 行为人未经专利权人许可。专利权是一种排他性的权利,因此只有行为人在经过专利权人的许可之后实施专利的行为才不构成侵权行为。此处的“未经专利权人许可”包括自愿许可、强制许可和计划许可。在自愿许可的情况下,专利权人原则上一般通过与他人签订专利实施许可合同的方式来许可他人实施其专利。专利实施许可的方式有很多种,如普通实施许可、排他实施许可、独占实施许可、分实施许可和交叉实施许可等。如果行为人虽然得到了专利权人的许可,但其实施范围超过了实施许可合同所约定的范围,那么其超过部分其实并没有得到专利权人的许可,理应构成专利侵权。

3. 行为人以生产经营为目的。我国《专利法》第 11 条在对专利权内容进行界定时,将专利侵权行为限定在了“为生产经营目的”。我国《专利法》自诞生以来便一直坚持“为生产经营目的”的表述,但是无论是《专利法》本身,还是相关的司法解释都没有对此表述作出明确的解释或者对具体的表现情形进行列举。对于“为生产经营目的”,不能将其理解得太窄,简单等同于营利性行为,如销售、许诺销售等行为。在一些特别情况下,行为人并没有以获利为目的实施侵权行为,但依旧有可能被认为“为生产经营目的”,从而被判定侵权。例如,有些国企、事业单位不以营利为目的施行侵权，并且也没有实际获得利益，但若因此就将其判定为不侵权，那么是有损专利权人的利益的，也会打击专利权人创新的热情，不利于专利权的保护。因此要着眼于具体的侵权行为，综合考量该行为是否参与了市场活动、是否损害了专利权人的合法利益等因素，来判定是否属于《专利法》所规定的以生产经营为目的的活动。

4. 行为人实施了专利侵害行为。根据我国《专利法》第 11 条的规定，实施专利侵权的行为主要是制造、使用、许诺销售、销售、进口专利产品，使用专利方法或使用、许诺销售、销售、进口依照该专利方法直接获得的产品，以及制造、许诺销售、销售、进口外观设计专利产品。以上行为是专利权的内容，属于专利权人的专有权利领域；若行为人未经专利权人允许而闯入其专有权利范围，则理应被判定为侵权行为。

5. 不属于《专利法》规定的另外情形：若专利侵权行为成立，还需要考察该侵权行为是否有法定的抗辩理由。专利权作为一种法定的垄断权利，其宗旨是促进科技的进步；因此若一味地无条件地保护专利权人，或许会背离创设专利权的初衷。一个完善的专利制度，会合理地限制专利权人的权利范围，一些本应认定为侵权行为的情形可以被视为不侵权。我国《专利法》通过第 75 条规定了不视为侵权的 5 种类型，又在第 67 条规定了现有技术抗辩的情形，并且还在第 53—56 条中规定了不同类型的强制许可，从而形成一个较为完整的对于专利权人权利的限制，平衡专利权人与社会公众之间的利益。

在我国《专利法》第 11 条中，并没有明确规定主观过错是否为直接侵权行为的构成要件。而根据《民法典》的规定，行为人因过错而侵害他人民事权益的，应当承担侵权责任；若行为人没有过错，只有法律规定应当承担侵权责任时，才须承担。因此，对于专利领域的直接侵权行为是否适用无过错责任就有了一定的争议。多数观点认为专利直接侵权认定应当遵循无过错责任原则，因为专利权作为知识产权的一种，其客体具有无形性，因此被侵权的可能性更高，侵权行为更具有隐秘性。若要求专利权人注意到所有被侵权的行为，并证明侵权人的过错，这是不合理的。

二、间接侵权

(一)间接侵权的概述

所谓专利间接侵权,是相对于专利直接侵权而言的,是指行为人并没有直接侵犯专利权所规制的权利范围,而是引诱或帮助了直接侵权行为的产生。直接侵权是行为人未经专利权人许可,直接实施了我国《专利法》第11条所规定的专利权的内容,即达成了第四章第一节所述的5个构成要件。但是除此之外,有些行为人并没有实施直接侵权行为,但依旧有可能损害专利权人的利益。例如,有些行为人为专利直接侵权人制造他人专利产品的行为提供了场所,虽然这并不能达成直接侵权的判定要求,但它还是为直接侵权行为提供了实质性的帮助,为了遏制类似情形的发生,《美国专利法》中规定了引诱侵权和帮助侵权,统称为间接侵权,其他国家如日本、德国也相继规定了间接侵权条款。

我国《专利法》只规定了对专利直接侵权行为的规范,对于专利间接侵权行为并没有明确的规定。但我国《民法典》第1169条第1款规定:"教唆、帮助他人实施侵权行为的,应当与行为人承担连带责任。"该条规定了帮助、教唆他人实施侵权行为,应当承担连带责任;这一条显然可以用于规制专利领域上的间接侵权的问题。2020年修正的最高人民法院司法解释《专利纠纷法律解释(二)》第21条借鉴了国外在间接侵权问题上的立法经验,分别界定了帮助侵权和引诱侵权两种情形,并明确专利权人在遭遇这两种情形时,可以主张《民法典》第1169条保障个人的权益。[①] 该司法解释虽然没有明确采用"间接侵权"的形式表述,但是规定了间接侵权的实质情况。在一些司法判决中,也有直接使用了间接侵权这一表述的情形,如在胡某良诉四川省绵阳市华意达化工有限公司专利侵权纠纷一案[②]中,法官在判决书中判定被告不构成间接侵权行为。

根据《专利纠纷法律解释(二)》中的表述,本书将间接侵权区分为帮

---

① 参见最高人民法院《专利纠纷法律解释(二)》第21条。

② 参见四川省成都市中级人民法院民事判决书,〔2004〕成民初字第942号。

助侵权和引诱侵权。帮助侵权是指在客观物质上给侵权人提供了帮助,即未经专利权人许可,明知有关产品系专门用于实施专利的材料、设备、零部件、中间物等,依旧以生产经营为目的将该产品提供给他人,帮助其实施侵犯专利权的行为。而引诱侵权主要是指在主观上诱导他人实施专利侵权的行为,即明知有关产品、方法被授予专利权,未经专利权人许可,为生产经营目的积极诱导他人实施了侵犯专利权的行为。

(二)间接侵权的构成要件

1. 发生直接侵权行为

《专利纠纷法律解释(二)》第 21 条中,将间接侵权行为的成立限缩于"将该产品提供给他人实施了侵犯专利权的行为"以及"积极诱导他人实施了侵犯专利权的行为",这意味着该司法解释认定间接侵权行为的成立必须以直接侵权行为的存在为前提。直接侵权行为可能发生、已经发生是不同的,可能发生意味着直接侵权行为在预期之中将会发生;已经发生意味着该直接侵权行为在事实上已经发生了,专利权人的专利权已经受到了实际的侵害。根据该司法解释"实施了"的表述,其要求直接侵权行为必须是已经实际存在,而不能是可能会发生。这无疑使得间接侵权的认定变得更为严苛,但其在理论上具有一定的合理性;因为行为人即使给他人提供了物质上的实质性帮助,或者引诱他人去实施专利侵权行为,但是他人并没有实际地去实施该侵权行为,专利权人也没有因此遭受到任何损害,那么行为人没有必要去承担间接侵权责任。但如果可以论证行为人在提供某些专门的物质设施的基础上,第三方注定会实施侵权行为,那么侵权也就是早晚的事情。在此种情况下,若法院依旧判定间接侵权行为成立,那么可以有利地避免专利权人因未来的侵权行为而遭受的损失,也节约了各项公共资源。

我国专利直接侵权的认定由于受到"以生产经营为目的"这一构成要件的限缩,很多非生产经营目的的行为,如以个人消费为目的的行为,并不会被判定为直接侵权。我国将间接侵权建立在直接侵权成立的基础之上,导致很多本可能可以判定为间接侵权的行为都被排除出去。因此,对于《专利纠纷法律解释(二)》"侵犯专利权的行为",有观点认为可以理解为不是《专利法》第 11 条所规定的行为，而是所有未经专利权人许可实施专利的行为。这虽然有一点牵强，但是可以解决因“为生产经营目的”等政策性规定而产生的法律漏洞，更好地保障专利权人的合法权益。

2. 间接侵权人的主观要件

根据本节第一部分对于直接侵权行为的论述，构成直接侵权行为一般无须主观过错，法律另有规定除外。间接侵权的主观要件在理论上主要有过错说和故意说，几乎很少有学者认为即使间接侵权人无过错也必须承担间接侵权责任。这是因为构成间接侵权的行为一般不会落入专利权人的专有权利范围之内，若无主观过错，也让行为人承担侵权责任，这无疑让行为人承担了较重的注意义务，也会使大量的客观上的帮助行为遭受专利权人的起诉，对于市场秩序的稳定不利。所谓过错说是认为间接侵权的行为人知道或者应当知道有关直接行为的行使会构成专利侵权，①该过错说包含了过失和故意两种情况。而故意说主要是指间接侵权的行为人对于有关直接侵权行为会发生是明知的。故意说在近年来占据了主流的地位，《专利纠纷法律解释（二）》第 21 条中“明知有关产品”的表述也表明最高人民法院对于间接侵权的主观要件采取了故意说。这意味着，如果专利权人意图起诉对方当事人实施了间接侵权行为，那么他需要通过证据证明对方当事人具有主观故意。

3. 间接侵权行为与直接侵权行为有一定的因果关系

因果关系是认定侵权责任成立极为重要的一环，间接侵权行为也不例外。但是间接侵权行为的认定需要证明两个因果关系，首先是证明直接侵权行为与损害的事实之间的因果关系，其次是证明行为人所实施的特定行为与该直接侵权行为的发生之间的因果关系。间接侵权人应对于该直接侵权行为的发生具有实质的影响，以至于其具有可责备性，应当对专利权人的损失承担一定的责任。就帮助侵权而言，根据《专利纠纷法律解释（二）》第 21 条第 1 款规定可以得出，如果行为人提供了专门用于实

---

① 参见崔国斌：《专利法：原理与案例》（第 2 版），北京大学出版社 2016 年版，第 754 页。

施专利的材料、设备、零部件、中间物等，则该行为与专利侵权的行为是有因果关系的。需要注意的是，该行为所提供的物质帮助必须是专门用于实施专利的，如果是一些通用的物质或设备则并不应当被认定为具有因果关系。就引诱侵权而言，根据上述司法解释第21条第2款的规定，可以明确积极诱导他人实施专利侵权的行为会被认为是具有因果关系的。

随着社会经济发展，间接侵权的行为也变得多样化复杂化。在一些案件之中，法院并没有强制要求直接侵权行为的实际存在，而是仅要求其很有可能会发生。在此种情形之下，直接侵权行为并没有实际存在，直接侵权与损害结果、直接侵权与间接侵权这两对因果关系只是处在一种大概率会发生的状态。也就是说，法院可以凭借“虚拟的”因果关系而认定专利间接侵权行为成立。

第二节　相同侵权与等同侵权

一、相同侵权

在发明和实用新型专利侵权诉讼之中，判定被告实施的行为是否落入了专利权人的控制范围之内，主要依靠比对双方的技术方案。如果被告的产品或方法包括了专利权人权利要求中字面记载的所有技术特征，那么就构成相同侵权，也称字面侵权。虽然相同侵权被称为字面侵权，但并非要求被控侵权产品或方法的技术特征表述与专利权人在权利要求书上的技术特征的表述完全相同，而只是指代的内容即技术特征本身是相同的。并且在进行技术方案比对时，应当以专利权人的权利要求书的内容为准，而不能以说明书、专利权人实际的专利产品等为准。值得注意的是，即使被告的产品或方法还有其他技术特征，但只要专利权人的每一项已被字面记载的技术特征都被囊括在了侵权产品或方法之中，那么就应当属于相同侵权。例如，专利权人有一项铅笔的专利，侵权人在该铅笔的基础上，在笔的尾部增加了一个容纳橡皮的装置，并进行制造销售。虽然这个容纳橡皮的装置专利权人并没有,但是侵权产品包含了专利权人有关铅笔的全部技术特征,因此依旧构成相同侵权。

在判定是否构成相同侵权时,需要遵循全面覆盖原则。我国最高人民法院在《专利纠纷法律解释》第7条第2款中规定了全面覆盖原则:被诉侵权技术方案的技术特征与权利要求记载的全部技术特征相比,缺少权利要求记载的一个以上的技术特征,或者有一个以上技术特征不相同也不等同的,人民法院应当认定其没有落入专利权的保护范围。我国专利制度刚刚起步之时,许多专利申请人因为缺乏对专利制度的理解,经常倾向于在权利要求书中规定较多的技术特征,其中包括了一些非必要技术特征。如果严格依据全面覆盖原则,那么很多专利将难以受到保护。例如,如果专利权人有一个灯泡的专利,其在权利要求书中有一技术特征为"灯泡的直径为22毫米"。在此种情况下,他人就算利用了制造这个灯泡的所有技术,只要其制造的灯泡不是22毫米即可。假设他人制造的灯泡直径为14毫米,那么在这一技术特征上,双方并不相同,根据全面覆盖原则,该制造行为无法被判定为侵权。这对于专利权人来说无疑是极为不利的。因此为了给予专利权人充分的保护,法院一度会根据情况忽略掉一些非必要技术特征从而判定专利侵权。但这也使得专利权的专有范围变得不稳定,权利要求书中所划定的技术范围会因为法官的自由裁量而不固定。因此,全面覆盖原则的确定,结合权利要求的解释原则,可以将专利的保护范围固定在字面记载的权利要求书之中,使得大众得以清楚公开的专利所涉及的技术范围,避免大众困惑于什么样的行为会导致专利侵权,也保证了在专利侵权领域司法判定的稳定性,维护市场经济的稳定。

全面覆盖原则在相同侵权中的适用主要分为两个步骤。首先应对专利权人的权利要求书进行分析,拆解出其中的技术特征。其次是参照专利权人的技术特征内容,划分被控侵权的产品或方法的技术特征,并与专利的所有技术特征一一比对,如果被控侵权方案少了任何一个技术特征,或者有任何一个技术特征与专利的技术特征不一样,那么便不构成相同侵权。

二、等同侵权

等同侵权是相对于相同侵权而言的。在相同侵权不成立的情况下，如果被控侵权的技术方案中有技术特征与专利所记载的技术特征虽不相同但在实质上是等同的，那么构成等同侵权。

现实中，多数意图专利侵权的人并不会明显地照搬他人的技术方案，让自己的产品或方法与专利权人的技术特征完全相同，而是将专利权人的某些技术特征做一定的简单替换，以试图避免专利权人的起诉维权。因此，如果严格地按照相同侵权原则来判定专利侵权行为，他人只需要对专利权人的技术特征进行非实质性的变换，便能够远离侵权的控诉，不用承担损害专利权人权益的后果；这使得专利权人将难以保护自己权利，严重打击专利权人的创新热情。同时，专利申请是通过文字去表述专利申请人的技术方案，划定专利权的范围；而文字具有不确定性，在表述上难以毫无漏洞面面俱到。如果僵化地要求只能以相同侵权原则来认定，那么显然需要专利申请人有极高的撰写申请书的水平以及对于该项技术方案非常深刻的理解能力。这并不符合现实情况，尤其在专利意识和专利代理人才水平还需要一定提高的我国。并且，专利申请人撰写申请书时，也无法预料未来是否会因为技术的发展而出现一些其他的可以替代其记载的技术特征的方法。例如，假设申请人在书写一种电线的专利权利要求书时，其所记载的技术特征是“电线中的导电材料为银”，但是后来随着人们对于金属的进一步认识，发现铜的导电能力也很好，比银也便宜得多，可以替换银，而申请人在当时是无法预料到的。但是用铜来替代银，是在该专业领域下普通技术人员都可以轻易想到的，如果不能判定为侵权行为，实质上就架空了该专利权人的权利要求，使得专利权人不可能再利用自己的发明赚取收益。

等同侵权的出现有一定的正当性，但我国在现行的《专利法》中并没有明确规定等同侵权。司法实践领域，最高人民法院在 2020 年修正的《审理专利纠纷若干规定》第 13 条中规定：《专利法》第 59 条第 1 款所称的“发明或者实用新型专利权的保护范围以其权利要求的内容为准，说明书及附图可以用于解释权利要求的内容”,是指专利权的保护范围应当以权利要求记载的全部技术特征所确定的范围为准,也包括与该技术特征相等同的特征所确定的范围。等同特征,是指与所记载的技术特征以基本相同的手段,实现基本相同的功能,达到基本相同的效果,并且本领域普通技术人员在被诉侵权行为发生时无须经过创造性劳动就能够联想到的特征。《审理专利纠纷若干规定》第 13 条第 2 款明确界定了等同特征的概念,认为被控侵权技术方案的某项技术特征若在方式、功能和效果上都达到了与专利技术对应的技术特征基本相同的程度,并且就该专业领域所属技术人员而言无须通过创造性思考便能联想到双方的替代,那么该技术特征便是等同特征。最高人民法院在《专利纠纷法律解释》第 7 条第 2 款规定:被诉侵权技术方案包含与权利要求记载的全部技术特征相同或者等同的技术特征的,人民法院应当认定其落入专利权的保护范围。《专利纠纷法律解释》第 7 条第 2 款规定与上述《审理专利纠纷若干规定》第 13 条第 1 款类似,主要明确了专利权的保护范围不仅包括根据相同侵权原则所确定的范围,还包括根据等同侵权划定的范围。

如本节第一部分在相同侵权中所描述,等同侵权的判定也需要首先提取专利权利要求中的技术特征,再利用全面覆盖原则将被控侵权技术方案中的技术特征与专利权利要求中的技术特征进行对比。在对比过程中,需要结合等同侵权的 4 个要素:(1)使用基本相同的手段;(2)实现基本相同的功能;(3)达到基本相同的效果;(4)就本领域普通技术人员而言无须经过创造性劳动便能够联想到。在不构成相同侵权的基础上,如果部分技术特征等同并且全面覆盖了专利权利要求中的技术特征,那么构成等同侵权;如果没有技术特征构成等同,则不构成侵权。

等同侵权在一定程度上扩张了专利权的保护范围,没有死板地将其限制在专利权利要求中的字句之中,对专利权人提供了更加有效更具有实质性的保护。然而等同侵权并不是没有负面影响,它降低了专利权专有权利范围的确定性;如果等同侵权滥用,那么公众将难以预期自己的行为究竟有没有落入他人专利的保护范围，从而对于相关技术的开发、经营变得犹豫保守。这也违背了专利制度设立的目的。对于等同侵权原则的适用应当采取审慎的态度，防止该原则滥用，导致专利权人与社会公众之间的利益平衡被打破。捐献原则、禁止反悔原则还有全面覆盖原则，都有防止等同侵权滥用的功能，防止其过度扩张专利权的保护范围。

第三节 专利侵权的类型与假冒专利

一、专利侵权的类型

专利侵权主要可以分为直接侵权、间接侵权两种类型。直接侵权主要是指行为人在没有经过专利权人许可的情形下，实施的行为落入了专利权所划定的专有权利范围之内。根据《专利法》第 11 条的规定，专利直接侵权所规定的行为是制造、使用、许诺销售、销售、进口 5 类。行为所针对的对象可以分为两类：一类是外观设计专利，另一类是发明和实用新型专利。在发明和实用新型专利一类中又可分为产品专利和方法专利。根据上述，可以将专利直接侵权行为分为以下 5 类：(1) 制造专利产品，包括制造发明产品、实用新型专利产品、外观设计专利产品；(2) 使用专利产品或专利方法，包括使用发明专利产品、使用实用新型专利产品、使用专利方法、使用依据专利方法直接获得的产品；(3) 许诺销售专利产品，包括许诺销售发明专利产品、实用新型专利产品、依据专利方法直接获得的产品、外观设计产品；(4) 销售专利产品，包括销售发明专利产品、实用新型专利产品、依据专利方法直接获得的产品、外观设计产品；(5) 进口专利产品，包括进口发明专利产品、实用新型专利产品、依据专利方法直接获得的产品、外观设计产品。下面分述之：

(1) 制造专利产品。对于发明和实用新型专利来说，主要是指作出或者形成的产品覆盖了专利权利要求书所记载的全部技术特征。就外观设计专利而言，制造专利产品是指采用外观设计专利照片或图片中的外观设计作出或形成产品。制造行为的对象是发明、实用新型产品专利和外观设计产品专利;但是制造的对象不可以包括方法专利,因为方法专利仅是一些操作步骤或行为过程,谈不上去制造这些方法。制造行为的本质是将本没有出现在这个世界的事物人为地运用工业化手段去制造出来,这是一个从无到有的过程。以生产经营为目的制造的行为本身就是一种侵权行为,无论其后有没有销售行为,都构成侵权。制造行为是其他4种侵权行为类型的基础,如果没有制造行为,自然也没有侵权产品用以使用、销售、许诺销售和进口,因此制造行为的责任是最重的,也是最需要去严加管控的行为。如果从源头遏制了制造行为,那么其他侵权行为就像无根之萍,也就自然而然地被遏制了。

(2)使用专利产品或专利方法。就使用专利产品而言,主要包括使用发明、实用新型专利产品和依据专利方法直接获得的产品,在这些专利产品被制造出来之后,专利权人有以生产经营为目的使用这些专利产品的专有权利。通常情况下,专利权人自己或授权他人销售专利产品后,由于专利权用尽,消费者自然可以在购买正品以后以生产经营为目的使用该专利产品。但是如果有侵权人未经专利权人许可,制造并销售侵权产品,那么消费者即使不知情并以正价购买该侵权产品,也不能以生产经营为目的去使用购买的侵权产品,否则构成专利侵权。就方法专利而言,是指按照权利要求所记载的每一个步骤和方法去进行,实现了该技术方案。是否达到了方法专利所记录的结果并不影响对于侵权的认定,只要行为人的实施行为覆盖了方法专利的权利要求书所记载的全部技术特征即可判定。

值得注意的是,外观设计专利并不包括使用权这一项权利,这意味着公众可以使用未经许可而制造、销售或进口的外观设计专利产品,而无须担心是否会构成侵权,并且这种使用是可以以生产经营为目的的。这主要是因为,外观设计专利主要保护的是工业产品的外观美感,而并不保护实用功能。例如,若某空调的制造者未经专利权人许可,在制造某空调时采用了其外观设计专利的设计,有一个咖啡厅买了这台外观流畅的空调,用于咖啡厅内给顾客提供适宜的温度,那么该行为并不侵犯外观设计专利权。但是如果未经专利权人许可,该空调还覆盖了某发明或实用新型专利的全部技术特征,那么咖啡厅使用该空调就构成了对于发明或实用新型专利使用权的侵犯。

(3)许诺销售专利产品。主要包括许诺销售发明专利产品、实用新型专利产品、依据专利方法直接获得的产品和外观设计产品。根据最高人民法院2020年《审理专利纠纷若干规定》第18条的规定,许诺销售是指以做广告、在商店橱窗中陈列或者在展销会上展出等方式作出销售商品的意思表示。许诺销售行为是一种在销售前的准备行为,其专利产品的所有权并没有发生转移,这看起来似乎并没有对专利权人造成损害。但是一般而言,侵权者的定价会低于专利权人的产品定价,许诺销售中标出的价格会降低消费者对于产品价格的预期,使得消费者会更倾向于购买侵权者的产品,造成专利权人的损失。许诺销售行为是一种独立的侵权行为方式,无论许诺销售行为是否产生了实际的销售结果,行为人皆要承担侵权民事责任。将许诺销售行为规定为直接侵权方式的一类,是为了专利权人能够更及时地制止侵权人的侵权行为,减少专利权人因侵权行为而可能受到的损失,保护专利权人的合法权益。

(4)销售专利产品。主要包括销售发明专利产品、实用新型专利产品、依据专利方法直接获得的产品、外观设计产品。将这些专利产品的所有权通过买卖、赠与的方式从专利产品的所有权人转移至买方,即为销售专利产品行为。与使用权相类似,专利权人在销售或授权他人销售这些专利产品之后,由于权利用尽,并不能阻拦消费者进行二次销售。但是如果这些专利产品并没有经过专利权人的许可,而是侵权人擅自制造销售,那么消费者即使不知情并且按照市面正常价格购买了该专利产品,也依旧不能转售该侵权产品,否则构成专利侵权。销售行为是否完成,应以合同是否依法成立为标准:若合同成立,则销售行为完成;其余如所有权是否转移、标的物是否交付等皆不影响销售行为的认定。

(5)进口专利产品。包括发明专利产品、实用新型专利产品、依据专利方法直接获得的产品、外观设计产品。上述产品的专利权人有权自己或授权他人为生产经营目的进口该专利产品;若他人未经专利权人许可进口专利产品,则构成专利侵权。专利权具有地域性。如果专利权人只在本国具有专利权,则无法制止他人在别国制造该专利产品;但若行为人在别国购买专利产品并进口至本国进行低价销售,无疑会对专利权人的利益产生巨大的破坏。当然,未经专利权人的许可,在本国销售该专利产品侵犯了其销售权;但是销售行为流通范围广,维权困难。设置进口权,从进口阶段将侵权行为扼杀在摇篮之中,自然可以更好地支持专利权人维护自己的权益。但是也有例外情形,即"平行进口",若专利权人在海外某一国家或地区销售或授权销售了专利产品,则他人从该国购买该专利产品,并进口至本国进行销售、许诺销售、使用等行为,并不构成专利侵权。

间接侵权,是指行为人所实施的行为并没有直接落入专利权的保护范围之内,即并没有行使直接侵权行为,而是间接诱使了直接侵权行为的发生。对该行为的深入介绍可见本章第一节。

二、假冒专利

(一)假冒专利的概念和分类

我国《专利法》中,除了规定专利侵权外,还规定了另一种有关专利的违法形式,即假冒专利。专利侵权和假冒专利并不是包含与被包含的关系,两者之间是有一定区别的。专利侵权主要包括直接侵权和间接侵权,直接侵权行为指行为人以生产经营为目的,擅自实施了落入专利权保护范围之内的行为;而间接侵权指行为人帮助或引诱他人实施了直接侵权的行为,其以直接侵权为前提。而假冒专利则不同,主要是指行为人擅自在自己的产品或外包装上标注他人的或虚构的专利标识。就假冒专利行为而言,其并没有落入《专利法》第 11 条所规定的专利侵权情形之中,也并没有引诱他人去实施直接侵权,因此假冒专利和直接侵权、间接侵权并不具有紧密的联系,双方也不是包含关系。

我国早在 1984 年《专利法》中就规定了"假冒他人专利"的情形。

1992 年和 2000 年修正的《专利法》添加了“冒充专利”的规定，随后 2008 年的《专利法》将“假冒他人专利”与“冒充专利”整合起来统称为“假冒专利”。因此可以将假冒专利分为两类：一类是假冒他人专利，另一类是冒充专利产品或方法。2010 年修订的《专利法实施细则》第 84 条第 1 款（现第 101 条）对于假冒专利的行为进行了细化分类：（1）在未被授予专利权的产品或者其包装上标注专利标识，专利权被宣告无效后或者终止后继续在产品或者其包装上标注专利标识，或者未经许可在产品或者产品包装上标注他人的专利号；（2）销售前述产品；（3）在产品说明书等材料中将未被授予专利权的技术或者设计称为专利技术或者专利设计，将专利申请称为专利，或者未经许可使用他人的专利号，使公众将所涉及的技术或者设计误认为是专利技术或者专利设计；（4）伪造或者变造专利证书、专利文件或者专利申请文件；（5）其他使公众混淆，将未被授予专利权的技术或者设计误认为是专利技术或者专利设计的行为。

根据上述相关规定，假冒他人专利的行为主要指行为人未经专利权人许可，使用他人有效的专利号、专利证书等，使公众误认为该产品或方法所涉及的技术或设计是专利权人的技术或设计。只有专利权人，或者经过专利权人许可的主体，才有权利在其专利产品、产品包装或者产品说明书等材料中表明该产品是具有有效专利的，并且只能标注自己拥有的专利技术，而不能涉及他人的专利技术，否则也是假冒他人专利的行为。假冒专利和专利侵权并不相同，两者之间也没有必然的联系，假冒他人专利的成立并不以专利侵权为前提。例如，只要行为人未经专利权人许可在所制造、销售的产品或产品的外包装上标注了专利权人的专利号，那么便构成假冒他人专利，而无论其制造、销售的产品的技术方案是否与专利权人构成相同侵权或等同侵权。

冒充专利是指行为人所使用的专利是自己虚构的或者已经失效的，包括以非专利产品冒充专利产品或以非专利方法冒充专利方法，如行为人伪造、编造专利证书、专利文件或者专利申请文件。不仅非专利权人，专利权人如果在专利权被宣告无效或者终止后依旧在产品或者其包装上标注专利标识,也构成冒充专利。但是专利权人如果在专利权终止前已经在专利产品或包装上标注其专利标识,那么在专利权终止以后许诺销售、销售该产品并不构成冒充专利。

假冒他人专利与冒充专利的本质区别在于冒充的对象并不相同,假冒他人专利所指的是他人已经获得授权并且还在有效期内的专利,而冒充专利指的是虚构的并不真实存在的专利或已经失效的专利。在1992年和2000年修正的《专利法》中,对于假冒他人专利与冒充专利的法律责任的规定并不相同,假冒他人专利所需要承担的法律后果更严重一些,除民事责任、行政责任外还有可能构成刑事责任,而冒充专利主要承担民事和行政两种责任。但是在现实之中,冒充专利与假冒他人专利这两种行为所造成的负面影响并没有实质性的差别,都是试图在产品上塑造出一个专利的光环,增加产品的可信度,从而诱导公众去购买该产品,以至于侵害我国社会主义市场经济秩序的稳定以及公众对于专利产品的信任感,二者在某些情况下甚至可以相互转化。[①] 如果两种行为所能达到的目的效果差不多,但承担的法律后果并不等同,那么行为人自然更愿意选择较轻后果的方式,即冒充专利。因此在2008年和2020年《专利法》中,将假冒他人专利与冒充专利结合起来,统一为假冒专利,一并规定相同的法律责任。

(二)假冒专利的法律责任

由于假冒专利行为的存在,公众会因为该产品拥有虚假标注的专利标识而认为该产品的技术经过国家的审核认证,从而提高对该产品的信任,而被假冒专利行为人欺骗。这不仅损害了受骗消费者的利益,还在长远上破坏了专利标识的可信度,破坏了专利产品本身所凝聚的国家公信力;如果构成假冒他人专利行为,那么还会损害被假冒专利权人的声誉和真正的专利产品的可信度。因此,实施假冒专利行为需要承担一定的法律后果,从而震慑试图施行该行为的潜在分子,遏制这一行为的发生。

---

① 参见刘少谷:《刑法规制假冒专利行为的困境与对策》,载《中州学刊》2019年第3期。

2020 年《专利法》第 68 条规定：假冒专利的，除依法承担民事责任外，由负责专利执法的部门责令改正并予公告，没收违法所得，可以处违法所得 5 倍以下的罚款；没有违法所得或者违法所得在 5 万元以下的，可以处 25 万元以下的罚款；构成犯罪的，依法追究刑事责任。从该条规定中可以得出，假冒专利行为人可能承担民事责任、行政责任甚至刑事责任。《专利法》对于民事责任的规定极为原则，并没有具体规定，通常情况下认为适用专利侵权的民事责任的相关规定，即停止侵权、消除影响、赔偿损失等。

在行政责任上，主要是责令改正并公告、没收违法所得和罚款三种方式。根据 2023 年修订的《专利法实施细则》第 101 条第 3 款的规定，如果销售不知道是假冒专利的产品，并且能够证明该产品合法来源，由县级以上负责专利执法的部门责令停止销售。此前，这种情况当免除销售方罚款的处罚[①]，几次修正的《专利法》一直在提升负责专利执法的部门针对假冒专利可以处罚的罚款数额，1992 年《专利法》首次针对冒充专利行为规定行政罚款，但没有规定数额；2000 年《专利法》规定假冒他人专利的罚款最高可至违法所得的 3 倍，无违法所得的则最高可达 5 万元；2008 年和 2020 年《专利法》分别对于假冒专利罚款的计算提高到了违法所得的 4 倍和 5 倍，无违法所得的则可以罚款 20 万元和 25 万元以下。由此可见，国家对于假冒专利行为越来越重视，惩罚力度越来越强，以此来打击假冒专利行为愈演愈烈的趋势。

在刑事责任上，我国《刑法》第 216 条与《专利法》第 68 条进行衔接，规定：假冒他人专利，情节严重的，处 3 年以下有期徒刑或者拘役，并处或者单处罚金。然而，作为前置性规范的《专利法》已经将假冒他人专利与冒充专利统一成了假冒专利，但是《刑法》依旧是按照假冒他人专利来规定刑事责任的，这样难免会在逻辑上有所冲突，致使冒充专利行为因不易遭到刑法的惩戒而多发。对于情节严重的定义，最高人民法院、最高人民检察院《关于办理侵犯知识产权刑事案件具体应用法律若干问题的解

---

① 参见《专利法实施细则》（2010 年修订）第 84 条第 3 款。

释》第4条规定了以下4种情况:(1)非法经营数额在20万元以上或者违法所得数额在10万元以上的;(2)给专利权人造成直接经济损失50万元以上的;(3)假冒两项以上他人专利,非法经营数额在10万元以上或者违法所得数额在5万元以上的;(4)其他情节严重的情形。

第五章 专利侵权损害赔偿责任的归责原则与构成要件

第一节 专利侵权损害赔偿责任的归责原则

一、过错责任原则

所谓归责原则，是指要求行为人承担侵权责任的基础和依据。[1] 行为人致使他人受到损害之后，应当依据归责原则来确定其所应承担的法律责任。归责原则在一定程度上决定了侵权行为的分类、侵权责任构成要件、举证责任的分担、免责条件、赔偿损失的原则和方法、减轻责任的根据等。[2] 归责原则在整个侵权责任制度中起到了基础性的作用，在侵权责任法的立法中处于重要地位，在司法实践中也是法律工作者面对侵权纠纷问题所应适用的基本准则。归责原则可以细分为三种原则，即过错责任原则、过错推定责任原则和无过错责任原则，划分的标准是侵权人的过

---

① 参见王利明主编：《民法》（第 9 版）（下册），中国人民大学出版社 2022 年版，第 510 页。

② 参见张玲：《论专利侵权赔偿损失的归责原则》，载《中国法学》2012 年第 2 期。

错是否是其承担侵权责任的要件之一。

过错责任原则指的是行为人主观上的过错是其承担侵权责任的必要条件,若行为人客观上给他人造成了损害但是主观上并没有过错,那么不必承担侵权责任,行为人也无须为他人的行为所造成的损害承担侵权责任。最初的法律并不考虑行为人的主观情况,行为人只要损害了他人的权利,那么其就必须承担侵权责任。在此种情况之下,行为人可能要为自己并没有想要发生的,不以自己意志为转移的损害承担代价,这无疑是不公平的,也会令社会公众的行动趋于保守以尽量降低致使他人损害的可能性,限制了社会公众的行为自由。过错责任起源于公元前 287 年罗马共和国的《阿奎利亚法》,其认为行为人只需对有过错的损害承担法律责任。[①] 过错责任在 19 世纪成了各国或地区法律的基本原则,首先出现于近代第一部民法法典即 1804 年《法国民法典》中,而后 1900 年《德国民法典》基本也采取了过错责任原则,过错责任原则逐渐被多数国家和地区普遍承认。[②] 自 19 世纪以来,过错责任原则的订立大大解放了个人行为自由,在科技革命和经济爆发性增长的年代,其鼓励了个人的创造性活动,为频发的交易行为与损害结果的发生之间建立了保障性的墙壁,只要行为人主观上无错就可以在交易活动中避免承担侵权责任。我国最先于《民法通则》(已失效)第 106 条第 2 款规定了过错责任原则,认为公民、法人若因为过错而侵害了国家、集体的财产或者侵害他人财产、人身,应当承担民事法律责任。后来我国在《侵权责任法》(已失效)第 6 条第 1 款中,也规定了过错责任原则。2020 年公布的《民法典》第 1165 条第 1 款依旧认可了这一原则,规定:“行为人因过错侵害他人民事权益造成损害的,应当承担侵权责任。”过错责任原则是侵权责任的一般性条款,在法律没有特别规定的情况下,过错是行为人承担侵权责任的构成要件之一,其他三个构成要件是:侵害行为、损害结果、侵害行为与损害结果之间具有因果关系。所谓过错,是指行为人在实施侵权行为时的主观心态如何,

① 参见王利明主编:《民法》(第 9 版)(下册),中国人民大学出版社 2022 年版,第 510 页。

② 参见王泽鉴:《民法学说与判例研究》(重排合订本),北京大学出版社 2015 年版,第 482 页。

分为过失和故意两种。故意是指行为人主动追求损害结果的发生或明知自己的行为大概率会发生损害结果,却依旧放任这种结果的发生,虽不主动追求但也没有积极阻止。过失是指行为人本应当预见自己的行为会发生损害结果,但是由于疏忽大意而没有预见或者已经预见但过于轻信能够避免而致使损害发生。

在世界范围内,德国在专利侵权损害赔偿领域所采取的是过错责任原则。德国的侵权行为分为直接侵权行为和间接侵权行为;其中直接侵权行为的成立无须考虑主观过错,间接侵权行为的成立需要行为人主观上知道或者明显应当知道才能成立。《德国专利法》第 139 条规定了两种专利侵权救济措施,分别为停止侵害和赔偿损失,其第 1 款规定专利权人请求停止侵害救济时无须考虑侵权人主观上是否有过错,其第 2 款规定只有过失或故意的主观心态的侵权人才应承担损害赔偿责任。① 有学者认为虽然《德国专利法》第 139 条明文规定了过错责任原则,但是德国在司法实践中对于行为人的注意义务极其严格。如行为人应当时刻关注专利权的受保护情况,知道其经营领域相关的专利技术;在知道专利存在后,自己没有正确判断或者请教的专家没有正确判断该行为是否构成侵权而导致侵权的,都属于过失。所以,德国专利法实际上也适用无过错责任原则。②

我国郑成思教授在 1998 年发表了《侵害知识产权的无过错责任》,该文引起了有关专利侵权损害赔偿归责原则的争议浪潮。该文主张,不应当在知识产权领域全面施行过错责任原则,否则会为侵权人考虑太多,使得知识产权人的权利在现有制度之中难以得到保障。因此,在不同的侵权行为之中,可以适用不同的归责原则,对于造成"直接传播的第一步"的侵权人适用无过错责任原则;对于其他行为和间接侵权行为可以适用过错责任原则。对于不同的侵权责任形式,也要采用不同的归责原则,停止侵害适用无过错责任原则,损害赔偿适用过错责任原则。③ 张玉敏教授认为过错责任原则是损害赔偿责任的一般归责原则,认为专利侵权人

① 参见范长军:《德国专利法研究》,科学出版社 2010 年版,第 224 页。
② 参见张玲:《论专利侵权赔偿损失的归责原则》,载《中国法学》2012 年第 2 期。
③ 参见郑成思:《侵害知识产权的无过错责任》,载《中国法学》1998 年第 1 期。

在完成必要的注意义务之后就不应再承担损害赔偿责任了。[①] 冯晓青教授认为知识产权侵权归责原则应当仅关于损害赔偿责任,并认同归责原则采取过错责任原则,行为人仅对具有过错的侵害知识产权的行为承担损害赔偿责任可以公平地调节侵权人和知识产权人之间的利益平衡。[②]就这场论战而言,我国学者对于停止侵害责任应当采用无过错责任原则这一观点基本达成了一致,对于损害赔偿责任来说,多数认为过错责任原则应为专利侵权损害赔偿责任的归责原则,理由多为:第一,过错原则是我国承担侵权责任的基本归责原则,专利侵权行为属于一般民事侵权行为,我国《专利法》也没有明确规定专利侵权损害赔偿的归责原则为何种原则,因此专利侵权损害赔偿归责原则也应当适用过错责任原则。第二,《与贸易有关的知识产权协定》第 45 条第 1 款的规定体现了过错责任原则,其规定为:"对于故意或有充分理由应知道自己从事侵权活动的侵权人,司法机关有权责令侵权人向权利持有人支付足以补偿其因知识产权侵权所受损害的赔偿。"第三,无过错责任原则不利于鼓励竞争、激发社会公众的创新动力。技术的创新常常伴随着对于现有技术的模仿;无过错责任原则使得侵权人无论主观上有没有过错,都需要承担损害赔偿的责任,这极大地打击了模仿创新的发展,违背了专利法鼓励技术创新的立法宗旨。第四,采用过错责任原则来判定侵权人是否要承担损害赔偿责任,更符合公平的原则。存在主观过错的侵权人,具有道德上的可谴责性,理应承担侵权的后果,赔偿专利权人的损失,达到震慑社会公众不去侵犯他人专利权的目的。而主观上无过错的侵权人,也并非没有为自己的侵权行为付出代价,其依旧要承担停止侵害的责任。

值得注意的是,虽然过错责任原则作为专利侵权损害赔偿的基本归责原则,但是多数观点认为在一些特定情况下可以适用过错推定原则。例如,我国《专利法》第 77 条规定:"为生产经营目的使用、许诺销售或者销售不知道是未经专利权人许可而制造并售出的专利侵权产品,能证明

---

① 参见张玉敏:《侵害知识产权民事责任归责原则研究》,载《法学论坛》2003 年第 3 期。

② 参见冯晓青:《知识产权侵权归责原则之探讨》,载《江淮论坛》2011 年第 2 期。

该产品合法来源的,不承担赔偿责任。”该条规定了在使用、许诺销售等特殊情况下,对于专利侵权损害赔偿责任采取过错推定原则,专利侵权人需要证明自己的产品具有合法来源,并在自己没有主观过错的情形下,才不用承担损害赔偿责任。

二、过错推定原则

作为归责原则的一种,过错推定原则是指行为人实施了侵权行为后,依据法律的规定推定其行为有过错,其如果不能证明自己没有过错,那么就应当承担侵权责任。在过错推定原则之下,行为人的过错是由法律规定直接推定的,而不是直接判定其有过错,因此行为人可以举证证明自己并无过错。过错推定原则相较于过错责任原则而言,其依旧以行为人的主观过错作为行为人承担侵权责任的要件之一,但是过错推定原则在举证责任分配上是倒置的。一般来说,被侵权人若想主张侵权人承担一定的侵权责任,应当依据“谁主张,谁举证”的原则,承担举证的责任。但是过错推定原则使得相关法律直接推定行为人在主观上存在错误,这意味着证明行为人主观上没有错误的举证责任被重新分配给了行为人,行为人必须证明自己并无过错才能免于侵权责任的承担。在司法实践之中,由于侵权人与被侵权人双方之间的能力地位可能不平等,如路人遭到动物园饲养的动物的损害,幼儿在幼儿园学习期间受到人身损害等情况,在这些问题上,被侵权人难以证明侵权人的主观过错,如果机械地适用过错责任原则,那么这些被侵权人就可能无法保护自己的权益。过错推定原则通过举证责任的倒置,降低了被侵权人的举证负担,使得被侵权人在诉讼中能处在有利地位,体现了法律更保护其合法权益的价值取向。我国《民法典》第 1165 条第 2 款规定了过错推定原则:“依照法律规定推定行为人有过错,其不能证明自己没有过错的,应当承担侵权责任。”我国对于过错推定原则的适用范围有明确的限制,必须是相关法律有所规定才能够适用,法官并不能够擅自决定适用该项原则。在适用过错推定原则的案件中,行为人承担侵权责任需要满足的要件与过错责任原则的相同,都是行为人有主观过错、侵害行为、损害结果、侵害行为与损害结果之间具有因果关系4项,只是被侵权人无须证明行为人有主观过错罢了。

在专利侵权损害赔偿责任的归责原则领域,日本采取的是过错推定原则。《日本专利法》第102条规定专利权人有向故意或过失侵害自己专利权的侵权人请求损害赔偿的权利,第103条规定推定侵害他人专利权的侵权人主观上有过失,由此可知专利权人在请求侵权人承担损害赔偿责任时,无须举证证明侵权人主观上有过失。[①] 我国国内,吴汉东教授认为对于停止侵权责任无须考虑归责原则,归责原则中的"责"仅适用于侵权赔偿损害责任。知识产权侵权损害赔偿应适用过错推定原则,过错推定原则介于无过错责任原则和过错责任原则之间,可以较好地在无过错责任原则所带来的对于知识产权使用人要求过于严苛和过错责任原则所带来的对于权利人举证责任要求过高的两个极端之间达成平衡。[②] 过错推定责任说多认为,专利授权之后,该专利技术方案会向社会公众公开,专利侵权人在实施专利侵权行为时必然知道或理应知道专利技术的存在,所以其主观存在过错;为了减轻专利权人的举证责任,降低专利权人的维权成本,采取过错推定原则为基本归责原则更为合理。但是如今科技发展速度极快,专利数量呈爆炸式增长,社会公众很难随时掌握行业内所有的专利技术的保护情况。而且即使行为人尽全力搜索了所有专利技术,也难以保证没有漏检的情况发生,或者行为人也可能自认为自己的产品没有进入其他专利技术的保护范围,在这些情形之下,若行为人依旧被推定为主观过错,似乎过于苛刻。

三、无过错责任原则

无过错责任原则,也被称为严格责任原则,指的是当行为人的行为对他人造成损害后,无论行为人是否有过错,都必须承担侵权责任。无过错责任原则不以行为人主观上的过错为构成要件,只要客观上行为人的行为确实损害了他人的权益,法律规定行为人应当承担侵权责任的,行为人

---

① 参见邱奎霖:《专利侵权归责原则辨析》,南京大学2012年硕士学位论文,第14页。

② 参见吴汉东:《试论知识产权的"物上请求权"与侵权赔偿请求权——兼论〈知识产权协议〉第45条规定之实质精神》,载《法商研究(中南政法学院学报)》2001年第5期。

就应依据法律承担侵权责任。无过错责任原则源于 19 世纪,各国开始承受工业革命所带来的负面影响,当时的工业灾害和铁路交通事故频发,所带来的社会损害极为严重,而过错责任原则已不适用于这些挑战和变化。法国最高法院在 1897 年和 1914 年的两项重要判决中订立了无过错责任原则,前者扩张了《法国民法典》第 1384 条所指的“被保管之物”的范围,认为对瓦斯、臭气等被保管之物所造成的损害,保管人也应当承担损害赔偿责任;后者认为物品保管人即使对损害的发生没有过失,也应当承担赔偿责任,除非其可以证明该损害是不可抗力、被害人的过失或者第三人所造成的。[①] 各国多将无过错责任原则作为过错责任原则的一种补充,在一些特别的损害事件之中适用无过错责任原则。过错责任原则是在行为人具有主观过错的情况下,令其为自己造成的损害承担赔偿责任,其行为具有道德上的可谴责性。无过错责任原则适用的基础并非对于行为人不正当行为的惩治,而是将受害者所承担的损害后果分配一部分给行为人承担。无过错责任原则之所以可以在行为人没有过错的情形下也要求其承担损害赔偿责任,是因为行为人所做行为是具有高度危险性的,而为了经济社会的发展,这些危险的行为又必须进行。工业时代随着科技发展有很多高度危险的行为需要完成,如高空作业、轨道交通运输等,即使行为人达到了理性人应当具有的注意程度也可能无法避免损害结果的发生,但是这些行为并非一定不法,只是为了使无辜之人在被损害时可以得到一定的保障,便规定行为人承担无过错责任。我国《民法典》第 1166 条规定了无过错责任原则,“行为人造成他人民事权益损害,不论行为人有无过错,法律规定应当承担侵权责任的,依照其规定”。无过错责任原则是归责原则中的一种,但并不是一般性原则,只有法律明文规定采用无过错责任原则的,才能适用该原则。在无过错责任原则下,行为人承担侵权责任的构成要件主要有三:行为人的加害行为、损害结果以及加害行为与损害结果之间的因果关系。

回归至专利侵权损害赔偿责任的归责原则问题,美国在该问题上采

---

① 参见王泽鉴:《民法学说与判例研究》(重排合订本),北京大学出版社 2015 年版,第 487 页。

取了无过错责任原则。《美国专利法》第284条规定："根据有利于原告的证据显示，应判给原告足以补偿所受侵害的赔偿金，其数目无论如何不得少于侵权人实施发明所需的合理许可费，以及法院所定之利息及诉讼费用的总和。"[①]依据第284条的规定，只要专利侵权行为成立，侵权人就应当承担损害赔偿责任。不过《美国专利法》第287条(a)款为专利权人要求侵权人损害赔偿设置了一个前提条件，其规定权利人必须在销售的产品上附上专利标记。如果没有进行标记，那么专利权人就不得请求损害赔偿救济；或者专利权人对侵权人进行了通知，在通知之后就侵权人继续实施侵权行为的部分也可以请求损害赔偿救济。该标记条款主要是为了限制专利权人对于损害赔偿请求的权利，但是并没有改变专利侵权损害赔偿的归责原则为无过错责任原则的本质。[②] 我国国内，有学者从专利权保护、专利制度目的实现以及维护社会正常生产秩序等角度将过错责任原则与无过错责任原则进行对比，认为专利侵权损害赔偿责任适用无过错责任原则可以加大对于专利权人的保护，更好地实现鼓励创新促进经济发展的立法目的。[③] 也有学者认为过错责任原则对专利权维权不利，显失公平；专利权的排他性和专利侵权判定的复杂性决定了专利损害赔偿应当适用无过错责任原则，并主张区分专利侵权产品首次销售前后的不同侵权行为，分别适用无过错责任原则或过错推定责任原则。[④] 时至今日，我国《专利法》之中，并没有明确规定对于损害赔偿责任采取无过错责任原则，因此对于将无过错责任原则作为专利侵权损害赔偿的基本归责原则的观点，应当持审慎的态度。虽然专利侵权行为较为隐蔽、频发，专利权人时常困于举证艰难而得不到合理损害赔偿金额，但是一旦全面适用无过错责任原则，可能会引发专利权人滥用权利、频繁提起诉讼的行为，导致市场竞争被限制，社会创新的潜能被压抑。

---

① 邱奎霖：《专利侵权归责原则辨析》，南京大学2012年硕士学位论文，第11页。

② 参见张玲：《论专利侵权赔偿损失的归责原则》，载《中国法学》2012年第2期。

③ 参见刘磊：《侵犯专利权民事责任归责原则适用考量》，载《知识产权》2017年第1期。

④ 参见张玲：《论专利侵权赔偿损失的归责原则》，载《中国法学》2012年第2期。

第二节　专利侵权损害赔偿责任的构成要件

一、侵权行为

专利侵权损害赔偿责任的构成要件是指判断专利侵权行为人是否需要承担损害赔偿责任的条件。损害赔偿责任归责原则是确立损害赔偿责任构成要件的基础和前提,其在一定程度上决定了损害赔偿责任的构成要件,损害赔偿责任归责原则的不同会直接导致损害赔偿责任成立的构成要件不同;损害赔偿责任的构成要件体现了损害赔偿归责原则的功能和价值,是损害赔偿归责原则的具体表达。根据本章第一节的讨论,专利侵权损害赔偿责任的归责原则为过错责任原则,因此对应的构成要件应当是一般责任构成要件。针对一般责任构成要件,我国学界主要有两种主流的观点:一种赞成德国的四要件说,另一种更支持法国的三要件说。四要件说认为,过错侵权责任具有四个构成要件,分别是侵害行为、主观过错、损害结果和侵害行为与损害结果之间的因果关系。三要件说则主张过错侵权责任的构成要件为:侵害行为、损害结果和因果关系。[①] 显然,四要件说相较于三要件说,强调将行为的违法性作为一个独立的构成要件。我国多数观点认为我国的过错侵权责任采取四要件说,提出我国《民法典》第 1165 条第 1 款准确列举了四要件说中的 4 个构成要件。不过四要件说和三要件说本质上并没有差别,四要件说将行为人主观上的过错和行为的违法性区分开来变成两个独立的构成要件;而三要件说将行为人的主观过错与行为结合起来作为一个整体考虑,主张主观上的故意或过失停留在内心之中是没有意义的,只有外化为侵害行为才有法律上的意义。[②]

根据四要件说,我国专利侵权损害赔偿责任的构成要件应当为以下

---

① 参见王利明、周友军、高圣平:《中国侵权责任法教程》,人民法院出版社 2010 年版,第 183 页。

② 参见王利明主编:《民法》(第 9 版)(下册),中国人民大学出版社 2022 年版,第 511 页。

4 项：第一，行为人实施了专利侵权行为；第二，专利权人遭受到了损害后果；第三，行为人主观上具有故意或过失的过错；第四，行为人的侵权行为与专利权人所受的损害后果有因果关系。需要注意的是，虽然一般归责原则是普遍适用于一般侵权行为的，但是在各个具体的侵权案件之中，还需要根据情况具体分析，如随着时代发展，消除危险、排除妨碍、停止侵害等侵权责任形式有时并不以损害发生为构成要件。[①] 因此需要将一般归责原则具体到专利侵权损害赔偿领域来分析，准确把握每一个构成要件。

就第一个侵权行为构成要件而言，其是指行为人在自己的意志支配下所做出的侵害他人民事权益的行为。侵权行为必须是人做出的行为，法律规制的是人与人之间的关系；自然界的灾害等虽也可能会造成他人民事权益的损害，但是其中没有人的参与，自然也没有人需要承担侵权责任。行为人应当是受自己的意志控制，以自己的意愿去实施了侵权的行为，这样该行为所造成的损害才可以归责于他。行为人所做的行为侵害的必须是他人的民事权益；若侵害的与他人的民事权益无关，行为人也不应当承担侵权责任。在专利领域，根据我国《专利法》第 11 条规定可以得出专利直接侵权行为的构成要件，分别为：第一，行为发生在专利有效期内；第二，行为人未经专利权人许可；第三，行为人以生产经营为目的；第四，行为人实施了专利侵害行为；第五，不属于《专利法》规定的另外情形。判断行为人所实施的行为是否属于专利侵权行为，要严格按照《专利法》的规定，根据专利侵权行为的构成要件来判断。法律没有明确规定的，如专利间接侵权行为，要深刻地把握法律规定的内涵，结合司法解释和司法实践情况来判定该行为是否属于侵权行为。

二、损害事实

损害是侵权责任成立必备的构成要件；被侵权人只有在自己因为侵权行为而遭受损害时，才能令行为人承担损害赔偿责任，获得损害赔偿救

① 参见王利明、周友军、高圣平：《中国侵权责任法教程》，人民法院出版社 2010 年版，第 184 页。

济。损害的概念有多种,并非所有的客观上的损害都可以得到法律上的救济。损害能够赔偿需要两个要件,首先,侵权人能够通过损害赔偿方式补偿被侵权者的损失,而不必须以其他的方式补偿;其次,法院通过法律价值的考量,认为侵权人应当对该损害承担赔偿责任。[①] 损害在法律上一般理解为因为他人的行为,被侵权人受法律保护的权益遭受到不利影响。损害可以从三个维度去理解:狭义的损害就是单指财产损失,广义的损害既包括财产损失也包括精神损害,最广义的损害是指行为人给侵权人所造成的不利后果。狭义和广义所指的损害,引发的后果都是侵权人进行损害赔偿;而最广义的损害可以引发各种方式的救济,如停止侵害、消除危险等。在此,由于在专利领域专利权人并没有知识产权意义上的人身权利,所以若没有特别说明,以下所提到的损害指的是狭义上的损害,即财产损失。

侵权责任制度的目的在于救济,是向无辜的被侵权人提供补救,而不是制裁侵权人的侵权行为。因此,无损害则无救济,没有损害事实的存在,对于被侵权人的补偿就无从谈起。对于损害的本质,有两种流行的学说。第一种是利益说,也称为差额说。利益说于 1855 年由德国学者麦蒙森提出,其认为损害等同于不利益,或可以理解为某项损害使得受害人损失了一定的利益。利益说将抽象的损害概念转化为了一个可计算的财产利益概念,并提供了计算损害的一个较为客观的方式,即将受害人侵权事实发生之前与侵权事实发生之后的财产进行比较,两者之间的差额就是受害人所受损害的具体大小。若侵权发生之前与侵权发生之后的财产并没有数额上的差距,那么就说明被侵权人并没有受到损害,所以也没有赔偿救济一说。侵权行为人对于其所造成的损害应当予以赔偿,其赔偿的数额也应当可以弥补被侵权人所遭受的所有损害,也就是说,赔偿数额应当等同于损害的大小,等同于如果侵权行为没有发生则被侵权人所能够得到的所有利益。利益说提供的损害计算方式具有很强的可操作性和客观性;但是其只承认财产价值上的损害,将损害限制在了金钱数额之上,

① 参见程啸:《侵权责任法教程》(第 4 版),中国人民大学出版社 2020 年版,第 104 页。

许多无法用金钱衡量的损失就被利益说似有似无地忽视了。第二种是组织说,其由德国学者奥特曼于 1901 年提出。组织说认为损害应当是受害人财产上的积极损失和可得利益的损失,此种损害需要通过客观的标准去确定。组织说一定程度上弥补了利益说的不足,其肯定了利益说的差额赔偿算法,并在此基础上提出特定物体受到毁损也应当被算入损害之中,并以其客观价值对损失予以计算。组织说在一定程度上扩充了损害的概念范围,更进一步强调了法律评价在损害赔偿数额确定中的必要性。这两种损害赔偿的方式相对而言差距并非很大,实质上都在强调损害是被侵权人所受到的不利益。差额说在传统的侵权领域之中适用更为广泛,在认定侵权责任时原则上应当适用差额说。

从专利领域来看,侵权损害赔偿数额的确定一直是一个极为困难的问题,然而有时损害是否存在也会有一定的争论。从比较法的角度来看,德国法官不仅对侵权损害赔偿的数额有自由裁量的空间,对于损害是否发生也可以行使自由裁量权。[①] 损害是民事侵权责任成立的必要构成要件之一,在专利侵权损害赔偿责任确定中也是不可缺少的一个要件。对于专利损害存在的证明,其实并不像对于专利侵权损害赔偿数额的证明那样困难,因此不太适合降低证明损害存在的标准或者省略损害事实要件的证明。损害作为必要的构成要件之一,若并不存在或没有被证明存在,那么该专利侵权诉讼应当被驳回。一般情况下,专利侵权损害的存在是客观的、易于证明的,只要拿出相应的令法官确信的证据证明损害的存在,即已达到了证明的标准。有时在损害确实难以证明但是可以确信其存在的情况下,如当事双方都已经承认损害发生了,法官在这时需要根据常年的司法经验并严格按照法律规定行使自由裁量权,判定该损害是否发生。一般来说,损害通过差额说来界定;但是专利侵权的方式和传统的侵权方式有所不同,专利权人受到的损害有自己的特殊性。一般的有形财产价值比较固定,因此被侵害前和被侵害后有形财产价值的降低是较

---

① 参见张卫平、齐树洁主编:《德国民事诉讼法》,丁启明译,厦门大学出版社 2016 年版,第 240 页。

好确定的，如一个水杯价值30元，若被打碎，水杯的价值就变成了0元，那么水杯的所有人就损失了30元财产。但是专利并不同，其价值的确定极为困难，受到很多因素的影响，如管理水平、专利权人的开发情况等。有时专利权人的专利产品极为畅销，即使存在侵权产品，其销售数额还是在不断增长，那么专利权人的损害就更难以证明，更不用提具体的损害赔偿数额的证明。

三、因果关系

在侵权责任中因果关系指的是行为人的行为或物与损害结果之间的引起与被引起的关系。因果关系是侵权责任确立的构成要件之一，其目的在于探寻行为人的行为与结果之间的因果联系，令每个人为自己的行为所导致的后果负责。因果关系中的原因主要指行为人的行为或物，行为人的行为包括积极的和消极的行为，物主要指所有人、占有人致人损害的物。因果关系应当是一种客观的引起与被引起的关系，原因在前结果在后，具有严格的先后顺序。因果关系的讨论对于责任的确立、排除责任的承担和责任范围的控制具有重要的意义。从责任确立的角度来看，因果关系是为了确认行为人责任承担的合理性，确定行为人的行为是否是损害发生的原因，是行为人承担责任的前提和基础。从排除责任的承担的角度来看，现代社会讲求自己责任原则，每个人都应当为自己的行为所造成的损害后果承担相应的责任；而对于并非由自己的行为所引起的损害，行为人也无须承担。因此，因果关系可以将不应承担该损害后果的人筛选出去。就责任范围的控制角度而言，世间万事万物皆是普遍联系的，如果对一个事件的发生过度追求因果关系，那么引起该事件的因果链条便可以无限延伸，如蝴蝶效应，龙卷风发生的因果链条可以追溯到蝴蝶翅膀扇动的微风。因此在确定侵权责任时，不能将过于遥远的损害也归入行为人行为的因果链条之中，应当合理地切断因果链条，行为人只需要为应当负责的损害后果负责；否则将极大降低人们的行动自由，甚至对于整个社会的正常秩序都有所冲击。并且，因果关系对于损害赔偿的数额计算也有很大影响，在过错程度大致相当或无过错责任情形中，行为人对于损害发生的原因力更强的,自然需要承担更多的损害赔偿责任。

在侵权法领域内,因果关系可以被分为两个层次:第一个层次是责任确立的因果关系,其中因果关系是指行为人的行为与被害人权益被侵害的因果关联性,只有两者有因果联系,侵权责任才能够成立;第二个层次是责任范围的因果关系,指的是被害人权益被侵害与遭受的损害之间的因果关系,其主要是为了决定行为人的行为在侵害被害人的权益之后应当对被害人因权益被侵害而受到的哪些损害承担赔偿责任。并不是被害人遭受的所有损害都受到法律的保护,为了避免行为人承担过重的赔偿责任,需要依据法律对因果关系链条进行合理的截取,过滤掉不应由行为人承担的赔偿责任。① 第二个层次因果关系的存在是以第一个层次的因果关系为基础的,在具体案情之中首先应确定第一个层次的因果关系是否存在,若存在,再确定第二个层次的因果关系。例如甲打碎了乙价值 50 元的杯子,那么甲失手打碎的行为与乙的财产即杯子的毁损有着因果关系,第一个层次即责任确立的因果关系成立,在此基础之上,乙的杯子被打碎导致乙失去了 50 元财产,第二个层次即责任范围的因果关系成立。

在实践之中,案情错综复杂,很多时候是多重的因果关系互相关联,发生损害的原因多种多样,因此对于如何认定适用在侵权责任制度中的因果关系有许多争议,其中比较主流的学说是相当因果关系说。相当因果关系说也被称为充分原因说,其实际上将因果关系的判断分成了两个阶段。第一个阶段是事实上的因果关系的判断,其主要是判断行为人的行为与受害者的权益被损害之间是否具有事实上的因果关系。第一个阶段有两种判断方法,即剔除说和替代说,两者可以相互印证、共同确定事实上的因果关系是否成立。剔除说认为如果人们将行为人的行为从受害者权益被侵害的整个事件中剔除出去,其他条件完全不变,受害者权益被侵害的结果依旧发生,那么行为人的行为就与该权益被侵害的结果无关;相反,如果在行为人的行为被剔除出去之后,权益被侵害的结果不会发生,或者以一种完全不同的方式发生,那么可以判定行为人的行为就是受

---

① 参见程啸:《侵权责任法教程》(第 4 版),中国人民大学出版社 2020 年版,第 109 页。

害者权益被侵害的结果发生的原因。替代说主要适用于行为人的行为为消极的或者说行为人不作为的情形中,其认为假设在受害者权益被侵害的事件中,行为人实施了合理的积极行为,但是受害者权益被侵害的结果依旧发生了,那么行为人不作为的行为与侵害结果没有必然的联系;反之,若受害者的权益不会被损害,那么行为人不作为的行为就是受害者权益被侵害的原因。例如,甲带着行李箱乘自动扶梯时,由于疏忽大意没有将行李箱固定好,行李箱从扶梯上滑落,砸伤了乙。如果甲看顾好自己的行李箱,那么乙就不会被砸伤,因此甲的不作为与乙的权益被损害之间有因果关系。

第二个阶段是法律上的因果关系。在对客观事实上的因果关系进行确认后,需要从法律价值上再对已经确认的第一个阶段的因果关系做出评价,实质就是评价该因果关系是否具有相当性。如果仅根据第一个阶段的因果关系来确定行为人的责任范围,那么只要行为人的行为是损害发生的原因,就应当对该损害承担侵权责任,这无疑会不恰当地扩大行为人的责任范围。相当性理论认为应当在所有导致损害结果发生的客观条件之间进行限制,排除对于损害结果发生不够充分的条件或者说能够导致损害结果发生的概率极小的条件。具有相当性的条件一般包含积极和消极两个方面的特征,积极方面是说该条件会极大地增加损害结果发生的概率,消极方面是说该条件并非仅在非常特殊的情况下才会导致该损害的发生。相当理论说不仅具有归责的功能,并且还控制了行为人的责任范围,利用法律上的价值判断来判定行为人应当对该损害结果负责的范围;其给予了法官一定程度的自由裁量权,减轻了受害者举证的负担,但是这使得在因果关系的判断上会不可避免地掺杂法官一定的价值判断,导致因果关系判定的确定性下降。

在专利领域的司法实践之中,所谓因果关系指的是专利侵权人实施的侵权行为与专利权人受到的实际损失有因果关联,若专利侵权人的行为与专利权人的权益遭受侵害之间是引起与被引起的关系,则责任确立的因果关系成立。专利权人的权益遭受侵害与最终的损害结果之间的因果关系是责任范围的因果关系,其用于确定专利侵权人应当承担的损害赔偿责任范围。在司法实践之中,专利侵权损害赔偿数额的确定非常困难,这有一部分原因是专利侵权领域内责任范围的因果关系非常复杂,难以确定。在确定专利侵权人责任范围时,需要剔除一些相当性不够的条件,比如:(1)可替代产品导致的专利权人销售数额的下降,专利权人在推出专利产品之后,除了侵权人推出的侵权产品会一部分导致专利产品销售数额的下降,其他竞争产品的出现也可能会导致消费者不选择购买专利权人的专利产品,因此要剔除其导致的专利权人的利润损失;(2)专利技术在整个专利产品之中的贡献比,一个完整的工业产品可能包括不止一个专利技术,工业产品的销售利润也并不是全部由专利技术所贡献的,因此在确定损害赔偿范围时,要参考专利技术在侵权产品中的贡献占比,剔除非专利技术在侵权产品销售利润中的贡献。①

四、主观过错

过错是对于行为人主观心理状态的评价,是侵权责任成立的重要因素。我国将过错责任原则作为了一般归责原则,这也体现了主观过错在侵权责任确立时所起到的重要作用。即使是在一些特殊情况下,法律规定适用无过错责任原则时,过错不作为侵权责任成立的条件,但是依旧在责任的减轻或免除上起到一定的影响。主观过错这一构成要件只有在现实中存在客观损害的情况下,才有必要去讨论,没有任何损害而空谈主观过错是没有意义的。例如,甲只是将乙借给他的电脑还了回去,而并没有将乙的电脑损坏。此时客观上并没有损害事实的发生,自然也没有必要去讨论甲的主观过错。对于过错的概念的理解,大概有三种观点:第一种是主观过错说,其认为过错是一种主观的心理状态,这种心理状态在道德上和伦理上应当受到非难。具有主观过错的行为人对受害者承担损害赔偿责任,体现的是法律对行为人的一种道德上的非难。主观过错说深受19世纪的理性哲学的影响,认为人的行为受自己的自由意志所支配,因

① 参见韩鹏:《知识产权侵权损害赔偿确定的司法路径分析》,吉林大学2014年硕士学位论文,第21页。

此若有人故意或过失地实施了一些对他人有损害的行为,那么这些行为也是在自身意志的控制下所做的,行为人自然要承担责任,并且要承担道德上的非难。第二种是客观过错说,其认为过错指的是行为人违反了某种行为标准,而不是一种应当受到非难的心理状态。过错并不需要去探查行为人内心的状态如何,只需要通过行为人的行为去判别,如果行为人的行为不符合某些行为标准,应当承担非难性,那么就可以判定行为人具有过错。美国学者曾提出:“为了整个社会的公共利益,生活在社会中的人们需要遵守社会的一般适用的行为标准,为此他们可能需要放弃一些自己的特质。”[①]客观过错说深受实证主义哲学的影响,对于个人行为的评价,客观过错说认为不应当去探寻个人的主观想法,而应当利用客观的行为标准来判断行为人的过错与否。第三种是折中说,其认为这两种理论皆有可取之处,但对过错的定义都不够全面。折中说认为,民事中的过错概念应是主客观相结合的统一的一个概念,其既需要行为人的主观内心之中具有道德上的可谴责性,又需要行为人在这种不良的内心状态下做出违反行为标准的行为。首先,过错是一种主观心理状态,行为人需要在自我意志的支配下做出违反法律的行为,并且对自己的行为有所认知,能够意识到自己的所作所为的性质,否则仅凭借行为人显露在外的行为而判定其过错,容易不恰当地扩大责任。其次,对于过错的评价还要看行为人在现实中所实施的行为。若行为人的想法只停留在内心而没有付出行动,那么法律不应当对行为人的想法进行评价规制。也就是说,只有行为人不良的内心想法外显为具体的现实行动时,该主观状态才应当受到法律上的非难。例如,甲想要不经过专利权人的同意,利用他人的专利技术擅自制造一批含有该项专利技术的专利产品,但因为缺乏启动资金等问题,其并没有实际落实这个想法实施侵权行为,那么法律也不应当因为其有侵犯他人专利权的想法而令其承担侵权责任。

过错的形式有两种:故意和过失。所谓故意指的是行为人预见到了自己的行为会侵害他人的民事权益,依旧希望或者放任这种结果的发生。

---

① 王利明、周友军、高圣平:《中国侵权责任法教程》,人民法院出版社 2010 年版,第 202 页。

故意包括了两个要素:一是明知,行为人明知自己的行为会给他人造成损害。如果行为人在实施行为时,没有意识到该行为会给他人带来损害,那么他并不满足"明知"的条件,不应当被评价为故意,而有可能是主观过失。二是意愿,行为人在认识到自己的行为会给他人带来损害的前提下,依旧欲求该损害后果的发生。根据欲求的方式不同,故意还可以分为直接故意和间接故意:直接故意是指行为人积极作为主动追求该损害后果的发生,间接故意是指行为人不作为放任该损害后果的发生。直接故意和间接故意产生的法律效果相同。

所谓过失指的是行为人对于自己的行为会造成损害结果的发生,应当预见却没有预见或者预见了却轻信自己可以避免损害结果发生的心理状态。过失也具有两个要素:一是可预见性,行为人能够预见其行为会对他人的民事权益造成损害;二是可避免性。行为人如果已经预见了该行为会造成损害,但是无法避免,那么也不能构成过失。过失与故意的主要区别在于,行为人对于损害结果的发生是否有所预见并且是否希望损害结果的发生。具有过失心态的行为人,对于自己行为的损害后果并没有预见,或者预见了也轻信自己可以避免,因此实施了损害他人权益的行为,但是行为人主观上并不希望该损害结果的发生。持有过失心态的行为人也需要承担法律责任的原因在于其并没有做到法律或道德上提出的应当履行的注意义务,而不仅是行为人出于疏忽大意或过于自信而对于损害后果没有预见或采取措施避免。故意和过失在认定标准上略有不同,故意是一个主观心理状态,应当根据主观标准去进行衡量;而过失的判断标准在进入现代社会后越来越客观化。过失的判断标准指的是行为人需要付出多少注意义务才能免于过失的指控。过失的认定应当采纳客观的标准。换言之,在判断过失时,并不考虑行为人的个体差异,个人的经验、知识等主观因素,而是根据年龄、职业等客观因素去设立行为人应当具有的注意义务,判断行为人是否达到应该具有的注意程度。此外,在给行为人设立注意义务时,不需要考虑行为人特有的个性,而是默认他是一位合理的、谨慎的人;这种标准相对而言比较客观,在普通法上被称为"合理人"标准。

在专利领域，由于《专利法》对于专利侵权行为的规定采取了概括式加列举式的方式，因此有观点认为在具体案件中通过对于行为人的显露在外的具体行为是否符合专利侵权行为的构成要件进行判断即可判定行为人是否侵权，而不再探究侵权人主观上是否具有过错。笔者认为这可能会不适当地扩大行为人承担责任的范围，使得社会公众对于技术模仿和市场竞争的行动策略逐渐保守化，还可能引发专利权人的滥诉等问题，不利于技术的进步和合理利用；并且我国近年来在专利制度中引入了惩罚性赔偿制度，其中侵权人的主观过错是惩罚性赔偿责任成立的重要构成要件之一，因此过错这一要件对于行为人损害赔偿责任的确认也极为重要。对于过错的认定应结合主观和客观视角，在判断专利权人的过错时，针对故意的侵权行为可以侧重对行为人的主观心理进行分析；针对过失的侵权行为需要从客观标准进行分析，着重查看行为人是否违反了一个合理谨慎之人所应具有的注意义务。不过，过失相较于故意而言，在实践之中更难以判断。行为人擅自去制造他人的专利产品，鉴于这种行为是为了牟利而侵权，判定其主观故意的心理是较为容易的。但是对于行为人是否过失的判断，主要在于判定其是否违反了注意义务。行为人不同的身份所应承担的注意义务并不相同，如就销售者和使用者而言，他们对一个产品更多是注意产品的使用价值和经济价值，至于产品中包含了哪些专利技术，是否涉及对他人专利技术的侵权，普通销售者和使用者很难达到与产品制造者一样的理解程度，因此不应当对其制定过高的注意义务。根据我国《专利法》第 77 条的规定，使用者、许诺销售者和销售者如果能够证明自己的产品具有合法来源，那么就认为其尽到了自己的注意义务。

第六章　专利侵权损害赔偿的诉讼问题与范围

第一节　专利侵权损害赔偿诉讼

一、专利侵权损害赔偿诉讼概述

根据《专利法》第 65 条的规定,权利人在遭受侵权行为后有三种维权方式,分别是当事人之间协商解决、请求管理专利工作的部门处理和向人民法院起诉。我国对于专利权的保护采取了行政和司法双轨制:权利人既可以选择通过向人民法院起诉来维护自己的权利,也可以选择请求管理专利工作的部门处理。根据当事人的请求,管理专利工作的部门可以对专利侵权损害赔偿数额进行调解,让双方当事人达成一致的赔偿数额;调解不成的,当事人还可以选择依照《民事诉讼法》向人民法院起诉。权利人主要通过民事诉讼的方式来维权,有权利起诉的一般是专利权人和利害关系人,所谓利害关系人通常为被许可人。

在专利侵权诉讼中最为困难和主要的是对于专利侵权行为的认定和损害赔偿数额的确定。在许多案件中,法院裁判文书往往花费大量的篇幅去论证专利侵权行为的成立与否,而损害赔偿数额确定的论证过程却被草草带过,这主要是因为专利侵权损害赔偿数额的确定有一定的困难。专利侵权损害赔偿数额的认定应当是实体法与程序法二元结合综合判定的过程:既受到实体法中专利侵权损害赔偿数额确定的具体规则的规制,如权利人的实际损失标准、侵权人的侵权获利标准等;也受到程序法中证明规则、证明标准的规制,在具体案件中的事实认定需要遵从程序法的规定。我国对于专利侵权损害赔偿的实体法规定主要体现在《专利法》第 71 条,其对损害赔偿的计算提供了 4 种方式,分别为权利人的实际损失标准、侵权人的侵权所得标准、专利许可使用费的合理倍数标准以及法定赔偿标准;在此基础上,还有惩罚性赔偿制度的适用。我国程序法中对于专利侵权损害赔偿的限制主要体现在双方当事人证明责任的分配以及证明标准上。有学者认为知识产权侵权损害赔偿诉讼的困难在于程序法层面,专利权并不同于传统的有形财产权,其无形性的特质使得传统证据规则在专利侵权损害赔偿的证明上失去了一定的效用,进而也影响了最终的裁判结果,使得专利权人的诉求仅能得到法院有限的支持,对于专利权人的保护水平不够。① 专利侵权损害赔偿诉讼是一种成本较高的维权方式。就权利人而言其在遭受侵权后需要花费巨大的时间、精力、金钱来收集证据起诉维权。在此过程中,事实认定的形式化使权利人提供的证据需要满足一定的形式、达到一定的标准,这有时会导致权利人客观存在的利益损失由于无法提供达到要求的证明而得不到认可和补偿,造成赔偿数额的低下。

我国专利侵权损害赔偿的评价往往是维权难、数额低,有学者调查研究表明法院判定的损害赔偿的数额难以补偿权利人损失,法院对于原告起诉金额的支持率仅为 37.2% 。并且,法定赔偿的适用泛化;除法定赔偿外的其他 3 种赔偿方式在司法实践中的适用率之和不足 5% ,可以说是长期无人问津。② 有报告指出专利维权存在“时间长、举证难、成本高、

---

① 参见何培育、蒋启蒙:《论专利侵权损害赔偿数额认定的证明责任分配》,载《知识产权》2018 年第 7 期。

② 参见李晶:《我国专利侵权损害赔偿制度的法经济学研究》,知识产权出版社 2019 年版,第 32 页。

赔偿低”和“赢了官司,丢了市场”以及判决执行不到位等状况,专利侵权损害赔偿诉讼中的侵权举证难度较大而且赔偿的数额通常难以弥补权利人的损失。[①] 针对外界的呼吁声,也有法院对于知识产权侵权案件的赔偿问题进行了调研,南京市的1373件案例中,专利侵权案件的平均损害赔偿数额为27.8万元,适用法定赔偿的案件占所有专利侵权案件的93.86%。[②] 从这些调研或报告中可以鲜明地看出,我国的专利侵权损害赔偿数额较低,专利权人对自身损失的举证较为困难。

在专利侵权损害赔偿的诉讼中,举证难的问题持续存在。其原因主要是:(1)专利权具有非物质性,这导致了专利侵权相较于一般的侵权行为更具有隐蔽性,侵权损害赔偿数额的计算与证明也更加困难。与有形的财产不同,专利权的市场价值往往更难以量化,其与市场的需求、权利人的经营策略等紧密相关;因此在权利人遭受侵权行为后,专利权的价值贬值、侵权人的侵权收益往往难以客观、精确地量算。以计算专利权人实际损失的赔偿方式为例,专利权人需要证明其专利产品销售数额的下降与侵权人的侵权行为之间的因果关系;但是专利产品销售量下降的原因繁多,市场环境、专利权人的销售策略等因素都可能导致专利产品销售曲线的大幅波动,专利权人往往因为难以证明专利产品下降的销售数量与侵权行为之间的因果关系而放弃以自身实际损失作为损害赔偿的计算标准。(2)证据偏在的问题较为严重,专利侵权行为具有一定的隐蔽性,有关于损害赔偿数额确定的证据,如侵权人的账本资料、侵权人与他人签订的合同等证据都掌握在侵权人的手中,被侵权人在客观上难以接触并得到这些由侵权人所掌握的信息。

---

① 参见陈竺:《全国人民代表大会常务委员会执法检查组关于检查〈中华人民共和国专利法〉实施情况的报告》,载中国人大网,http://www.npc.gov.cn/zgrdw/npc/xinwen/2014-06/23/content_1867906.htm。

② 参见苏志甫:《专利侵权损害赔偿确定的举证规则与证明标准——松下电器产业株式会社诉珠海金稻电器有限公司、北京丽康富雅商贸有限公司侵害外观设计专利权纠纷案》,载《中国应用法学》2017年第5期。

二、专利侵权损害赔偿诉讼的举证责任

所谓举证责任，也被称为证明责任，是指诉讼中在应当证明的事实处于真伪不明的情形下，一方当事人应当承担不利后果。[①] 举证责任实质上是一种不利后果的承担。在民事诉讼中，法院根据法律相关规定对案件进行裁判之前首先需要确定案件的事实真相，在当事人主张的事实得不到足够的证据去证明真伪性时，法院依旧需要履行对案件审判的职责，此时其裁判结果会对一方当事人不利，这一方当事人需要承担该不利的裁判结果。举证责任制度起源于古罗马法，其确立的原则为“谁主张，谁举证”。举证责任可以分为两个层面，即行为意义上的举证责任和结果意义上的举证责任。所谓结果意义上的举证责任是指在案件事实的真伪无法确定的情形下，根据法律规定法院判定由哪一方承担不利的法律后果；行为意义上的举证责任是指在诉讼中提出对自身有利主张的当事人，对所主张的要件事实应当提供充足的证据加以证明。

我国《民事诉讼法》第 67 条第 1 款规定：“当事人对自己提出的主张，有责任提供证据。”该规定主要是从行为意义上对举证责任进行规定，主张了事实的当事人有责任提供相应的证据；但是该规定并没有解决如果双方都没有对事实提供证据，那么应由哪一方来承担最终不利的裁判结果，即结果意义上的举证责任。我国最高人民法院在 2022 年修正的《关于适用〈中华人民共和国民事诉讼法〉的解释》第 90 条第 2 款中，对结果意义上的举证责任进行了规定：“在作出判决前，当事人未能提供证据或者证据不足以证明其事实主张的，由负有举证证明责任的当事人承担不利的后果。”

举证责任的分配是指在案件事实的真伪无法被证明时，由法律规定哪一方当事人来承担因此带来的不利后果。我国法律并没有明确规定举证责任分配的原则，通说认为我国采取的是法律要件分类说，具体而言主

① 参见张卫平：《民事诉讼法》（第 5 版），法律出版社 2019 年版，第 246 页。

要依据的是德国法学家罗森贝克的规范说理论。[①] 规范说将实体规范分为两类:第一类是能够产生某种权利的规范;第二类是妨碍某种权利产生或令已经产生的权利归于消灭的规范,包括权利妨碍规范、权利受制规范和权利消灭规范 3 种。在此基础之上,规范说要求当事人就分类的规范所需要的事实进行举证,如主张权利存在的当事人应当就权利产生的法律要件事实进行举证;否认权利存在的一方当事人应当就妨碍该权利、消灭该权利或该权利受制的法律要件事实进行举证。[②] 我国最高人民法院《关于适用〈中华人民共和国民事诉讼法〉的解释》第 91 条对举证责任的分配原则进行了规定,提出当事人主张法律关系存在的,需要承担对产生该法律关系的基本事实进行举证证明的责任;当事人主张法律关系变更、消灭或者权利受到妨害的,也应当对相应的基本事实承担举证证明责任。

专利侵权在我国属于一般侵权行为的范畴,在举证责任制度上也适用举证责任正置的规则,即提出主张的当事人承担证明的责任。2020 年最高人民法院公布的《关于知识产权民事诉讼证据的若干规定》第 2 条规定:"当事人对自己提出的主张,应当提供证据加以证明。根据案件审理情况,人民法院可以适用民事诉讼法第六十五条第二款的规定,根据当事人的主张及待证事实、当事人的证据持有情况、举证能力等,要求当事人提供有关证据。"在专利侵权损害赔偿的诉讼中,作为原告的专利权人若想主张损害赔偿救济,就需要对专利侵权损害赔偿法律关系产生的法律要件事实加以证明,即必须证明:(1)行为人实施了侵权行为;(2)专利权人遭受到了损害后果;(3)行为人主观上具有故意或过失的过错;(4)行为人的侵权行为与专利权人所遭受的损害后果有因果关系。一旦专利权人无法对上述事实进行证明,或证明不足以使法院采信,其就可能因为案件事实真伪无法确认而承担不利于自身的裁判后果。专利侵权损害赔偿的计算方式总共有 4 种,即专利权人的实际损失、侵权人的侵权获

---

① 参见张卫平:《民事诉讼法》(第 5 版),法律出版社 2019 年版,第 251 页。

② 参见张卫平:《民事诉讼法》(第 5 版),法律出版社 2019 年版,第 252 页。

利、合理的专利许可使用费的倍数以及法定赔偿。在具体的专利侵权案件中,不同的专利侵权损害赔偿计算方式所需要证明的要件事实并不完全相同。例如,采取专利权人的实际损失计算标准时,需要对侵权人实施了侵权行为、权利人专利产品流失的销售量、每件专利产品的合理利润、专利权人的实际损失与侵权行为的因果关系4个要件事实进行证明,或者专利权人也可以证明侵权人实施了侵权行为、每件专利产品的合理利润和侵权人侵权产品的销量3个要件事实。采取侵权人的侵权所得计算标准时,需要证明侵权人实施了侵权行为、侵权产品的销售总数、每件侵权产品的营业利润3个要件事实;若侵权人以侵权为业,则权利人需要证明侵权人实施了侵权行为、每件侵权产品的销售利润、侵权产品的销售总数和侵权人完全以侵权为业4个要件事实。采取合理专利许可使用费的倍数计算标准时,权利人一般需要提供侵权人实施了侵权行为、权利人的实际损失和侵权人的侵权获利难以确定、专利许可合同、专利许可合同的备案以及专利许可合同已经实际履行的证据。采取法定赔偿的计算标准时,权利人需要证明侵权人实施了侵权行为,权利人的实际损失、侵权人的侵权获利和合理专利许可使用费均难以确定;在此基础上,法院会根据当事人提供的证明侵权行为、主观过错等要件事实的材料中,提取如专利的价值、侵权情节等考量因素来酌情判定法定赔偿数额。

为了缓解举证难、赔偿数额低的现状,减轻权利人繁重的举证责任,我国在专利侵权损害赔偿领域采用了举证妨碍制度。我国《专利法》第71条第4款规定:"人民法院为确定赔偿数额,在权利人已经尽力举证,而与侵权行为相关的账簿、资料主要由侵权人掌握的情况下,可以责令侵权人提供与侵权行为相关的账簿、资料;侵权人不提供或者提供虚假的账簿、资料的,人民法院可以参考权利人的主张和提供的证据判定赔偿数额。"除此之外,《专利纠纷法律解释(二)》第27条、《关于知识产权民事诉讼证据的若干规定》第25条第1款都进行了类似规定。举证妨碍制度是指不承担举证责任的当事人以作为或不作为的方式,故意或过失地使得负有举证责任的当事人的证明行为变得困难或不可能,法院因此在无法证明真伪的事实的认定上作出对负有举证责任的当事人有利调整的制度。[①] 在专利侵权损害赔偿领域引入举证妨碍制度,会大大降低权利人的举证困难,特别是在以侵权人的侵权获利为计算标准的情况下,权利人需要确认侵权人在市场中销售的侵权产品总数以及侵权产品的合理利润,但是有关资料一般是侵权人的账本、生产记录、销售合同等,基本掌握在侵权人的手中,权利人几乎没有可能从侵权人的手中拿到对侵权人自身不利的证据,因此,举证妨碍制度可以保证在权利人尽全力举证后,法院可以责令侵权人提供与侵权行为相关的账本资料,减轻权利人的举证负担。

举证妨碍制度并非否定了"谁主张,谁举证"的基本原则,提出主张的权利人依旧要负担初步的举证责任,如收集侵权人在广告、官方网站等渠道宣传的销售数据等;在此基础之上,法院若认为侵权人掌握了与判定损害赔偿数额有关的资料,该资料对于待证事实和损害赔偿数额的确定都极为重要,即可责令侵权人提供该资料,如在株式会社 MTG 与平阳县祥正日用品有限公司、深圳市新美辰科技有限公司侵害外观设计专利权纠纷一案[②]中,法院认为根据交易习惯,涉案产品的制造、销售会形成相关的线上销售数据以及账簿、合同、发货单、发票等资料,该书证为被告所控制;并且如被告不提供涉案书证,被诉侵权产品的销量及利润情况难以查清,侵权获利是否超过法定赔偿限额难以确定,因此责令被告提交相关的证据。适用举证妨碍制度的效果是法院可以参考权利人的主张和提供的证据判定赔偿数额,如在大博医疗科技股份有限公司与斯恩蒂斯有限公司(SynthesGmbH)等侵害发明专利权纠纷一案[③]中,法院认为原告提交的证据、主张的计算方法,在销售金额、利润率等因素的计算过程中并不完全精确,但可以证明被告的侵权获利超过 2000 万元具有高度可能性,而被告虽然对原告主张的金额提出了异议,但拒不提供自己掌握的证据,

---

① 参见包冰锋:《民事诉讼证明妨碍制度的法理基础》,载《南通大学学报(社会科学版)》2011 年第 2 期。

② 参见广东省深圳市中级人民法院民事裁定书,〔2020〕粤 03 民初 5611 号。

③ 参见最高人民法院民事判决书,〔2021〕最高法知民终 148 号。

于是推定原告主张的金额成立，对原告主张的2000万元赔偿予以全额支持。

三、专利侵权损害赔偿的证明标准

证明标准是指当事人对于待证事实的证明需要达到一定的标准，法院才会认定该待证事实并将其作为裁判的依据。[①] 在对当事人的举证责任进行分配后，最重要的问题就是当事人需要达到怎样的证明程度，其主张的要件事实才能受到法院的认可。关于证明标准的学说主要有两种：一种是客观真实说，另一种是高度盖然性说。客观真实说认为当事人对待证事实的证明应当达到对案件事实的完全重现，主观认识必须符合客观实际。[②] 客观真实说在传统的证据法学中占据主流地位，认为法院在认定案件事实时，所认定的事实应当完全与实际发生的客观事实一致。对于案件事实的证明应当达到4个标准：(1)据以定案的证据均已查证属实；(2)案件事实均有必要的证据用以证明；(3)证据之间、证据与案件事实之间的矛盾得到合理排除；(4)得出的结论是唯一的，排除了其他可能性。[③] 不过近年来客观真实说屡遭质疑，认为该证明标准对权利人的要求过高。高度盖然性说认为法院对待证事实的认可应当是基于当事人的证明令其内心确信该待证事实的存在具有高度的可能性，高度盖然性说普遍适用于大陆法系和英美法系的民事诉讼中。我国最高人民法院于2020年修正公布的《关于适用〈中华人民共和国民事诉讼法〉的解释》第108条第1款规定："对负有举证证明责任的当事人提供的证据，人民法院经审查并结合相关事实，确信待证事实的存在具有高度可能性的，应当认定该事实存在。"其中所述的"高度可能性"可以被理解为"高度盖然性"。高度盖然性标准相较于客观真实标准，对权利人的要求较低；但是在一些特殊案件之中，依旧会有适用的困难性，通常而言在两种情形下，

---

① 参见张卫平：《民事诉讼法》(第5版)，法律出版社2019年版，第254页。

② 参见张卫平：《民事诉讼法》(第5版)，法律出版社2019年版，第254页。

③ 参见王贞会、王福恒：《客观真实与法律真实之价值考量——对我国刑事诉讼证明标准的再思考》，载《河北师范大学学报(哲学社会科学版)》2007年第1期。

可以适用比高度盖然性标准更低的标准:第一种情形是当事人存在证明上的现实困难,这种情况一般指凭借当前科学技术难以对待证事实进行证明,如房屋遭受火灾,当事人的家庭财产被火完全烧毁,当事人想证明确切的损害赔偿数额需要提供所有财产的种类、购入价格等证明,这对于当事人来说有着超出合理的难度,所以应当适当地降低证明标准;第二种情形是证据分布存在不均匀抑或证据偏在现象,也就是说,在一个案件之中,若大部分的证据资料都被一方当事人所掌控,则就另一方当事人而言,可以适当地降低证明的标准。[①]

我国通过最高人民法院的司法解释初步建立了民事诉讼证明标准的体系,对于证明标准的要求从高到低可以分为排除合理怀疑标准、高度盖然性标准和优势证据标准,三者分别适用不同的事实证明情形,高度盖然性标准主要适用于一般实体性事实,特殊的实体性事实如欺诈、胁迫等适用排除合理怀疑标准,程序性事实如诉讼保全、回避等适用优势证据标准。[②] 专利侵权损害赔偿诉讼也属于民事诉讼案件中的一部分,因此在损害赔偿数额的确定上,一般适用高度盖然性标准。法官在专利侵权损害赔偿案件之中,需要根据当事人提供的证据,结合自身法律学识、裁判经验来判断该待证事实是否有极大的可能性客观存在,若法官形成确信,认为待证事实的存在具有高度可能性,那么其就可以依据该事实综合相应法律规定对专利损害赔偿数额进行认定。不过权利人究竟要证明到何种程度才算到达高度盖然性标准,法律也没有明确的规定。德国有学者将高度盖然性标准进行量化,并提出从 0 至 100% 的证明程度可以分成 4 级。其中,0 为绝对不可能,100% 为绝对可能;1% 至 24% 为第一级,属于非常不可能;26% 至 49% 为第二级,属于不太可能;51% 至 74% 为第三级,属于较大可能;75% 至 99% 为第四级,属于非常可能。德国学者认为民事诉讼的证明标准应当为第四级,证明程度达到了 75% 之后,就可以

---

① 参见吴如巧:《我国民事诉讼证明标准体系的再检讨》,载《南大法学》2023 年第 1 期。

② 参见吴如巧:《我国民事诉讼证明标准体系的再检讨》,载《南大法学》2023 年第 1 期。

认定达到了高度盖然性标准。[①] 国内多数学者认为高度盖然性标准应当量化到75%以上。[②] 不过在专利侵权损害赔偿诉讼中，由于专利权的无形性以及高度的技术性，权利人收集证据的难度要高于一般的民事诉讼案件，与侵权行为有关的账簿、资料多被侵权人掌控，并且侵权行为与权利人损失之间的因果关系也极难证明；在这种情况下，强行要求其提供可以达到高度盖然性的证据，会使得其维权困难，难以得到与损失相近的赔偿数额。因此一些学者认为可以将专利损害赔偿的证明标准适当降低，采用优势证据标准。优势证据标准看似偏向权利人而可能造成对侵权人的不利，但是完善的证据规则和以当事人主义为主的诉讼对抗模式可以对证明力较低的证据进行严格过滤，保证双方在诉讼中的公平性。[③] 优势证据标准与高度盖然性标准不同，优势证据是指在双方的证据都不够充分的情形下，法院对证明力更大的证据予以确信；也就是说，即使一方当事人提供的证据的证明力仅有51%，但是其高于另一方证据49%的证明力，那么法院也会选择采信更高证明力的证据，这意味着优势证据标准更着重用于双方对抗的胜负。高度盖然性标准一般要求一方当事人提供证据的证明力远大于另一方；这意味着高度盖然性标准更着重用于尽可能地缩小客观事实与认定事实之间的差异，还原事情的真相。[④]

第二节　专利侵权损害赔偿的范围

一、侵权损害赔偿金

专利侵权损害赔偿的首要原则为填平原则，因此损害赔偿的范围以

---

① 参见李浩：《民事诉讼证明标准的再思考》，载《法商研究（中南政法学院学报）》1999年第5期。

② 参见何培育、蒋启蒙：《论专利侵权损害赔偿数额认定的证明责任分配》，载《知识产权》2018年第7期。

③ 参见何培育、蒋启蒙：《论专利侵权损害赔偿数额认定的证明责任分配》，载《知识产权》2018年第7期。

④ 参见孙永上：《如何准确理解民事证据高度盖然性标准》，载《检察日报》2020年5月10日，第3版。

专利权人在侵权行为中所遭受的所有损失为准。损害赔偿是在损害发生后,专利权无法恢复原状而令侵权人以金钱的方式赔付受害者,使得受害者恢复到未被侵权时的状态的一种救济方式。[①] 根据民法上的基本理论,权利人的损失可以包括精神损失和财产损失,在财产损失上还可以分为直接损失和间接损失。有观点认为,专利侵权损害赔偿的范围可以包括专利权人的精神损失,专利侵权行为可能导致专利权人长期建立的商誉受到毁损,使得专利权人的精神受到伤害。[②] 本书认为,专利侵权损害赔偿的范围不适宜包括专利权人的精神损失。首先,专利权不同于著作权。著作权中不仅包括了财产权,还包括了人身权,作品被认为是作者人格的延伸;因此若侵权人侵犯了著作权,在符合法律规定的情形下,需要给予著作权人一定的精神抚慰金。但是专利权本质上是一种财产权利,其并不包括任何的有关于专利权人的人身权利,即使专利权人对自身的发明创造具有署名权,但是该署名权也并不严格属于专利权的一部分,所以专利权人并没有申请精神损失赔偿的请求权基础。其次,专利侵权行为确有可能损害专利权人的商誉或声誉,如侵权人利用专利权人的技术制造了劣质的侵权产品甚至还在产品上标注了专利号,作为消费者一般难以辨认侵权产品和专利产品的区别,最终导致专利权人的商誉或声誉受到损害。但是商誉或声誉的损害一般会通过专利产品销售数量的下降等损失表现出来,如果再通过精神损失进行赔偿,难免有重复赔偿的问题出现。

在专利权人的财产损失中,包括直接损失和间接损失两部分:所谓直接损失,是指权利人因为他人的侵害行为而直接产生的财产利益的减少;所谓间接损失,是指权利人因他人的侵害行为而使其应当得到的利益没有得到,如价格侵蚀、非专利部分附带损失等。根据我国《审理专利纠纷若干规定》第 14 条的规定,我国对于专利侵权损害赔偿的计算主要以专利权人的直接损失为主,如专利权人的实际损失的计算方式是其因侵权

① 参见张俊岩:《民事损害赔偿范围之研究》,载《暨南学报(哲学社会科学版)》2006 年第 2 期。

② 参见谢俊:《专利侵权损害赔偿额计算方式适用研究》,湘潭大学 2012 年硕士学位论文,第 10 页。

而减少的专利产品的销售数量乘以每件专利产品的合理利润。对于间接损失是否应当纳入专利侵权损害赔偿范围以及哪些间接损失应当纳入专利侵权损害赔偿范围之中,我国法律并没有明确的规定。本书认为,间接损失应当被纳入专利侵权损害赔偿数额的考量范围之中,以提高专利侵权损害赔偿数额,缓解长期以来损害赔偿数额畸低,专利权人越维权越损失的难题。

专利侵权损害赔偿金的范围的确定以填平专利权人实际损失为基础,《专利法》第 71 条规定了 4 种专利损害赔偿金额的计算方式,分别为权利人的实际损失、侵权人的侵权获利、专利许可使用费的合理倍数以及法定赔偿。这 4 种计算方式诞生的基础都是探寻权利人在侵权行为之中究竟遭受了哪些损失,并通过金钱赔偿的方式来弥补其损失。权利人的实际损失是一种直接的计算方式,但是通常在实务中因难以测算而很少适用;侵权人的侵权获利是一种推定的方式,将侵权人的侵权所得推定为专利权人的损失;专利许可使用费的合理倍数通过客观存在的专利许可使用合同来推算在侵权人没有擅自使用该专利而是与专利权人签订协议的情形下,专利权人本应得到多少经济利益;而法定赔偿是在前 3 种损害赔偿方式都难以计算的前提下,法院通过案件的具体情形尽量酌定一个贴近权利人实际损失的赔偿数额。惩罚性赔偿相较于补偿性赔偿和法定赔偿而言,其最大的特点在于具有惩戒性,所确定的金额会超出权利人的实际损失。因此,惩罚性赔偿的适用条件相对于补偿性赔偿而言会更加苛刻,需要侵权人主观故意并且侵权情节严重。

二、合理费用

(一)合理费用的范围

专利权人在进行维权、制止侵权行为时,需要支出一定的费用。该经济开支是由侵权人的侵权行为所引起的,如果没有专利侵权行为的出现,专利权人也无须花费相关费用用以维权,因此合理费用由侵权人承担有一定的正当性。由于专利侵权行为的隐蔽性,专利权人的维权难度通常较大,所花费的时间、精力、金钱也相对较多;因此合理费用的确定是为了减轻专利权人的维权负担,鼓励专利权人积极维权,减少“赢了官司输了钱”的不合理情形的出现,令侵权人承担有一定的必要性。合理费用可以理解为专利权人为了获取正义而付出的成本,即专利权人为了在诉讼中补偿自身损失、制止侵权行为持续所支出的合理费用。[①]

《与贸易有关的知识产权协定》第45条规定司法机关可以令侵权人向权利持有人支付有关费用,其中包括有关的律师费用。我国《专利法》第71条第3款和《审理专利纠纷若干规定》第16条皆对合理费用有所规定,前者将合理费用定义为“权利人为制止侵权行为所支付的合理开支”并将合理费用并入损害赔偿范围之内;后者确定合理费用需由权利人主张,并且合理费用需要在其他赔偿数额之外另行计算。合理费用是除补偿性赔偿、法定赔偿、惩罚性赔偿之外的补充性救济,因此其赔偿范围与赔偿计算的标准皆与前三者不同。我国法律并没有明确地规定合理费用的范围,司法实践对其有一定的探索。如重庆市高级人民法院《关于确定知识产权侵权损害赔偿数额若干问题的指导意见》第25条规定合理开支包括律师合理的代理费,权利人为购买侵权商品证据而支出的费用,被判决采信的证据的保全、公证费用等8项;江苏省高级人民法院《关于知识产权侵权损害适用定额赔偿办法若干问题的指导意见》(已失效)第19条规定合理费用包括公证费,调查取证费,咨询费、档案查询费、翻译费,交通费、住宿费,材料印制费,律师代理费等。

结合上述司法实践经验,本书认为合理费用主要包括调查取证费用和律师代理费用等。调查取证费用是指专利权人为了获得专利权的保护,对侵权人的侵权行为以及该侵权行为对其造成的损失进行调查取证,或者制止该侵权行为所产生的费用,如专利权人需要购买侵权人的侵权产品作为证据等。若非侵权人实施了侵权行为迫使专利权人不得不进行调查取证来维护自身的权利,其并不需要支出这些费用,因此有关于调查取证的费用由侵权人承担具有一定的合理性。调查取证的费用可以包括

① 参见陈志兴:《浅析知识产权诉讼合理开支的确定与赔偿》,中华全国专利代理人协会2014年年会论文。

公证费用、购买侵权商品作为证据的费用、证据保全的费用、审计费、鉴定费、交通食宿费、为消除侵权影响而产生的费用、翻译费、材料印制费等。其中,公证费用、鉴定费、审计费、证据保全费用等可以被计算在内的前提是这些费用都被判决采信;若不这么规定将可能导致专利权人滥用合理费用规则,通过一些不必要的公证、鉴定手段令侵权人承担高昂的"合理费用"。交通费、食宿费的采纳也需要一定的条件,首先其主体为当事人及委托代理人或者证言被采纳的证人,其次该交通食宿费需是花在调查取证或者出庭作证的事务上,最后该交通食宿费应当是必要的以正常的公务需求为标准。为消除侵权而导致的不良影响,如对于专利权人声誉、商誉的负面评价,专利权人作出声明所支出的费用也可以由侵权人承担;但是需要注意专利权人所作声明的影响范围应当限制在侵权行为所影响的范围之内,超出该范围的费用不应由侵权人承担。[①]

律师代理费用通常会占据合理费用的主体部分。《审理专利纠纷若干规定》第 16 条仅指出"合理开支"的概念而没有明确律师代理费用是否包含其中,但是在《关于审理著作权民事纠纷案件适用法律若干问题的解释》第 26 条第 2 款、《关于审理商标民事纠纷案件适用法律若干问题的解释》第 17 条第 2 款中皆规定符合国家有关部门规定的律师费用可以包括在合理开支的范围内。同为知识产权的专利权在合理费用的范围确定上应当与著作权、商标权相似,也将律师代理费用囊括在内。律师代理费用需要权利人主动请求,法院才能够根据案件的具体情况判定侵权人是否需要承担,并且承担的前提是该案件提出请求的权利人是胜诉方。

(二)确定合理费用的方法

法院在确定具体案件中的合理费用时,需要审查调查取证费用、律师代理费用的合理性、真实性、必要性,在当事人提供的证据的基础上结合案件的具体情况来进行裁量,避免不合理地扩大合理费用的范围。

在对调查取证费用进行认定时,法院首先需要考量权利人提供的证据能否证明这些调查取证费用确实存在。一般而言权利人需要提供相应

---

① 参见窦玉梅:《因制止侵权行为所支付的合理费用之确定》,载《人民司法》2008 年第 11 期。

的票据,如在柴某芝与杭州奥普电器有限公司专利侵权纠纷上诉案①中,法院认为原告并没有提供有关该案的调查费用的相应依据和具体请求,因此不支持原告的相关主张。不过在一些案件中,法院在权利人并未提供充足证据的情形下,依旧根据情况判定了适当的调查取证费用,如鹤山市明可达实业有限公司诉吴某荣外观设计专利侵权纠纷案②中,法院认为原告并未提供相应的调查费用的票据,因此没有采信权利人的主张,但法院根据案件情形认定原告确实为本案支出了制止侵权的合理费用。法院还需判定实际存在的调查取证费用是否必要且合理,对不合理的部分应当进行排除。在判断是否合理时,法院需要审查该调查取证费用是否是必需的,是否有奢侈浪费的行为,比如在异地调查取证时购买的高铁是商务座或者飞机是头等舱等,这显然并非正常情况下必需的开销。在合肥安迪华进出口有限公司等与上海斯博汀贸易有限公司等侵害专利权纠纷案③中,法院认为原告主张的差旅费等开支中所包括的交通违章罚款和购买香烟、口香糖的开支和高达上千元的餐费明显不合理,应当予以剔除;但是购买一般的食品和饮料等,属于有关调查人员在开展调查活动时为维持一般人身体所需的正常开支,并非不合理开支;对于同一天在不同酒店发生的住宿费、不同地区的出租车费,原告称因被告多人多地,需同时开展侵权调查的解释合乎情理,并非明显不合理。

权利人在提出令侵权人承担律师代理费用的请求后,需要提供签订的律师服务合同以及履行合同的证据,以确定该律师代理费用是真实存在的。例如,鹤山市明可达实业有限公司诉吴某荣外观设计专利侵权纠纷案④中,原告主张律师代理费与调查取证费总共25,000元,但是并没有提供相应的委托合同以证明该律师代理费的客观存在,因此法院并没有支持原告的诉求,将主张的律师代理费纳入合理费用之中。在确认权利人的律师代理费用具有真实性之后,法院并非一定会全额支持专利权人

① 参见浙江省高级人民法院民事判决书,〔2005〕浙民三终字第98号。

② 参见广东省广州市中级人民法院民事判决书,〔2004〕穗中法民三知初字第134号。

③ 参见最高人民法院民事判决书,〔2007〕民三终字第3号。

④ 参见广东省广州市中级人民法院民事判决书,〔2004〕穗中法民三知初字第134号。

的诉求,还需要查证权利人主张的律师代理费用是否明显不合理,实践之中不同法院的做法并不一致。有些法院会认为律师代理费用不得超过国家或者行业的规定,以此来规避过于高昂不够合理的律师代理费,如安徽省高级人民法院《关于审理商标、专利、著作权侵权纠纷案件适用法定赔偿的指导意见》第 10 条第 1 款规定,律师费的赔偿标准必须依据国家或行业规定,超出的部分法院不予支持。有些法院会认为应当综合国家司法行政部门规定的律师收费标准、实际判赔额和请求赔偿额的比例、权利人诉讼请求被支持的程度等因素由法官进行酌定,如最高人民法院发布的《关于全面加强知识产权审判工作为建设创新型国家提供司法保障的意见》第 13 条规定,当事人为诉讼支付的符合规定的律师费,应当根据当事人的请求,综合考虑其必要性、全部诉讼请求的支持程度、请求赔偿额和实际判赔额的比例等因素合理确定,并计入赔偿范围。重庆市高级人民法院《关于确定知识产权侵权损害赔偿数额若干问题的指导意见》第 26 条以及江苏省高级人民法院《关于知识产权侵权损害适用定额赔偿办法若干问题的指导意见》(已失效)第 22 条也提出应当综合多种因素合理酌定。现阶段暂时没有统一的律师代理费用的合理性标准,即使存在真实的已经表明实际收取费用的正规票据,法院依旧可能有一定程度的酌减,这是因为市场中律师的收费可能有一定的不规范,法院并不认同这样的收费标准,于是通过自由裁量去确定一个合理的律师代理费用。[①]

本书更倾向于法院结合多种因素,根据案件的具体情形来判定律师代理费用,国家或地方规定的标准可以作为重要的考量因素,此外还需要结合必要性、律师的工作量、案件蕴含的技术量以及复杂程度、权利人诉讼请求被支持的程度等来判断最终的律师代理费用。在确定合理开支时,即使律师费是客观存在的,也需要探寻该费用是否必要;若无必要,则可以酌情减少一定程度的费用,如在微软公司诉北京思创未来科技发展

① 参见陈志兴:《浅析知识产权诉讼合理开支的确定与赔偿》,中华全国专利代理人协会 2014 年年会论文。

有限公司侵犯计算机软件著作权纠纷案[①]中，法院认为该案的案情并不复杂，原告不能证明委托调查公司及律师所支付的调查费和律师费确属必要，法院酌情予以考虑，不予全额支持。有时，即使在律师费收费证据有瑕疵的情形下，法院也可以根据具体的情况去酌定律师代理费用，而不是全盘否决，如在广州市海之盈首饰胶模厂与广州新市新科华成鞋材厂商标侵权纠纷一案[②]中，一审法院认为原告仅提交了广东圣和胜律师事务所的发票联，但该发票没有注明时间，且没有其他证据进行印证，因此对于原告要求被告承担15,000元的律师费不予支持；二审法院认为虽然原告提供的律师费收费发票没有时间，只有广东圣和胜律师事务所的印章，调查费用只有众衡知识产权顾问服务有限公司的账单而没有其他证据印证，但从案件的情况看，广东圣和胜律师事务所确实委派了律师代理该案的诉讼。根据常理，当事人委托律师代理诉讼应当支付一定的律师费，因此该部分费用未被一审法院考虑在内确有不当，最终二审法院酌定被告赔偿2万元。权利人在诉讼中所提出的所有主张并不一定会被法院全部支持，因此以全部诉讼请求的支持程度、请求赔偿额和实际判赔额的比例来分割原告合理开支的主张判断律师代理费用的合理性是一个有效的方式，如在合肥安迪华进出口有限公司等与上海斯博汀贸易有限公司等侵害专利权纠纷案[③]中，原告主张50万元的律师代理费，一审法院根据安徽省律师服务收费标准计算，认为该案可以收取的律师代理费最高为21万元，又结合原告诉讼请求的赔偿额未得到全部支持，因此根据原告请求赔偿额的支持程度确定了11万元的赔偿额，二审法院也认为该数额较为合理。在被告侵权行为确认成立的前提下，即使被告无须承担损害赔偿责任，律师费用也可以按照案件的具体情况进行酌定，北京市高级人民法院《关于确定著作权侵权损害赔偿责任的指导意见》(已失效)给出了较为明确的判定标准，其第14条第3项规定："被告不承担损害赔偿责任，但被判令承担停止侵权、赔礼道歉等民事责任的，按照原告诉讼请求

---

① 参见北京市第一中级人民法院民事判决书，(2009)一中民初字第4083号。

② 参见广东省高级人民法院民事判决书，(2004)粤高法民三终字第190号。

③ 参见最高人民法院民事判决书，(2007)民三终字第3号。

被支持情况酌情确定支持的律师费，但一般不高于律师费的三分之一。”在实际案件中，有些权利人会与律师签订风险代理合同，风险代理是当事人与律师之间的一种特殊委托诉讼代理关系，如果胜诉，当事人将按照事先约定的高昂的比例支付委托费给代理人。风险代理虽然具有合法性，但其一定程度上已经脱离了通常的以提供法律服务为内容的代理合同，而以经营行为为前提；因此法院在判定律师代理费用时，不应当全额支持风险代理的费用，否则意味着将本属于律师和权利人之间的代理风险转嫁给了被告。[①]

① 参见湖南省高级人民法院民三庭、湖南省长沙市中级人民法院民三庭：《确定知识产权侵权损害赔偿数额常见证据的认定》，载《人民司法》2006 年第 11 期。

第七章　专利侵权损害赔偿数额的确定与计算方法

第一节　以权利人的实际损失确定损害赔偿数额

一、实际损失的界定

在民事侵权案件之中,全面赔偿原则是侵权损害赔偿数额确定的基本原则。全面赔偿原则认为应对被侵权人的所有实际损失全面进行赔偿,使被侵权人回归到没有被侵权之前的状态。在全面赔偿原则的指导下,作为民事权利一部分的专利权,在专利侵权损害赔偿数额的确定上也应当以足以弥补被侵权人的所有损失为基本目标。根据我国《专利法》第 71 条的规定,侵犯专利权的损害赔偿数额应首先以专利权人因侵权行为而受到的实际损失为计算标准,不过对于实际损失的范围我国专利法却并没有明确的界定,哪些属于实际损失,哪些不属于实际损失,各地法院的理解不同,以至于在判定损害赔偿数额时往往会出现各地判定赔偿的标准不一,判定的赔偿数额相差较大的情况。

在我国,“实际损失”一词并非专用于专利侵权损害赔偿制度,在证券法、邮政法等民法领域内也在使用“实际损失”这个概念;因此可以借助其他法律法规对于实际损失的定义,更好地理解实际损失的概念。根据对于民商法中不同领域的法律法规使用“实际损失”一词的情境的研究,可以得出我国法律、司法解释以及最高人民法院的相关法律文件中提到的实际损失通常指的是直接经济损失,而非间接经济损失。[①] 侵权人因侵害他人财产权利而给他人造成的财产损失可以分为直接损失和间接损失。[②] 所谓直接损失指的是权利人财产价值的减损,包括积极财产的减损和消极财产的增加。积极财产的减损包括财产被毁损或灭失之后价值的直接减少和毁损的财产在经过修复后相较于毁损前的价值的贬损。消极财产的增加是指被侵权人因为他人的侵权行为自身权利被侵害,为了维护自身的权利而额外支出的花费。间接损失指的是可得利益的损失,即被侵权人因为他人的侵权行为而使自己应得的财产利益没有获得。间接损失的构成需要满足 3 个要件:(1)该财产利益是被侵权人已经预见或应当预见的预期利益;(2)按照正常的发展进程或依据被侵权人的准备措施,被侵权人是有极大概率得到该财产利益的;(3)因为他人侵权行为的发生,被侵权人没有获得该利益。依据全面赔偿原则,被侵权人所遭受到的直接损失和间接损失都应当得到赔偿救济。

最高人民法院于2020 年公布的《审理专利纠纷若干规定》第 14 条第 1 款规定了专利权人实际损失的计算方式。专利权人的实际损失可以从两个角度进行计算:第一个是从被侵权的专利权人的角度,根据专利权人销售量减少的总数来确定专利权人的实际损失,这种方法所确定的损失明显是直接损失;第二个是从侵害他人专利权的侵权人的角度,根据侵权人的侵权产品在市场中的销售总数来确定专利权人的实际损失。对于第二个方法而言,其制定的逻辑是若侵权人没有在市场中对侵权产品进行销售,那么消费者将转而购买专利权人的专利产品,所以侵权人所销售出

---

① 参见商建刚:《知识产权侵权损害赔偿中实际损失的司法认定》,载《电子知识产权》2020 年第 4 期。

② 参见程啸:《侵权责任法教程》(第 4 版),中国人民大学出版社 2020 年版,第 397 页。

去的那部分侵权产品的数量是专利权人本应当可以销售出去的专利产品的数量，侵权人导致了专利权人预期利益的减损，因此实质上第二个方法所规定的是间接损失。从中可以看出，“实际损失”一词在专利侵权损害赔偿领域的概念与在其他民事权利领域不同，其不仅包括了直接损失还包括了间接损失。

不过，《审理专利纠纷若干规定》与我国《专利法》对于实际损失的界定有一定的冲突。① 我国《专利法》第 71 条规定了损害赔偿数额以实际损失为计算标准，全面赔偿原则贯彻我国损害赔偿数额确定的始终；这意味着《专利法》所指的实际损失应当可以完全填补专利权人在他人侵权活动中所遭受的所有损失，即实际损失等同于专利权人的所有损失。但是《审理专利纠纷若干规定》中对于实际损失计算方式的规定，意味着将实际损失限定为专利权人因为侵权行为的发生而失去的销售利润。因此若结合两部文件对于“实际损失”一词的适用，可以得出专利权人在遭受侵权行为之后的全部损失为专利权人销售利润的损失，这无疑是不够恰当的；根据常识即可推知专利权人的损失绝不仅仅只有销售利润这一项，仅以销售利润金额作为我国专利侵权损害赔偿的数额会使得我国专利赔偿金额畸轻，无法对专利权人的所有损失进行弥补，亦使得专利侵权人的违法成本极低，变相地鼓励了侵权行为的发生，不利于专利权人的合法权益的保护。

《审理专利纠纷若干规定》以减损的销售利润作为实际损失的计算方式有一定的合理性，其较为客观，计算标准比较确定，易于法院在司法实践之中进行计算和确认。但是随着时代的发展，专利侵权行为的行为模式和方法皆有所变化，专利权人在侵权活动中遭受的侵权损失的表现形式也更多种多样，仅仅用专利权人销售利润的减损去衡量专利权人的所有损失已经无法满足社会发展的需要。从比较法的角度来思考，美国的知识产权损害赔偿范围不仅包括了销量的减损，还包括了价格侵蚀、非

---

① 参见周婉君：《专利侵权赔偿中实际损失的确定》，中南财经政法大学 2022 年硕士学位论文，第 10 页。

专利部分的附带损失、商誉损失等。[①] 德国专利侵权损害的赔偿范围包括了销量损失和价格侵蚀，并且实际损失还可以是非“近因“下的市场利润损失，例如包括消费者在购买专利产品时，错将侵权产品当成了专利产品并进行购买的情况。[②] 我国有学者通过对知识产权的价值进行分析，认为知识产权的价值主要表现为销售数量的增加、提高产品销售单价、降低产品生产成本等而产生的财产利益，因此知识产权侵权的实际损失范围主要包括：(1)知识产权人销售利润的减少；(2)产品生产成本的增加而带来的利润损失；(3)侵权产品的存在导致知识产权人产品销售单价的降低而带来的损失。[③]

多数观点认为，实际损失的范围主要为专利权人的利润损失，其中包括销售利润损失、价格侵蚀、非专利部分的附带损失等。(1)销售利润损失：销售利润损失应当是利润损失的主体部分，其是指在专利权人对专利产品进行售卖时，侵权人的侵权行为导致专利产品销售数额的下降而使其受到的损失。引起销售量下降的因素错综复杂，有时并非完全由侵权人的侵权行为导致，因此要对销售量的下降与侵权人的侵权行为进行因果关系上的论证；专利权人专利产品下降的总销售量中，只有与侵权人侵权产品的售卖有因果关联的部分才需要侵权人进行赔偿。侵权产品与专利产品应当处在同一市场之中，其功能相似，价格对等，可以形成一定的竞争关系，否则有购买侵权产品需求的消费者并不一定有购买专利产品的需求，即使侵权产品并没有投入市场，消费者也不会转而购买专利产品，令专利权人获得这部分销售量。(2)价格侵蚀：价格侵蚀损失是指由于侵权人的侵权产品的出现，专利权人不得不下调自己的销售价格以保持自己产品在市场中的竞争力而造成的损失。我国法律并没有对价格侵蚀损失有所规定；不过美国于 1886 年的耶鲁诉萨金特案[④](Yale v.

---

① 参见黄武双、阮开欣、刘迪等著译：《美国专利损害赔偿：原理与判例》，法律出版社 2017 年版，第 4 页。

② 参见胡晶晶：《专利侵权损害赔偿额之确定——中德日比较研究》，华中科技大学出版社 2019 年版，第 50 页。

③ 参见范晓波：《知识产权的价值与侵权损害赔偿》，知识产权出版社 2016 年版，第 93 页。

④ See Yale Lock Manufacturing Co. v. Sargent, 117 U. S. 536, 6 S. Ct. 934(1886).

Sargent)中肯定了价格侵蚀损失的存在,其在专利侵权损害赔偿的计算中越来越具有影响力。现实的竞争是复杂而开放的,专利权人和侵权人都具有主观能动性,会通过上升、下调价格来干预产品销售状态,更好地保持自身产品竞争的优势。因此,专利权人若想主张得到价格侵蚀赔偿,便需要证明侵权行为与价格侵蚀之间的因果关系,即侵权人的侵权行为导致了专利权人被迫以比预期价格更低的价格进行售卖,这种因果关系包含了两种情况:第一种是侵权产品投入市场,专利权人被迫降低专利产品的价格;第二种是侵权产品投入市场,专利权人被迫放弃了本来提高价格的计划而维持了原价格进行出售。若侵权人能够证明专利产品价格的下降是因为非侵权因素,那么其可以免于价格侵蚀损失的赔偿。价格侵蚀损失的数额是专利权人实际销售数量与流失的销售数量之和与专利产品被侵蚀部分的价格的乘积。(3)非专利部分的附带损失:在计算专利权人的实际损失时,通常不会考虑非专利产品的损失;但是若专利产品与非专利产品的销售紧紧地捆绑在了一起,那么此时非专利产品的利润损失也可以算在专利权人的实际损失之中,这被称为整体市场价值规则。整体市场价值规则在不断扩张,最初整体市场价值规则只能适用于单独的整体的产品,后来可以适用于与专利产品物理上可以分离的非专利产品,但是该非专利产品与专利产品应当组合在一起构成一个独立的组装物;再后来可以适用于专利产品的备件,虽然不要求组装在一起,但是必须搭配销售和使用。[①] 将非专利产品的利润损失也纳入实际损失的范围之中是需要审慎对待的,在适用整体市场价值规则时应当有严格的标准,美国在司法实践之中总结出3个条件:首先,专利的技术特征是整个产品吸引消费者进行购买的基础;其次,非专利产品和专利产品处于合理的捆绑销售的状态;最后,非专利产品和专利产品必须结合起来才能发挥既定的单个功能。[②]

销售利润损失的计算方式仅在权利人已经实施其专利,通过专利技术制造并销售了对应专利产品的情形下适用,若权利人还没有来得及实

---

① 参见范晓波:《知识产权的价值与侵权损害赔偿》,知识产权出版社2016年版,第98页。

② 参见和育东:《美国专利侵权救济制度研究》,中国政法大学2008年博士学位论文,第98页。

施其专利，那么显然其并没有销售利润损失一说，此时应当适用其他的损害赔偿计算方式。不过，如果专利权人在一定市场范围内制造并销售了其专利产品，并且侵权人的侵权产品的销售市场覆盖了专利权人的市场，那么此时适用权利人的实际损失标准就会无法填平其所有损失。对此，也有学者认为实际损失的范围应当包括两部分：一是在专利权人自己实施专利的情况下，专利权人的实际利润损失；二是在专利权人不实施专利或者不能充分有效地实施专利的情况下，专利权人的许可费损失。[①]

二、实际损失赔偿数额的计算

权利人的实际损失主要为其销售利润损失，其针对的是专利权人自己实施专利的情形，侵权产品的出现会占据专利权人的市场份额导致专利产品的销量下降，造成专利权人销售利润的损失。最高人民法院公布的《审理专利纠纷若干规定》第 14 条第 1 款规定："专利法第六十五条规定的权利人因被侵权所受到的实际损失可以根据专利权人的专利产品因侵权所造成销售量减少的总数乘以每件专利产品的合理利润所得之积计算。权利人销售量减少的总数难以确定的，侵权产品在市场上销售的总数乘以每件专利产品的合理利润所得之积可以视为权利人因被侵权所受到的实际损失。"从该条规定之中，可以得出权利人的实际损失有两种计算方式，首选方式是通过将专利权人因他人侵权而减少的销售量总数乘以专利权人专利产品的合理利润来判定，在专利权人销售量下降的数额无法确定的情况下，可以使用第二种方法，即推定侵权产品在市场上销售的数额为专利权人本应得到的市场份额，利用侵权产品的销售总数乘以专利权人的专利产品的合理利润来确定。在对专利权人销售利润损失进行计算时，要先明确专利权人流失的销售量，再确定专利权人专利产品的合理利润。

1. 销售量流失的计算方式

实际损失的两种计算方式给定了两种计算销售量流失的角度，第一

---

① 参见崔国斌：《专利法：原理与案例》（第 2 版），北京大学出版社 2016 年版，第 839 页。

种方式首先需要对专利权人产品销售量减少的总数进行确定,确定后再将总数乘以专利产品的合理利润得出赔偿数额。专利权人利用专利权获取利益的方式之一是使用自己的专利制造专利产品,并投放市场销售以换取销售利润。此时,若有侵权人将生产出的侵权产品投放入市场之中,因为省去了研发成本,因此侵权产品售出价格必然比原专利产品更便宜,消费者转而购买侵权产品,专利产品的销量流失,专利权人的销售利润也继而被侵权人抢占。在现实案件中,专利产品销售量因侵权而减少的表现形式主要有两种:(1)专利权人的专利产品处在一个稳定的销售状态,销售曲线平稳,销售数量既不增多也不减少,但是自从侵权产品出现在市场中后,这种稳定的销售状态被打破了,专利产品的销售数量急剧下滑,甚至可能停滞。在这种表现形式下,专利产品销售量减少的总数的计算方式是将在侵权行为发生的合理期限内专利产品本应当销售的数量减去在该期限内专利产品实际销售出去的数量。(2)专利权人的专利产品较为新颖,处于开拓市场的阶段,产品销售数量一直攀升,销售曲线呈上扬趋势,此时价格低廉的侵权产品投入了市场,使得本应当一直升高的专利产品的销量态势被打破,专利产品的销量没有按照预期的上升曲线增长,其上升速度减缓甚至处于下滑的状态。此时专利产品销售量减少的总数的计算方式是将在侵权行为发生的合理期限内专利产品按照原本上升的销售曲线所应当达到的合理预期销售数量减去该期限内专利产品实际的销售数量。①

专利权人若主张以自己的实际损失来确定损害赔偿数额,则需要提供证据证明上述两种表现形式的存在。专利侵权案件之中,专利权人通常会提交其相关审计报告和财务资料,包括记载产品销售情况的账册、报表等,来对自己的专利产品销量损失的数额进行证明。② 不过这些证据并非一经专利权人提交就会立刻被当成损害赔偿数额确定的佐证,法院应当考虑其他因素对于专利产品销售量的影响,例如市场中出现其他非

① 参见周婉君:《专利侵权赔偿中实际损失的确定》,中南财经政法大学 2022 年硕士学位论文,第 24 页。

② 参见张元光:《知识产权损害赔偿制度研究》,知识产权出版社 2018 年版,第 5 页。

侵权的专利产品替代品、专利权人自身经营不善、产品更新换代等,综合这些因素根据专利权人提供的证据判断专利产品销售量的减少与侵权行为之间的因果关系,剔除出与侵权行为无关的减少的产品销售数额,避免僵硬地将专利产品的所有下降的销售数额都归咎于侵权人的侵权行为。尽管以专利产品的销售量流失来计算专利权人的实际损失是最为直接的计算方式,但是在实践之中,这极为困难。产品销量本就处于一种上下波动的状态,销量减少的原因错综复杂,专利权人通常难以证明其产品销量的减少是侵权人的侵权行为所导致的而非其他,因此,专利权人往往会选择第二种方式来计算其实际损失。

第二种方式是以侵权人在市场中出售侵权产品的数额乘以专利权人销售专利产品的合理利润来确定专利权人的实际损失。此种方式实质上是将侵权产品的销售量推定为专利权人遭受侵权后减少的专利产品销售量。这是一种更为灵活、更符合实际情况的计算方式,其背后最基础的逻辑是侵权人每销售一件侵权产品,就挤占了一份专利权人专利产品的市场份额,使得专利权人少售卖一件专利产品,损失一件专利产品的销售利润。确定侵权产品在市场中销售数量的方式繁多,需要根据具体的案件情况灵活应对。首先,法院可以通过查看侵权人的账目表、业绩报告、税务申报表等资料来确定侵权产品的销售数额。其次,针对不同的案件情况,法院还可以对侵权人的工厂进行考察,通过工厂中的大型生产设备的数量、生产设备生产产品的效率、操作生产机器的工人数量等数据来推算出工厂在实施侵权行为的合理时间内制造出的侵权产品的数量。在现今互联网时代的高速发展下,许多公司在电商平台中都有网店,侵权产品的销售量在平台内皆有记录,权利人可以申请调取侵权人网店的销售数额,例如在陆逊梯卡集团股份有限公司诉深圳市艾思默贸易有限公司一案[①]中,原告将被告在各个平台的网店销售数据作为了损害赔偿数额确定的重要依据;还有许多公司会在自己的宣传网站之中公布自己的销售数据,因此还可以从公司的宣传资料之中找到可供参考的销售数据,例如在“结

---

① 参见广东省深圳市福田区人民法院民事判决书,〔2018〕粤0304民初34027号。

固式锚栓”实用新型专利侵权案[①]中,原告以被告对外宣传的经营规模为依据,计算出了损害赔偿数额,被告虽然抗辩说该经营规模属于夸大宣传,但是并没有提交证据去证明其实际侵权经营规模,因此法院全额支持了原告确定的损害赔偿数额。最后,还有获取侵权产品销售数量的特殊途径。专利侵权行为具有隐蔽性,很多关于侵权产品的销售数据的证据都在侵权人的掌控之下,在专利权人进行维权时相关证据很有可能已经被侵权人隐藏甚至销毁,这导致了专利权人的“举证难”,我国利用举证妨碍制度来降低专利权人的举证难度。举证妨碍制度在第六章第一节第二部分中有所介绍,值得说明的是有时侵权人会拒绝提供相关证据资料或者提供虚假的证据资料,那么法院就可以以专利权人的主张和提供的证据为主要依据,结合具体的案件情况来确定损害赔偿数额。举证妨碍制度实际上将权利人的一部分证明责任再分配给了侵权人,减轻了专利权人的维权压力,合理地提高了专利侵权损害赔偿的数额。不过举证妨碍制度在具体运用时,对专利权人的证明标准要求很高,需要达到高度盖然性的要求,也就是说,专利权人主张的可能性需要达到75%以上,这使得多数案件中权利人主张的证据妨碍都不成立。有学者提出可以降低初步证据的证明标准,采取优势证明标准,只要专利权人主张的可能性大于其不可能性就证成,即专利权人主张的可能性大于50%,侵权人就构成证据妨碍。[②]

但是在确定侵权人的侵权产品销售量后,能够直接利用其销售量来推定专利产品销售数量的减少吗?我国法律对此并没有明确的规定。有观点认为我国采取的是“推定主义”,即专利权人在其销售流失量难以确定的情况下,可以直接采用侵权产品的销售量来替代计算赔偿金,而无须举证证明其中的因果关系。[③] 这其实将侵权产品的销售数额等同于专利

---

① 参见最高人民法院民事判决书,〔2021〕最高法知民终1066号。

② 参见梁伟、褚衍文:《证据妨碍排除规则适用异化的矫正——基于知识产权案件中侵权人获利降格证成的分析》,载《山东法官培训学院学报》2020年第4期。

③ 参见韩畅:《我国专利侵权损害赔偿制度研究》,广西师范大学2019年硕士学位论文,第11页。

产品的销售量减少的数额，根据专利权的排他性，这种方式的逻辑内核自然是合理的。但是现实的消费市场极为复杂，侵权产品、专利产品的销售量并非理想的线性曲线，引起波动的因素仅有双方销售量的变化。侵权产品销售量的增加既有专利技术的贡献，也有可能有侵权人自己的经营策略、非专利技术因素的加成等原因；专利产品销售量的减少既有侵权产品抢占了其市场的原因，也有可能有其他非侵权专利产品替代品对市场的抢占、专利权人自身经营能力欠缺等原因。因此侵权产品的销售量与专利产品销量的流失量并非完全一致，然而在我国的司法实践之中，对于因果关系的判断存在"全有或全无"的倾向。所谓"全有"，是指对于公式之中的变量的数据只要提供证据得以证明，则将这些数据全部用作实际损失数额的计算，即只要证明了侵权产品的销售量，就将证明过的数据全部推定为专利权人的销量损失。所谓"全无"，是指过于强调因果关系的复杂性，认为权利人提供的证据不能说明侵权产品的销量等同于专利权人的销售损失，因此直接排除实际损失的适用，改用其他算法。在计算专利权人的实际损失时，只有充分考虑侵权人的侵权行为与专利权人销售量损失的关联性，才能判定出合理的、适宜的损害赔偿金额。

2. 因果关系的判断方法

专利权人希望以自己的实际损失为标准进行损害赔偿数额的计算，就应当证明侵权人的侵权行为与其损失之间存在因果关系。我国法律对于该因果关系缺乏明确的规定，使得实践中各地法院对此理解不同，很多案件的判断标准不一，确定的损害赔偿数额参差不齐。从比较法来看，美国对于专利侵权行为与专利权人的实际损失之间的因果关系有着长期的探索。侵权责任制度中，因果关系可以分为事实上的因果关系和法律上的因果关系。美国于 1853 年西摩诉麦考密克案[①]（Seymour v. McCormick）中，提出被告销售量与原告销售流失之间具有因果关系，该因果关系是需要证明的事实问题，而不能由法律推定成立；在 1995 年瑞泰集团（Rite-

① See Seymour v. McCormick, 57 U. S. (16 How.) 480 (1853).

Hite Corp.)案[1]中,法院将法律上的因果关系引入专利侵权损害赔偿的数额确定中。[2]

(1)事实上的因果关系

美国密歇根州第六巡回法院于1978年潘蒂特公司诉斯塔林兄弟电缆公司案[3](Panduit Corp. v. Stahlin Bros. Fibre Works,Inc.)中提出了潘蒂特四要件标准,该标准是对于之前一直运用于专利赔偿领域的"若非"标准的具体细化。"若非"标准认为实际损失的赔偿范围应当是假设不存在侵权人的侵权行为,专利权人原本预期可以获得的收益范围。潘蒂特四要件标准在此基础之上,提出专利权人若想获得以实际损失为基础的损害赔偿,需要证明4个要件。要件一:专利产品在市场上具有需求;要件二:市场上不存在非侵权的专利产品的替代产品;要件三:专利权人具有满足市场需求的能力;要件四:在满足市场需求的前提下,专利权人所应获得的利润金额。潘蒂特四要件对于确定专利权人的实际损失具有重要的意义,以下对这4个要件进行更深入的分析。

要件一要求专利产品在市场上具有需求,若专利权人的专利产品在市场上并没有需求,那么即使专利权人将专利产品生产制作出来并投入市场,也不会有消费者去购买,自然也不可能会因为侵权行为而遭受销售量的减损。不过这一要件的前提在于侵权产品与专利产品实质上是相同的,两者的需求可以互相替换,处于同一竞争关系之中,否则购买侵权产品的消费者即使在侵权产品没有出现的情况下也不会转而去购买专利权人的专利产品。[4] 专利权人在证明专利产品具有市场需求时,一般会利用侵权产品的市场销量来推定其专利产品具有市场,因为专利侵权行为成立之后,侵权产品已经覆盖专利产品的技术特征,具有专利产品所有技术特征的侵权产品的销量是专利产品具有市场需求最便捷有力的证明。[5]

---

[1] See Rite-Hite Corp. v. Kelley Co. ,Inc. ,56 F.3d 1538,1566(1995)(Judge Nies Dissenting).

[2] 参见和育东:《美国专利侵权救济制度研究》,中国政法大学2008年博士学位论文,第79页。

[3] See Panduit Corp. v. Stahlin Bros. Fibre Works,Inc. ,575 F. 2d 1152,197 USPQ 726 (6th Cir. 1978).

[4] See BIC Leisure Products,Inc. v. Windsurfing Intern. ,Inc. , 1 F.3d 1214(1993).

[5] See Gyromat Corp. v. Champion Spark Plug Co. ,735 F.2d 549,552(Fed. Cir. 1984).

要件二要求市场上不存在非侵权的专利产品的替代产品，该要件是4个要件之中的核心要件，也是司法实践之中最容易产生争议的一个要件。该要件要求专利产品与侵权产品在同一市场中进行竞争时，市场中不能出现可接受的专利产品的非侵权替代品，否则消费者在按照自身需求进行产品购买时，除了购买侵权产品、专利产品外还有第三种选择，专利产品销售数量的下降就不一定可以完全归咎于侵权产品。只有在市场中并不存在替代产品的情形下，专利产品和侵权产品才会呈现一个非此即彼的关系，此时消费者在具有购买需求时只能选择专利产品或者侵权产品，专利产品销售下降的数量与侵权产品销售增加的数量完全一致。在认定哪些是可接受的非侵权替代产品时，美国法院在早期判决中强调可接受的非侵权替代品必须覆盖专利产品的所有核心技术特征或者说优势技术特征，有学者将其定义为技术特征法。[①] 但是技术特征法对于非侵权替代品的要求极高，非侵权替代品既要具备专利产品的所有优势技术特点，又不能侵犯专利权，侵权人几乎不可能找到这样的一个非侵权替代品来推翻要件二，因此法院多认定要件二成立。随后，美国法院试图扩张非侵权替代品的范围，从关注技术特征的角度转而走向市场角度，认为可接受的非侵权替代品应当与侵权产品和专利产品处在同一竞争市场之中，该方法被称为市场分析法。[②] 市场分析法剥离了技术特征在判定要件二中的作用，从消费者的角度去判定非侵权替代品，认为若非侵权替代品处在专利产品和侵权产品共同存在的市场之中，那么消费者就可能转而购买非侵权替代品，而不是专利产品或侵权产品。市场分析法中的市场主要从价格和产品功能两个方面来确定，因为这是消费者在购买产品时最重要的两个考虑因素，若非侵权替代品与专利产品和侵权产品功能相似，价格也在同一水平线上，那么在消费者视角中非侵权替代品与专利产品和侵权产品皆符合其购买需求。市场分析法相较于技术特征法，降

---

① 参见和育东：《专利侵权赔偿中的技术分摊难题——从美国废除专利侵权"非法获利"赔偿说起》，载《法律科学（西北政法大学学报）》2009年第3期。

② 参见和育东：《专利侵权赔偿中的技术分摊难题——从美国废除专利侵权"非法获利"赔偿说起》，载《法律科学（西北政法大学学报）》2009年第3期。

低了非侵权替代品的证明难度,更为科学合理。

要件三要求专利权人具有满足市场需求的能力,即专利权人既然主张这些侵权产品的销量本应由他获得,那么其理应具有生产侵权产品销售数量加上自身专利产品销售数量的能力,并且还有将这些规模的产品都销售出去的能力。专利权人在证明自己具有满足市场需求的制造能力时,通常需要证明自己具备提高生产制造规模的潜力,比如其可以通过增加生产设备数量、扩大人力、许可潜在第三方制造销售来达到所需具有的生产规模。专利权人还需要证明自己的销售能力可以满足市场需求,例如其具有扩张销售渠道的能力。如果侵权人能够证明专利权人无法在侵权人销售的地区进行销售,那么该地区的侵权产品销售数额自然与专利产品销售数量损失没有关联。

要件四是在满足市场需求的前提下,专利权人所应获得的利润金额,也就是说,专利权人需要证明其失去的利润的具体数额。在专利侵权损害赔偿领域,因果关系对于侵权人所需承担的损害赔偿范围有着重要的决定作用,因果关系的存在是为了确定损害赔偿的数额。专利权人若能够证明未经侵权,其本应获得的销售利润的数额,那么也就反过来验证了专利侵权行为与专利权人实际损失之间的因果关系。对于专利权人的销售利润损失的具体计算和证明,本节第一部分中已经有所说明。

潘蒂特四要件标准并非确定专利权人实际损失的唯一理论,其有自己的局限性,若市场之中存在专利产品的非侵权替代品,那么其就失去了其效用。但是这并不代表,市场中存在专利产品的非侵权替代品,专利权人的实际损失就无法再确定了,在1989年的国有工业公司一案①中,美国法院提出了市场份额规则,对于潘蒂特理论的要件二进行了扩张,专利权人可以根据自己的产品以及合法竞争产品在市场中所占据的比例来推定侵权产品的销售量中有多少份额本应是由专利权人获得的。在此案中,原告的产品在市场中占据40%的份额,剩余的60%的份额由侵权人的产

---

① See State Industries, Inc. v. Mor-Flo Industries, Inc. ,883 F. 2d 1573 (Fed. Cir. 1989), cert. denied,493 U. S. 1022 (1990).

品和其他合法竞争产品所占据。若按照原先的潘蒂特理论,由于市场中有其他非侵权替代品不符合要件二,所以无法适用其来确定专利权人的实际损失。但是原告提出其产品在市场中占据40%的份额,如果没有侵权行为的发生,其应当能够得到侵权产品销售总数的40%,法院支持了原告这一观点。市场份额理论虽然对潘蒂特理论要件二进行了进一步的细化,但是该要件依旧有自己的局限性。在比克(BIC)一案[①]中,美国法院指出适用市场份额理论的前提是专利产品与侵权产品同处于一个市场,如果专利产品与侵权产品由于价格、功能等因素而不应视为在同一个市场,双方没有实质相似性,那么专利权人不应当按照自身产品的市场份额分割侵权产品的销售数额。

(2)法律上的因果关系

在确定专利权人的损失和侵权人的侵权行为有事实上的因果关系之后,并非所有的专利权人的损失都应当得到赔偿,还需要通过法律上的因果关系的检验,从法律层面上对侵权人应当承担的损害赔偿责任进行界定。美国于1995年的瑞泰集团案[②]中首次引入了法律因果关系,提出“可预见性”标准,认为侵权行为与专利权人的实际损失之间的法律因果关系在于侵权人在市场上开展竞争时,是否已经或者应当对权利人受到的损害合理预见,如果侵权人应当或者已经预见,那么对该可预见性的损失范围其应当承担赔偿责任。瑞泰集团案中被告侵犯了原告其中一项专利产品,并与另一项非专利产品形成竞争关系,法院根据可预见性标准,判定被告不仅要赔偿原告专利产品的销售利润损失,还要赔偿原告非专利产品的销售利润损失。美国法院在瑞泰集团案中指出,证明专利产品销量的流失与侵权行为之间存在事实上的因果关系之后,还需要适用侵权法的一般原则,在法律因果关系上对已经确定的赔偿范围进行进一步的限制。一般来说,侵权人应当在实施侵权行为时对专利权人所受到的损失有合理预见,需要在可以合理预见的损失范围内进行损害赔偿,例如

---

① See BIC Leisure Products, Inc. v. Windsurfing Intern., Inc., 1 F.3d 1214(1993).

② See Rite-Hite Corp. v. Kelley Co., Inc., 56 F.3d 1538, 1566(1995)(Judge Nies Dissenting).

侵权人在实施侵权行为后导致专利产品销售数额大幅下降,专利权人因此焦虑生病,这并不属于侵权人能够合理预见的损失。这种"可合理预见"不是从具体的侵权人的角度来判定,而是站在一个"理性人"的角度,判断该损害赔偿范围是否可预见。"可预见性"标准表面上对专利侵权损害赔偿数额的范围进行了法律层面的限制,但实质上延伸了专利赔偿的因果链条,甚至可以将保护范围延伸到非专利产品上,强化了对于专利权的保护。①

3. 合理利润的计算

根据我国《审理专利纠纷若干规定》的规定,在确定专利权人销售数额的流失量之后,还要确定专利权人专利产品的合理利润。我国法律对于专利产品的合理利润并没有明确的定义,究竟怎样算合理,司法实践之中法院的认知也并不统一。重庆市高级人民法院给出解释,认为合理利润一般指净利润,只有在以净利润为基础计算的数额无法弥补专利权人的全部损失时,法院才可以根据案件的具体情形,结合自身经验选择适用营业利润或销售利润进行计算。② 所谓销售利润,是指产品的销售收入减去产品销售成本、产品销售费用和产品销售税金及附加的差值;营业利润是从销售利润中扣除企业管理费用、财务费用、营业费用等得到的数额;净利润是指营业利润扣除企业所得税的金额,即企业的税后利润。这三种形式的利润都是收入减去成本,只是成本的构成要素并不相同,因此最终计算得出的数额大小也不尽相同。对比这三种形式,可以看出营业利润相较于销售利润,多扣除了企业管理费用、财务费用等,因此通常营业利润的数额会低于销售利润;净利润在营业利润的基础上扣除了企业所得税,所以净利润的数额通常会低于营业利润。三者之间,销售利润的数额最高,营业利润次之,净利润的数额最低。合理利润究竟采取哪一种形式,法律并没有明文进行规定,虽然重庆市高级人民法院给出了自己的见解,但对此依旧质疑、争议不断。在司法实践之中,专利权人对于自身

① 参见和育东:《美国专利侵权救济制度研究》,中国政法大学2008年博士学位论文,第92页。

② 参见重庆市高级人民法院《关于确定知识产权侵权损害赔偿数额若干问题的指导意见》第6条。

提出的合理利润的主张，需要提交证据予以证明，一般可以通过审计报告和专利产品的报价单据以及销售发票来举证；在专利产品的利润率难以举证计算时，法院可以根据案件具体情况确定一个合理的利润率。[①] 例如在华某平、合肥安迪华进出口有限公司、上海斯博汀贸易有限公司与如东县丰利机械厂有限公司、南通天龙塑业有限公司侵害专利权纠纷一案[②]中，一审法院认定产品利润率为15%，原告认为利润率过低，主张利润率应为44%；被告认为利润率过高，但未有充分的证据。二审法院认为原告、被告皆不能准确地证明相关专利产品或者侵权产品的利润率，其结合了侵权人具有明显主观过错、侵权人自认的侵权产品的利润率、权利人主张的专利产品的利润率以及专利产品和侵权产品本身价值等因素，确定合理利润率为涉案产品销售价的15%。司法实务中也提出在各项利润形式无法准确获得时，可以参考行业平均利润来确定合理利润，行业平均利润一般会由官方统计机构或行业协会进行调研公布。[③] 从比较法来看，美国所采取的合理利润为边际利润，所谓边际利润，是指专利产品的销售价格减去可变成本的差值。可变成本与固定成本是相对的概念，可变成本是指随销量变化而变化的成本，例如原材料、运输费用等；固定成本是指在一段时间内不被产品销售量的变化而影响的成本，例如场地租金、生产设备等。一般而言，即使侵权人并不实施侵权行为，专利权人为了制造销售专利产品也必然要投入资金购买固定成本。专利权人生产专利产品的数量增加至原先专利产品的销售数量加上侵权产品销售数量的总数时，其所付出的固定成本也不会变化，因此在计算专利权人的实际损失时，不应当将固定成本的投入纳入其中。我国所采取的三种利润形式，实质上已经将固定成本纳入其中作为成本的一部分，若转而用边际利润的计算方式进行替代，可以提高损害赔偿的数额，加大对专利权人的保护。

---

① 参见张元光：《知识产权损害赔偿制度研究》，知识产权出版社2018年版，第13页。

② 参见最高人民法院民事判决书，(2007)民三终字第3号。

③ 参见周婉君：《专利侵权赔偿中实际损失的确定》，中南财经政法大学2022年硕士学位论文，第34页。

第二节　以侵权人的侵权获利确定损害赔偿数额

一、侵权获利的界定

侵权人非法获利，是指侵权人因为自身的侵权行为而获得的违法利润。以侵权人的侵权获利来确定专利权人所应获得的损害赔偿数额，就是推定侵权人的侵权获利金额为专利权人在侵权行为中所遭受的损失数额。我国在《专利法》之中对侵权获利这种损害赔偿数额计算方式有所规定，2020 年修正的《专利法》第 71 条第 1 款规定专利侵权损害赔偿数额可以根据专利权人的实际损失或者侵权人因为侵权所获得的利益确定。在原先 2008 年《专利法》第 65 条中，专利权人的实际损失和侵权人的侵权获利两种计算方式是有适用的先后顺序的，只有在专利权人的实际损失难以确定的情形下，才可以按照侵权人在侵权行为之中的获利来确定，而 2020 年《专利法》删去了这两种计算方式的顺位使用，规定无须审查专利权人的实际损失，侵权获利赔偿计算方式与实际损失计算方式同属第一顺位的损害赔偿方式。不过侵权获利是否应当独立作为损害赔偿算法一直有所争议。有学者认为侵权所得应当被纳入专利权人利润损失的一部分，在证明侵权人侵权所得与专利权人实际损失有因果关系的前提下才能适用，不能将不受因果关系规制的侵权所得直接作为专利损害赔偿的依据。①

从比较法的角度来看，1870 年《美国专利法》将侵权获利标准明确写入其中，但在 1946 年修改时引入了合理许可费制度并废除了侵权获利标准。侵权获利标准在大部分国家都得以适用，甚至美国在版权法、商标法和外观设计专利权法上也依旧将侵权获利作为损害赔偿数额计算的标准之一。美国唯独对专利制度如此特殊，废除了侵权获利计算标准，有学者

① 参见崔国斌：《专利法：原理与案例》（第 2 版），北京大学出版社 2016 年版，第 873 页。

无奈地认为这是难以解释的“理论谜团”。[①] 美国国内对于专利法是否废除了侵权获利制度也有所争议,美国最高法院在阿罗案中明确侵权人的非法获利与专利权人的金钱损失即赔偿金是共存于 1946 年之前的专利法中的,但是自 1946 年《美国专利法》修改之后,只留有赔偿金的概念于专利法中,因此非法获利标准已被删除。美国废除非法获利标准的原因主要在于技术分摊规则在适用上的困难,美国在计算非法获利金额时需要在侵权人的所有利润中剥离出非因侵犯专利权而获得的那部分利润。对此,美国法院由于实践之中技术分摊规则证明的困难性,对技术分摊规则产生了质疑。美国法官勒尼德·汉德提出技术分摊的证明几乎是不可能的,将发明创造的改进和原有技术进行区分,并分别量化出其对于利润的贡献是一个难以完成的任务,证明责任的分配将决定案件最终的结果。[②] 美国废除侵权获利计算标准背后的价值基础是实用主义,在无法解决技术分摊难题的情况下,选择废除非法获利标准,从而得以限制专利侵权救济。[③]

德国首先于 1874 年在著作权案件之中确定了侵权获利标准,而后在 1890 年首次在专利案件之中利用侵权获利标准确定损害赔偿数额。《德国专利法》第 141 条规定,若侵权人因为自己的侵权行为而使权利人受损并自己得利,参照适用《德国民法典》第 852 条第(2)款规定。《德国民法典》第 852 条规定,侵权人对权利人造成损失并因此得利时,具有依据不当得利规定返还得利的责任。[④] 德国对于侵权获利返还的请求权基础也有许多争议,德国帝国法院认为侵权获利的请求权基础在于不真正无因管理;也有学者试图调和各种争论,认为损害赔偿、不当得利、无因管理共同组成了侵权获利返还请求权的基础。[⑤] 德国将专利权人的侵权获利拟

---

① See Blair R. D. & Cotter T. F., *Intellectual property economic and legal dimensions of rights and remedies*, Cambridge University Press, 2005, p. 1 – 304.

② See Cincinnati Car Co. v. New York Rapid Transit Corp. (1933).

③ 参见和育东:《美国专利侵权救济制度研究》,中国政法大学 2008 年博士学位论文,第 46 页。

④ 参见张鹏:《专利侵权损害赔偿制度研究——基本原理与法律适用》,知识产权出版社 2017 年版,第 237 页。

⑤ 参见胡晶晶:《专利侵权损害赔偿额之确定——中德日比较研究》,华中科技大学出版社 2019 年版,第 81 页。

制为专利权人的损失,从而避免了对两者因果关系的证明,不过这种法律拟制是可以被相反证据推翻的。[①]

以侵权获利作为专利侵权损害赔偿计算标准的做法虽然已经在法律上得以承认,但是其请求权的基础一直有所争议。侵权人的侵权获利为什么可以用来作为专利权人所受损失的补偿,有以下观点。专利权人所受到的损失数额与侵权人的侵权获利并非等同,侵权获利的返还是为了剥夺侵权人非法获得的利润,人不应当从自己的不当行为之中获得利益,所以侵权人在侵权行为之中所获得的所有利益都应当返还,只有侵权人无法从侵权行为中获得利益,才能够彻底地预防专利侵权行为的发生。有关侵权获利返还的请求权基础主要有三种学术观点,分别是不当得利返还说、损害赔偿说和无因管理说。

不当得利返还说认为专利权人可以要求侵权人返还自己所获得的非法利益的基础在于不当得利请求权。不当得利是指在没有法律根据的情况下,得利人得到了利益而使他人受到了损失,因此需要将所得到的不当利益返还给他人。[②] 我国《民法典》第 985 条规定了不当得利,许多学者之所以主张以不当得利来请求侵权人返还自己的侵权所得,是因为侵权人的侵权获利与不当得利具有高度的一致性,都是在没有合法依据的情形下,一方受到损失,另一方获得利益。虽然不当得利也要求受害者的损失与加害人的获利具有因果关系,不过根据我国《民法典》第 122 条[③]的规定,不当得利所采取的是非直接因果关系,也就是说只要加害人取得不当得利的行为与受害者的损失具有牵连关系即可。有支持不当得利返还说与损害赔偿说竞合的学者认为不当得利和损害赔偿可以在侵权人有主观过错时竞合,不当得利相对于损害赔偿具有两个优点:(1)其并不要求侵权人主观上具有过错,因此在侵权人没有过错的情形下,不当得利具有

---

① 参见胡晶晶:《专利侵权损害赔偿额之确定——中德日比较研究》,华中科技大学出版社 2019 年版,第 83 页。

② 参见王利明主编:《民法》(第 9 版)(下册),中国人民大学出版社 2022 年版,第 350 页。

③ 参见《民法典》第 122 条:因他人没有法律根据,取得不当利益,受损失的人有权请求其返还不当利益。

无可替代的优势；(2)在权利人与侵权人不处在同一竞争市场时，或在其他难以确定权利人损失和侵权人侵权行为之间的因果关系的情形下，专利权人的实际损失无法计算，此时可以利用不当得利请求权来要求侵权人返还自己的非法收益。[①] 不过持反对意见者认为，不当得利的返还范围并不够明确，侵权获利中侵权人也会有自己的贡献部分，例如侵权人的营销手段等，如何将侵权人的贡献从侵权获利中进行剥离是一个难以解决的问题。[②]

损害赔偿说的观点是将侵权人的侵权获利推定为专利权人所受到的损失。侵权人在侵权行为之中的获利主要分为两种：第一种是侵权人的侵权行为使得其积极财产增加；第二种是侵权人本应向专利权人支付专利许可费，但是其并没有支付，因此获得了消极利益。[③] 损害赔偿说认为，侵权人在市场之中所占据的市场份额，本应当是专利权人的，因此侵权人每销售出一件侵权产品，便占据了专利权人一份利润，专利权人所受到的损害数额与侵权人的获利数额具有一致性。反对观点认为，侵权人的获利被推定为专利权人的损失较为牵强，缺乏系统的论证，侵权人的侵权获利有一部分并非因为侵权行为的发生而获得，也可能因侵权人自身的营销经营能力而获得，若将侵权人经营获得的所有利益都归为专利权人的损失，可能反而会使专利权人不当得利。[④]

无因管理说将专利侵权人视为管理专利权人合法利益的管理人，将专利侵权人在侵权行为中的侵权获利视为在不真正无因管理过程中合法行为所产生的价值增值，并要求侵权人返还。[⑤] 无因管理是指在并无法律上或约定上的义务时管理他人事务的行为，根据行为人的目的是否出

---

① 参见范晓波：《知识产权的价值与侵权损害赔偿》，知识产权出版社 2016 年版，第 115 页。

② 参见胡晶晶：《知识产权“利润剥夺”损害赔偿请求权基础研究》，载《法律科学(西北政法大学学报)》2014 年第 6 期。

③ 参见张晓霞：《侵权获利返还之请求权基础分析——以第三次修订的〈专利法〉第 65 条为出发点》，载《知识产权》2010 年第 2 期。

④ 参见张晓霞：《侵权获利返还之请求权基础分析——以第三次修订的〈专利法〉第 65 条为出发点》，载《知识产权》2010 年第 2 期。

⑤ 参见张鹏：《专利侵权损害赔偿制度研究——基本原理与法律适用》，知识产权出版社 2017 年版，第 242 页。

于自己的利益,可以分为真正无因管理和不真正无因管理。不真正无因管理又可以分为误信管理和不法管理,误信管理是指行为人误把他人的事务当成自己的事务来管理,不法管理是指行为人明知是他人的事物依旧当作自己的事务来管理。专利侵权人的侵权行为在此主要被视为不法管理,可以适用无因管理制度的规定。无因管理说认为适用无因管理请求权可以将赔偿的范围扩大至管理人因为管理行为所获得的利益,较为全面地令侵权人返还自己的获利。

二、侵权获利数额的计算

我国最高人民法院公布的《审理专利纠纷若干规定》第 14 条第 2 款规定:“专利法第六十五条规定的侵权人因侵权所获得的利益可以根据该侵权产品在市场上销售的总数乘以每件侵权产品的合理利润所得之积计算。侵权人因侵权所获得的利益一般按照侵权人的营业利润计算,对于完全以侵权为业的侵权人,可以按照销售利润计算。”其中的“专利法第六十五条”对应 2020 年修正的《专利法》第 71 条。除了采用侵权产品的总销售数量乘以侵权产品的合理利润这种计算方式,法院有时还会采纳其他的计算方式,例如在无法确定侵权产品的合理利润时,可以采取侵权产品销售总数乘以专利产品的合理利润的计算方式;在只有一部分侵权产品侵犯专利权时,可以采取侵权产品销售总数乘以侵权产品利润再乘以专利在侵权产品中的贡献比率来确定损害赔偿数额。①

1. 证明责任分配

有关侵权人侵权获利的资料大多是其账本资料、生产记录、侵权人的纳税登记、销售合同等,这些资料多掌握在侵权人手中,专利权人在举证的时候很难获得这些资料,如果僵硬地要求专利权人必须提供这些资料才能够获得侵权人的侵权获利,无疑会使多数专利权人无法请求侵权人返还侵权获利,变相地架空了侵权获利损害赔偿标准。对此,当前的做法是引入举证妨碍制度,在原告尽力举证的前提下,限于相关证据客观上由

---

① 参见崔国斌:《专利法:原理与案例》(第 2 版),北京大学出版社 2016 年版,第 874 页。

被告掌握,令被告承担提供相关证据的责任,对该制度的具体介绍位于第六章第一节第二部分。举证妨碍制度将举证责任的天平向侵权人靠拢,基于现实情况让侵权人合理地承担了较多的举证责任。不过有学者认为,举证妨碍制度对于权利人虽有所帮助,但依旧没有对证明规则的整体结构进行根本性的改善,证明责任应当更多地向侵权人倾斜,将侵权获利析出的证明责任归于侵权人承担。[①]

2. 侵权获利的计算

侵权获利计算公式中,对于侵权产品在市场中销售的总数的确定可以参考本章第一节中所提及的实际损失第二种计算方式中,侵权产品销售数额确定的方式。值得注意的是,我国财务制度管理并不到位,多数侵权人的财务统计极为混乱,有的小公司甚至并不设置财务账本,因此拿不出真实可靠的数据,有些公司为了偷税漏税等建立真假两套财务系统,故意隐匿一些证据,令权利人难以得到侵权人公司的实际侵权所得,所以法院要对侵权人所提交证据的真实性、完整性严格查证。[②]

根据《审理专利纠纷若干规定》第 14 条第 2 款的规定,侵权人侵权产品的合理利润在一般侵权行为下通常是指营业利润,只有当侵权人职业从事侵权行为时,合理利润才会采用销售利润。营业利润和销售利润该怎么计算,司法解释并没有进行进一步的明确,通说认为"营业利润"和"销售利润"二词是会计专业词汇,应当依据会计领域的计算公式来计算营业利润和销售利润。营业利润与销售利润具体计算方式可见第七章第一节第二部分。一般情形下,营业利润的数额要低于销售利润,营业利润更接近于侵权人因为侵权行为所获得的实际利润,按照营业利润来计算以侵权人侵权所得标准确定的损害赔偿数额更为合理。在侵权人完全以侵权为业的情况下,可以利用销售利润来计算损害赔偿金额,以体现损害赔偿制度的制裁功能。由于举证的困难性,各地法院在实践之中采取了一系列变通的利润计算方式,主要可以分为现实利润、行业平均利润和拟

---

① 参见杨涛:《知识产权侵权获利赔偿制度的完善路径》,载《现代法学》2020 年第 5 期。

② 参见林幼吟、彭新强、张筱锴:《知识产权侵权损害赔偿额的证据认定》,载《人民司法》2006 年第 9 期。

制市场利润,其中现实利润是最为常用的一种算法。(1)现实利润方式,是指通过对侵权人在市场中对于侵权产品的真实交易行为的查证,计算出侵权人实际在侵权活动中所得到的利润。现实利润方式在侵权人的账目清晰、真实可靠的情况下,应是最优先适用的计算方式,其可以最为真实地还原侵权人的实际非法获利数额。例如在武汉晶源环境工程有限公司诉日本富士化水工业株式会社、华阳电业有限公司侵犯发明专利权纠纷一案[①]中,法院以被告签订的合同、工程造价明细表来确定被告的合理利润。(2)行业平均利润方式,是指参考同类产品在市场中的平均价格或者国家有关部门公布的行业利润率来确定侵权产品的销售利润,其是在现实利润无法查清的情形下,能够得出最接近于侵权人实际非法获利数额的一种计算方式。浙江省高级人民法院在发布的《知识产权损害赔偿审理指南》中,提出可以按照行业平均利润来计算。在中国港中旅集团公司诉张家界中港国际旅行社有限公司侵害商标权及不正当竞争一案[②]中,法院在计算侵权人的经营利润时采纳的是全国旅行社的年度营业额和平均利润等数据,这些数据是由文化和旅游部官网考察公布的。在“雅马哈(YAMAHA)”商标侵权案[③]中,原告参照侵权产品的同类产品在市场中的平均价格来计算侵权产品的销售价格,法院支持了这一观点。(3)拟制市场利润,是指在现实利润和行业平均利润都难以准确计算的情况下,人民法院可以根据案件的具体情况,在客观事实的基础上拟制一个合理的利润率。在拟制市场利润的时候,人民法院要根据权利人的初步证据行使自身的自由裁量权。这个过程是主观性和客观性结合的过程,客观上,法院需要根据案件的客观情况严格执行市场利润的评价标准;主观上,并没有客观存在的市场利润以供参考,而是要根据法官的价值判断,对侵权产品的利润进行虚拟的拟制和评估。[④]

---

① 参见最高人民法院民事判决书,(2008)民三终字第8号。

② 参见湖南省高级人民法院民事判决书,(2015)湘高法民三终字第4号。

③ 参见最高人民法院民事判决书,(2006)民三终字第1号。

④ 参见杨涛:《知识产权侵权获利赔偿制度的完善路径》,载《现代法学》2020年第5期。

3. 侵权获利的利润分割

以侵权获利为标准计算损害赔偿数额就是将侵权人的侵权所得推定为专利权人在侵权行为之中所遭受的损失，这种方式固然可以回避侵权人侵权行为与专利权人损害后果之间因果关系证明的难题，但是侵权人在侵权产品销售时所获得的利润并不一定完全来源于专利权人的专利技术的贡献，侵权人的销售技巧、商业信誉等也有一定的贡献，若不加论证地将侵权人的所有收益都作为损害赔偿数额，则有可能会造成救济过当，引起损害赔偿数额畸高，专利权人滥诉的风险。为了解决这一难题，实践之中多数国家选择通过技术分摊规则来对侵权人的侵权获利进行分割。所谓技术分摊规则，是指计算专利技术在侵权产品利润中的贡献占比并以此确定损害赔偿数额，具体来说就是将侵权人的侵权所得中不是由专利技术因素贡献的利润扣除。技术分摊规则的实质是考察侵权人的侵权行为与侵权获利之间的因果关系，对于与侵权行为无关的部分利润不应当强加于侵权人的损害赔偿责任之中。

将侵权人的侵权获利进行分割主要有两个维度：第一个维度是技术因素与非技术因素的分割，消费者选择购买侵权产品并不一定是因为侵权产品中蕴藏的技术，而有可能是侵权人的销售能力、商业信誉等非技术的因素吸引了消费者，从而使其选择购买了侵权产品；第二个维度是在确定的技术因素内部对与专利相关或是无关的技术进行区分，这是因为就侵权产品内部所包含的全部技术而言，其可能并非只有被侵权的专利技术，还有其他的技术方案在产品利润中起到了重要的贡献。[①] 我国在侵权人侵权获利的利润分割的规定上有一定的历史发展过程。我国最高人民法院于 1992 年公布的《关于审理专利纠纷案件若干问题的解答》（已失效）第四点规定损害赔偿的数额可以由侵权人因侵权行为获得的全部利润进行确定；《审理专利纠纷若干规定》（2001）第 20 条第 3 款规定侵权人的侵权获利一般以侵权人在市场中所获得的营业利润为标准，对于这条规定该司法解释一直持续沿用至 2020 年的修正版。从中可以看出，

---

① 参见崔国斌：《专利法：原理与案例》（第 2 版），北京大学出版社 2016 年版，第 874 页。

我国在司法实践中的立场主要采取全部市场价值规则,例如在正泰集团股份有限公司诉施耐德电气低压(天津)有限公司一案[①]中,原告根据审计报告等证据认为被告侵权产品的销售金额为8.8亿元,并按照相关证据判定被告销售侵权产品的利润率在30%以上,因此主张被告应承担3.3亿元的损害赔偿金额。被告主张不应当按照其全部的营业利润来计算赔偿数额,而应扣除品牌因素、管理成本等非专利因素所形成的营业收入,并且其委托了评估机构评估了原告专利在其销售收入中的贡献,提出1725.63万元的损害赔偿金额的主张。一审法院最终支持了原告的主张,不过二审时在法院的调解下双方达成和解协议,被告补偿原告1.575亿元。而后我国在司法实践中对于利润分割进行了一定的探索,例如2005年江苏省高级人民法院发布的《关于知识产权侵权损害适用定额赔偿办法若干问题的指导意见》(已失效)第10条规定:"产品部件构成专利侵权的,在确定赔偿数额时,应当考虑该部件在整个产品中所起的作用。体现成品的技术功能和效果的关键部件侵犯他人专利权的,可以参考整个产品的利润并结合其他因素合理确定赔偿数额。在整个产品中只起辅助性作用的一般零部件侵犯他人专利权的,可以参照该部件本身的价值及其在实现整个产品利润中所起的作用等因素合理确定赔偿数额。"2007年重庆市高级人民法院公布的《关于确定知识产权侵权损害赔偿数额若干问题的指导意见》第8、9条也作出了类似规定。最高人民法院于2009年《专利纠纷法律解释》第16条中认可了利润分割规则,其规定:"人民法院依据专利法第六十五条第一款的规定确定侵权人因侵权所获得的利益,应当限于侵权人因侵犯专利权行为所获得的利益;因其他权利所产生的利益,应当合理扣除。侵犯发明、实用新型专利权的产品系另一产品的零部件的,人民法院应当根据该零部件本身的价值及其在实现成品利润中的作用等因素合理确定赔偿数额。侵犯外观设计专利权的产品为包装物的,人民法院应当按照包装物本身的价值及其在实现被包装产品利润中的作用等因素合理确定赔偿数额。"

---

① 参见浙江省温州市中级人民法院民事判决书,(2006)温民三初字第135号。

在实践中,确定技术贡献率主要有两种方式:第一种是委托鉴定,例如翁某克诉上海浦东伊维燃油喷射有限公司等职务发明设计人报酬案①中,法院委托了上海市科技咨询服务中心对涉案专利中在相关喷油泵总成中的技术占比进行鉴定,并将喷油泵总成整体技术分为引进技术、群体自主开发技术和自主开发取得知识产权的专利技术,通过相关专业人员来判断涉案专利在产品中的技术贡献率;第二种是法院酌定,例如在扬州中集通华专用车股份有限公司与北京环达汽车装配有限公司专利侵权纠纷案②中,原告主张的计算方式是按照自身销售产品的利润乘以被告侵权产品的销售量,法院支持了这种计算方式,但是其结合整个案件案情酌定涉案专利产品对侵权产品的利润贡献率为1/3。法院酌定的方式引起了学界很多的质疑,有学者认为我国非法获利的计算目前还停留在简单依据技术特征的技术贡献来大致估定的阶段,法院对于专利技术的贡献比例往往更多地采取自由裁量,没有详细的计算方法,也不要求专利权人举证,美国的技术分摊规则依旧有值得借鉴的地方。③ 有学者认为法院虽然考虑了利润分割的问题,但是并没有对专利技术的利润贡献率进行准确的分析和严密的论证,这样的技术分摊是没有法律依据的,并提出如果把技术分摊规则的适用作为限制专利赔偿救济的政策手段,则应当规范其适用,比如规定由当事人提出技术分摊的请求并承担相应的举证责任,而不是由法院自行决定是否实行技术分摊、分摊的比例有多大等。④

---

① 参见上海市第一中级人民法院民事判决书,(2005)沪一中民五(知)初字第220号;上海市高级人民法院民事判决书,(2008)沪高民三(知)终字第23号。

② 参见北京市第一中级人民法院民事判决书,(2006)一中民初字第8857号。

③ 参见张玉敏、杨晓玲:《美国专利侵权诉讼中损害赔偿金计算及对我国的借鉴意义》,载《法律适用》2014年第8期。

④ 参见和育东:《专利侵权赔偿中的技术分摊难题——从美国废除专利侵权"非法获利"赔偿说起》,载《法律科学(西北政法大学学报)》2009年第3期。

第三节　以合理的专利许可使用费的倍数确定损害赔偿数额

一、适用专利许可使用费倍数确定损害赔偿数额的条件

我国《专利法》第71条第1款规定:权利人的损失或者侵权人获得的利益难以确定的,参照该专利许可使用费的倍数合理确定。专利权人的实际损失和侵权人的侵权获利两种损害赔偿确定标准应是优先适用的,但是在具体案件中,例如侵权人还未出售其侵权产品等情况下,专利权人的实际损失、侵权人的侵权获利不一定可以得出,此时就需要依靠专利许可使用费标准来确定侵权损害赔偿数额。

在利用专利许可使用费确定损害赔偿数额时,还需要一定的前提条件,不能够随意适用专利许可使用费标准。我国法律与司法解释并没有明确给出专利许可使用费具体的使用标准,司法实践中对于专利许可使用费的适用条件也一直在探索。江苏省高级人民法院于2010年公布的《侵犯专利权纠纷案件审理指南》第7.1.2.4条规定:"……确定专利许可使用费的专利实施许可合同应当是实际已经履行的,许可使用费也应当是实际已经支付的。在认定许可使用费的真实性、合法性时,应当注意审查专利实施许可合同及其备案证明、使用费发票、纳税凭证等证据。对于权利人将专利许可给自己或者亲属设立的公司而收取高额使用费的情况,应当严格审查。"重庆市高级人民法院在2007年公布的《关于确定知识产权侵权损害赔偿数额若干问题的指导意见》第15条规定:"本意见第一条第四项所称'许可使用费'是指权利人在纠纷发生前就涉案专利、商标、作品许可他人使用时已实际收取或依据合同可以收取的费用。权利人应该就许可使用合同的真实性和实施情况进行举证。对经审查发现许可使用合同不真实或许可使用费明显不合理的,不能以此作为计算依据。"广东省高级人民法院在有关《广东法院"探索完善司法证据制度破解知识产权侵权损害赔偿难"试点工作座谈会纪要》中关于优势证据标

准的第二点提出，“在参照许可使用费计算赔偿数额时，应该认真审核相关许可使用合同的真实合法性及其实际履行情况，即审查相关合同何时签订、许可费用是否合理、实际履行的发票、转账记录等等，不能仅以许可使用合同签订双方并无争议为由认定许可使用费，防止原告为了获得高额赔偿而提供虚假的许可使用合同。在确认相关许可使用合同是真实可信的基础上，可以结合具体案情与许可使用费的可比性，充分考虑正常许可与侵权实施在实施方式、时间和规模等方面的区别，并体现侵权赔偿金适当高于正常许可使用费的精神，作出合理的判赔决定”。北京市高级人民法院于 2017 年发布的《当前知识产权审判中需要注意的若干法律问题》第二点中提出：“……在权利人已经积极进行举证的情况下，仍无法对权利人的损失或侵权人获利予以确定的，可以参照权利人所提交的许可合同中约定的许可使用费确定赔偿数额。对许可使用费合理性的认定，应当在综合许可合同的真实性、许可合同是否实际履行、许可使用费是否在发现侵权行为存在之前已支付、许可主体之间是否存在特定的关联关系、许可人是否完成纳税凭证等因素的基础上，进行具体认定。”

根据我国的法律法规和实践经验，可以总结出我国适用专利许可使用费倍数确定损害赔偿数额的几个条件，分别如下。

1. 专利权人实际损失和侵权人侵权获利难以确定。根据《专利法》第 71 条规定，若想适用专利许可使用费的合理倍数标准来确定损害赔偿数额，首先要以权利人的实际损失和侵权人的侵权获利都难以确定为前提。但是法律并没有明确法院是否要对权利人的实际损失或侵权人的侵权获利难以确定这一点作出严格的证明要求，若权利人并没有拿出关于其实际损失或侵权人侵权获利的相关证据，而是直接以难以确定权利人实际损失或侵权人侵权获利为理由要求适用专利许可使用费标准，那么法院是否应当支持权利人的诉求。实践中，法院的做法并不一致，有的法院认为必须在权利人损失或侵权人侵权所得确实无法确定的情形下，才可以适用专利许可使用费标准，例如东莞市黄江威德树脂工艺品厂诉珠海市香洲区东奇电器厂专利侵权纠纷一案[①],原告以其签订的专利授权契约书中约定的转让金120万元作为该案损害赔偿数额确定的依据,法院认为专利许可使用费只有在被侵权人的实际损失或侵权人的侵权所得无法确定的情形下才能作为损害赔偿的依据,原告并没有对其实际损失或者被告的侵权获利进行举证,而是直接以专利许可使用费作为损害赔偿数额确定的标准,因此不予采纳;有的法院认为在权利人已经选择专利许可使用费的情况下,无须再查清权利人实际损失或侵权人侵权所得,例如上海恒昊玻璃技术有限公司与岳阳经济技术开发区春光玻璃有限公司专利侵权纠纷一案[②]中,法院认为上诉人上诉称原审法院尚未查清被上诉人生产、销售被控侵权产品的数量的理由无效,由于上诉人在一审已选择参照专利许可使用费确定赔偿数额的方法,故是否查清这一事实已无必要。该问题其实涉及专利损害赔偿数额确定方法的顺位问题,在本章第五节还会进行进一步的讨论。

2. 专利许可使用费具有真实性。我国法律没有明确规定在适用专利许可使用费为损害赔偿数额标准时,其必须已经客观存在。不过根据《专利法》第71条中"参照该专利许可使用费的倍数合理确定"以及《审理专利纠纷若干规定》第15条中"有专利许可使用费可以参照的"和"没有专利许可使用费可以参照或者专利许可使用费明显不合理的"等表述,可以判断我国对于专利许可使用费标准的使用采取的是既成许可费的立场,也就是说,在适用专利许可使用费来确定侵权损害赔偿数额时,专利许可使用费已经经过谈判确定下来,并且专利许可使用合同也已订立。在对专利许可使用费的真实性进行证明时,各地对于真实性的证明标准也并不统一,例如在江苏省高级人民法院发布的文件[③]中要求专利许可实施合同应当是真实的并且已经实际履行过,许可使用费也已经实际支付过

① 参见广东省珠海市中级人民法院民事判决书,(2002)珠法知初字第09号。
② 参见湖南省高级人民法院民事判决书,(2005)湘高法民三终字第58号。
③ 参见江苏省高级人民法院2010年《侵犯专利权纠纷案件审理指南》第7.1.2.4条。

才可以；而重庆市高级人民法院发布的文件[①]只要求许可使用合同真实存在即可。有学者认为，对许可使用费的真实性进行证明时，可以审查许可合同的法律效力、履行情况、有无备案、许可费是否实际支付、许可方式、年限及规模、范围、许可人与被许可人之间的关系、被许可人的实际履约能力等情况，分辨专利许可合同的真伪。[②] 关于专利许可使用合同的备案问题，我国在2023年修订的《专利法实施细则》第15条第2款规定专利权人与他人所订立的专利实施许可合同应在合同生效之日起3个月内向国务院专利行政部门备案，因此专利许可使用合同是否备案是较为有效的证据，一些法院甚至会要求专利许可使用合同经过备案，例如冷某山等诉段某国等侵犯专利权纠纷一案[③]，法院认为专利实施许可合同并未经过备案，因此不能以该专利许可使用费作为参照。

3. 专利许可使用费具有合理性。在确定专利许可使用费具有真实性后，要对专利许可使用费的合理性进行论证。有时在案件中，专利权人确实已经履行了专利许可使用合同，甚至已经支付了专利许可使用费，但是专利许可使用费的价格明显偏高，相较于正常市场价格来说并不合理，若强行适用虚高的专利许可使用费来确定损害赔偿数额，可能会使侵权人承担过高的赔偿责任。若专利许可使用费的合理性确实存在问题，可以根据具体情况降低许可费或不适用许可费而采用法定赔偿。在对专利许可使用费的合理性进行确定时，可以核查订立专利许可合同的双方之间是否存在利害关系；若双方存在利害关系，则双方确定的专利许可使用费很有可能脱离市场交易的一般情况，使得专利权的价值无法通过专利许可使用费合理地表达出来，例如在刘某敏诉东营市博亚石油科技有限公司侵犯专利权纠纷一案中，原告签订的专利许可合同中，其既是许可人，也是被许可人海天公司的股东和法定代表人，因此许可人和被许可人之

---

① 参见重庆市高级人民法院2007年《关于确定知识产权侵权损害赔偿数额若干问题的指导意见》第15条。

② 参见梅雪芳：《专利许可使用费的真实性、合理性审查——刘庆敏诉东营市博亚石油科技有限公司侵犯专利权纠纷案》，载《山东审判》2010年第4期。

③ 参见湖南省长沙市中级人民法院民事判决书，(2007)长中民三初字第0367号。

间存在明显的利害关系,其商定的专利许可使用费难以证明具有合理性,因此法院并没有采取专利许可使用费标准,而是改用了法定赔偿计算方式。[①] 除了查证专利许可使用合同双方之间是否具有利害关系外,法院还需要根据具体的案件情况对专利许可使用的合理性进行查证,例如在建发电器制品(深圳)有限公司与深圳市今星光实业有限公司外观设计专利侵权纠纷案[②]中,法院认为原告虽然形式上提供了实施许可合同、支付凭证、备案证明等,但其提供的材料中存在很多瑕疵无法解释,例如许可合同的签订时间晚于生效时间;原告合同已经履行却未交付设计图纸;涉案外观设计专利是蓄电池专利;专利对于外观的附加值小但年许可费高达 30 万元等,因此法院并不支持原告根据专利许可使用费标准确定损害赔偿数额的主张。

4. 专利许可使用费具有可比性。专利许可使用合同中许可的实施方式、时间和规模等因素会影响合同确立的许可费数额,因此要将侵权行为与许可使用合同中的许可方式进行对比,若两者并不相似,不存在对比性,那么合同订立的专利许可使用费也不适宜作为侵权损害赔偿数额的参考标准。专利许可使用合同不是专门为了侵权行为而订立,并非只要有真实存在的专利许可使用合同就可以作为损害赔偿的依据,有时侵权行为的具体情形与许可使用合同规定的许可方式差异极大,则许可使用合同中所订立的专利许可使用费就失去了参考的价值。例如先进船舶设计有限公司诉欧洲集装箱航运公司等专利侵权一案[③]中,原告提出被告应支付专利费用 414,500 美元,但是法院认为原告采取的标准是之前许可他人使用专利的许可使用费,当时原告的许可时间与侵权行为的持续时间并不一致,原告许可被许可使用者可以在该船适航期间无须再支付其他专利费用到任何原告拥有专利权的国家航行,而被告的侵权行为只持续了六个半月,因此原告要求被告支付全额专利许可使用费有失公平,

---

① 参见梅雪芳:《专利许可使用费的真实性、合理性审查——刘庆敏诉东营市博亚石油科技有限公司侵犯专利权纠纷案》,载《山东审判》2010 年第 4 期。

② 参见广东省高级人民法院民事判决书,(2005)粤高法民三终字第 31 号。

③ 参见上海市第一中级人民法院民事判决书,(1995)沪中经初(知)字第 105 号。

经过计算，法院判定被告需要支付的使用费为 2706 美元。专利许可使用合同的许可方式应当为普通许可，独占、排他许可方式下所确定的专利许可使用费偏高，其参考意义有限，不适宜采用。①

二、确定合理专利许可使用费的考量因素

在确定以合理专利许可使用费作为损害赔偿数额时，需要从两个方面来考量，第一个方面是专利许可使用费本身，第二个方面是合理倍数的确定问题。

第一个方面，就专利许可使用费本身，我国采取的是既成许可费立场，也就是说，必须依据客观存在的专利许可使用费来确定赔偿金额。具体案件中，在考察了专利许可使用费的真实性、合理性等前提之后，法院即可认定该专利许可使用费是可以进行参照适用的，但该专利许可使用费仅仅是一个损害赔偿额的基准，并不能够直接拿来作为损害赔偿的最终金额，法院还需要结合具体的情形来调整确定合理专利许可使用费的数额。我国最高人民法院公布的《审理专利纠纷若干规定》第 15 条列出了一些影响合理许可使用费数额的因素："权利人的损失或者侵权人获得的利益难以确定，有专利许可使用费可以参照的，人民法院可以根据专利权的类型、侵权行为的性质和情节、专利许可的性质、范围、时间等因素，参照该专利许可使用费的倍数合理确定赔偿数额……"不过我国法律并没有规定具体的确定方式，司法实践的做法也不一，很多时候法院并没有详细可信的论证过程，例如泉州市联帮建材装潢有限公司与陈某升、福建固美金属有限公司侵害专利权纠纷一案②中，涉案专利许可使用费为 30 万元，法院以该既有的专利许可使用费为参考依据，再根据《审理专利纠纷若干规定》的规定，综合专利权的类别，泉州市联帮建材装潢有限公司侵权行为的性质和情节，涉讼外观设计专利许可使用费的数额，该专利许可的性质、范围、时间等因素，认定了 5 万元的损害赔偿金额。法院并没

---

① 参见程永顺主编：《案说专利法》，知识产权出版社 2008 年版，第 292 页。

② 参见福建省高级人民法院民事判决书，(2007)闽民终字第 374 号。

有对 30 万元的专利许可使用费如何“砍价”到 5 万元的损害赔偿金额进行具体论证,这不免让人疑惑其是否过于行使自由裁量的权力。

从比较法来看,在 1922 年《美国专利法》修改之前,该国一直以已确立的专利许可使用费为损害赔偿数额的确定方式,已确立的专利许可使用费的认定一般需要满足 5 个条件:(1)专利许可使用费的确立要发生在专利侵权诉讼日期之前;(2)已经有一定数量的被许可人向专利权人实际支付了专利许可使用费,以此证明该专利许可使用费受到了市场一定程度的认可,具有合理性;(3)该专利许可使用费的数额在已经发放的地区内是一致的;(4)专利许可使用费不是在诉讼和解或诉讼威胁的情形下协议并支付的;(5)专利许可的实施活动与侵权行为是类似的。[①] 已确定的专利许可使用费在美国的损害赔偿金额确定中,一度占据很重要的地位,如果证明有已确定的专利许可使用费,则应当优先适用专利许可使用费而非权利人的实际损失。但是在实践中,已确立的专利许可使用费具有许多适用上的困难,例如与具体的侵权行为不具备可比性等,因此美国随后从客观的既有专利许可使用费标准转向带有主观评价色彩的合理许可使用费标准。1922 年《美国专利法》引入了合理许可使用费来确定损害赔偿数额,已确立的专利许可使用费被并入了合理许可使用费的范围,成为确定最终合理许可使用费的因素之一。美国在确定合理许可使用费时主要有两种方式,第一种方式为假想谈判法,第二种方式为分析法(the analytical method)。假想谈判法是指假设在专利侵权行为发生之前,专利权人与侵权人经过协商后可以达成专利许可使用协议,经过协议得到的即为合理专利许可使用费的方法。1970 年的乔治亚 - 太平洋案[②]中,法院在使用假想谈判法时,提出了 15 个影响合理许可使用费的因素,该 15 个因素对之后美国乃至其他国家的司法实践都产生了深刻的影响,这 15 个因素分别是:(1)专利权人已经收取的专利许可使用费,用以证明或者试图证明存在一个确立的专利许可使用费;(2)与涉案专利相类似

---

① See Faukner v. Gibbs, 199 F. 2d 635, 95 USPQ 400 (9th Cir. 1952).

② See Georgia-Pacifc v. U. S. Plywood-Champion Papers, Inc., 318 F. Supp. 116, 1120 (1970).

的其他专利所交易的专利许可使用费；(3)专利许可的性质和范围，例如专利许可是普通还是独占，是否有销售区域的限制等；(4)专利权人已确立的许可政策和市场计划，若权利人维持垄断的方式是不许可他人使用专利，则假想的专利许可使用费可能增加，而若权利人有许可他人使用的计划，则假想专利许可使用费可能减少；(5)专利权人与侵权人之间的商业联系，例如双方是否是在同一个地区销售类似的产品的直接竞争者等；(6)被许可人是否并在何种程度上会因销售专利产品而促进自身其他非专利产品的售卖，在假想谈判中若专利技术能够带动被许可人销售其他非专利产品，则假定的专利许可使用费也会随带动的程度而增加；(7)专利权的有效期限和许可期限；(8)现有专利产品的获利情况、商业运用是否成功和产品在市场上的普及程度；(9)该项专利技术如果有与之相似的能达到类似功能的旧的方法和装置，则相较于这些旧方法和装置，专利是否具备新的用途和优势；(10)专利发明的性质，专利许可人制造和拥有的专利产品的特征，使用这项专利技术带来的利益；(11)侵权人对于涉案专利的利用程度，以及利用该发明为自身带来了多少获利；(12)在特定的商品行业或相关行业领域内，该发明或类似发明按照行业惯例一般在产品利润或销售价格中所占比例；(13)在可实现的利润中，除专利技术因素、制造方法、商业风险、侵权人附加的显著特征或改进所产生的利润外，应当归功于专利技术的部分；(14)具有资质的合格的专家证言；(15)在侵权行为发生之前，假设专利权人与侵权人理性且自愿地达成专利许可使用协议，双方可以达成一致的许可使用费数额，换句话说，达成的合理许可使用费数额，应当是一个谨慎的希望得到专利许可的被许可人所能自愿接受的，被许可人支付许可费后还能有合理的利润空间的，一个谨慎的希望发放专利许可的许可人也能接受的数额。有学者将上述15种因素分成了两组，第一组与专利技术相关产业的特定和一般市场情况有关，主要用于确定合理的专利许可使用费的范围，包括现有专利的许可情况、具有可比性的类似专利的许可情况和价值、专利权人的专利许可计划；第二组与专利产品或方法预期可以获得的利益相关，主要用于调整合理专利许可使用费，包括侵权人预期利益、非侵权替代产品、附加利益、该专利的改进情况、该专利的盈利情况和专利权的有效期限。[①]

分析法是美国通过判例所确定的一种计算专利许可使用费的方式，该方式主要通过侵权人的内部文件确定其在实施侵权行为时对于侵权产品的预期获利，并将预期利润扣除依据行业通常情况确定的专利产品的非侵权替代品的一般利润来计算该费用。[②] 分析法首次运用于1996年的行波磁控管制造公司诉德若公司案[③]（TWM Manufacturing Co. Inc. v. Dura Corp. et. al）中，该案德若公司高管在侵权之前曾做过一个内部商业文件，根据该文件德若公司曾预期侵权产品销售后未来利润可达销售额的52.7%，扣除根据行业一般惯例所确定的管理费和成本，得到的预期净利润率为37%—42%，将得到的该预期净利润率在侵权人与专利权人之间进行分配，减去涉案专利行业通常的净利润率6.5%—12.5%，最终确定合理的许可使用费率为30%。分析法通过将侵权人的预期利润扣除侵权产品行业内的通常利润和销售成本来尽力还原在侵权行为发生之前应该能协商一致的合理的专利许可使用费，不过能够运用分析法的前提是侵权人的预期利润得到了准确客观的证明，这一点其实在具体案例中较为困难，因此法院更经常使用假想谈判法。[④]德国在合理许可使用费的计算上有两种标准，一种是既定许可费标准，另一种是在既定许可费不存在的情形下，可以采用虚拟谈判的假设来确定一个合理的许可费数额。[⑤]

第二个方面，就专利许可使用费的合理倍数的确定问题，我国法律也并没有明确的规定，我国最高人民法院在《审理专利纠纷若干规定》（2001）第21条曾规定了合理倍数的范围为1至3倍，这是因为2001年我国《专利法》（2000）的实施刚刚开始，在判断损害赔偿数额上还需要更

---

① 参见张鹏：《专利侵权损害赔偿制度研究——基本原理与法律适用》，知识产权出版社2017年版，第225页。

② See Torous E. Unknotting Uniloc. Berkeley Tech. LJ, Vol. 27, p. 381(2012).

③ See TWM Manufacturing Co. Inc. v. Dura Corp. et al., 789 F. 2d 895.

④ See Torous E. Unknotting Uniloc. Berkeley Tech. LJ, Vol. 27, p. 381(2012).

⑤ 参见胡晶晶：《专利侵权损害赔偿额之确定——中德日比较研究》，华中科技大学出版社2019年版，第105页。

多的司法经验来支撑，所以对合理倍数进行了一定的限制。在此期间也有地方法院对合理倍数的确定进行了研究探讨，例如重庆市高级人民法院在2007年发布的《关于确定知识产权侵权损害赔偿数额若干问题的指导意见》的第16条规定："人民法院在确定许可使用费的倍数时，应该考虑侵权人的侵权使用是否与许可使用的情况相似，包括许可使用的方式、时间、范围以及侵权情节等因素。侵权人的侵权使用幅度小于许可使用幅度的，可以确定较低的倍数；对于以假冒为业或多次侵权等情节严重的行为可以适用较高倍数。许可使用费的倍数一般在1至3倍以内考虑。"最高人民法院修改《审理专利纠纷若干规定》(2015)时，删除了1至3倍的规定，扩大了法官在实践中关于侵权损害赔偿数额确定的自由裁量空间。专利许可使用费需要乘以合理倍数的原因是，通常而言，专利许可人与被许可人协商一致的专利许可使用费数额会给被许可人制造、销售专利产品留有一定的合理利润，如果仅按照专利许可使用费的数额来判定损害赔偿金额，那么侵权人依旧会留有巨大的利润，无法完全弥补专利权人的损失，对专利权人来说并不公平。

美国、德国在法律上并没有规定有关专利许可使用费的合理倍数的问题，因此法院法官可以较为自由地确定损害赔偿的具体数额，而中国法律明确规定了损害赔偿的数额只能以专利许可使用费的合理倍数来确定，对法官的自由裁量权进行了一定的限缩。有学者认为利用专利许可使用费的合理倍数来确定损害赔偿金额，可以有效提高赔偿额，达到对侵权者惩戒的一个作用，从而遏制侵权行为的发生。[①] 也有学者认为我国专利侵权损害赔偿的原则是填平权利人所遭受的损失，之所以利用专利许可使用费的合理倍数来确定损害赔偿的数额，是因为这样可以更好地接近权利人的实际损失，而非为了惩罚侵权人。[②] 本书也认为，专利许可使用费的合理倍数的适用是为了全面补偿专利权人的损失，而非对侵权人进行制裁惩戒。即使侵权人所赔偿的数额与正常许可使用费一致，其

① 参见张广良：《知识产权侵权民事救济》，法律出版社2003年版，第154页。

② 参见崔国斌：《专利法：原理与案例》(第2版)，北京大学出版社2016年版，第883页。

除了承担赔偿责任外,还要受到停止侵权的责令要求,这也会提高侵权人的违法成本,对侵权人的侵权行为予以遏制。我国在专利侵权损害赔偿中引入了惩罚性赔偿制度,如果专利许可使用费的合理倍数方法也有惩罚侵权人的作用,那么其会受到双重的惩罚,这对侵权人而言也不够公平合理。

第四节　依法律规定酌情确定损害赔偿的数额

一、法定赔偿的概念与性质

1. 法定赔偿的概念

法定赔偿是指在权利人因侵权遭受的实际损失、侵权人的侵权获利和专利许可使用费难以确定的情形下,根据法律规定,人民法院可以综合专利权的类型、侵权行为的性质和情节等因素,在法定的侵权损害赔偿数额范围内运用自由裁量权确定赔偿金额。酌定赔偿与法定赔偿的概念并不等同,就种属关系来看,酌定赔偿应当包含了法定赔偿,所谓酌定赔偿是在权利人对自身实际损失或侵权人侵权所得有所证明的基础上,由于证据不够充分,由法院行使裁量权酌情确定的损害赔偿数额,此时由于法律没有对酌定的数额有所限制,酌定赔偿的数额可以高于法律严格规定的法定赔偿的上限。[①] 法定赔偿在专利领域的确立乃至高频适用,是因为专利客体的无形性,权利人的实际损失、侵权人的侵权所得的证明都有一定的困难,如果在确认侵权行为成立的情况下,仅因为损害赔偿数额难以证明,便令侵权人逃脱损害赔偿的责任,那么多数专利权人的损失将难以得到全面的补偿,专利权被拟制出的垄断性也会因得不到合理公平的赔偿措施而有瑕疵,专利侵权行为也因此有泛滥的风险。为了避免这些危机的出现,法定赔偿制度应运而生,该方法可以保证在侵权损害赔偿的数额难以确定的情形下,权利人能够得到兜底性的损害赔偿,保证受到损

① 参见崔国斌:《专利法:原理与案例》(第 2 版),北京大学出版社 2016 年版,第 889 页。

害的权利人一定得到损害赔偿救济,也一定程度上降低了诉讼成本,提高了诉讼效率。

法定赔偿起源于18世纪英国颁布的《安妮法令》,其规定未经允许盗印著作权人的著作的,盗印的每一页1便士,一半赔偿给著作权人,一半上交政府。[①] 由于美国曾为英国的殖民地,因此其法律制度深深地受到了英国的影响,其很快就将法定赔偿制度引入了本国的法律中,并发扬光大成为法定赔偿制度最为完善的国家。1790年首部《美国联邦著作权法》订立,该法明确规定了法定赔偿,提出未经著作权人允许对侵权作品实施印刷、出版、进口、出售等行为的,每本侵权作品的法定赔偿基准为50美分。[②] 法定赔偿最早作为实际损失和侵权所得无法确定时的一种替代性方法是于1909年的《美国版权法》中,该法规定法院应当公平决定法定赔偿的金额,并限制法定赔偿金额的范围为250美元至5000美元。[③] 后来《美国版权法》在多次修订时,对法定赔偿的幅度和范围进行了修改,1976年修订的《美国版权法》将法定赔偿分为了无过错、一般过错和过错三档幅度,并且该分类一直沿用至今。[④]

我国在1984年《专利法》和1992年《专利法》中,没有对专利侵权损害赔偿的计算方式有所规定,自然也没有在法律中对法定赔偿进行明确规定。不过在此期间各地法院对于法定赔偿的计算都进行了一些研究和尝试,例如北京市高级人民法院于1995年发布的《关于审理计算机软件著作权纠纷案件的几个问题的意见》[⑤]等。1998年7月最高人民法院发布的《关于全国部分法院知识产权审判工作座谈会纪要》谈到了法定赔

① 参见谭东丽:《专利侵权损害法定赔偿研究》,中南财经政法大学2019年博士学位论文,第38页。

② 参见李明德:《美国知识产权法》(第2版),法律出版社2014年版,第227页。

③ See Thea P., *Statutory Damages for the Multiple Infringement of a Copyrighted Work: A Doctrine Whose Time Has Come, Again*, Cardozo Arts & Ent. LJ, Vol. 6, p. 463(1987).

④ 参见谭东丽:《专利侵权损害法定赔偿研究》,中南财经政法大学2019年博士学位论文,第45页。

⑤ 参见《关于审理计算机软件著作权纠纷案件的几个问题的意见》第七点第3条:在难以确定权利人的实际损害或侵权者的侵权获益时,侵权人应赔偿5000元至30,000元;如侵权人确有证据证明其不知道其行为已构成侵权并且侵权后果不严重的,可酌情将赔偿数额减少到5000元以下。

偿的问题，该文件第三点提出虽然最高人民法院对于商标侵权、专利侵权损害赔偿的计算方法制发过司法解释，但是其并不能解决所有的知识产权侵权案件中的损害赔偿数额确定问题，针对一些难以确定原告损失额和被告获利额的案件，法院可以采取定额赔偿的方式，综合知识产权的类型、知识产权的评估价值、侵权持续的时间、权利人因侵权所受到的商誉损害等因素来确定具体损害赔偿数额，其中定额赔偿的幅度应在 5000 元至 30 万元。从中可以看出，法定赔偿制度在我国起初是对于司法实践中损害赔偿数额证明困难的回应，各个法院需要法定赔偿制度来对疑难的损害赔偿计算进行兜底，这些对法定赔偿初步进行的尝试，多为地方性文件或会议纪要文件，影响范围并不大。

2000 年最高人民法院发布的《关于审理涉及计算机网络著作权纠纷案件适用法律若干问题的解释》（已失效）第一次以司法解释文件的形式对法定赔偿制度进行了认可，其第 10 条第 2 款提出：被侵权人损失额不能确定的，人民法院依被侵权人的请求，可以根据侵害情节在 500 元以上 30 万元以下确定赔偿数额，最多不得超过 50 万元。2000 年修正的《专利法》中引入了损害赔偿制度，但是此时还没有规定法定赔偿的计算方式。最高人民法院公布的《审理专利纠纷若干规定》（2001）第 21 条规定："……没有专利许可使用费可以参照或者专利许可使用费明显不合理的，人民法院可以根据专利权的类别、侵权人侵权的性质和情节等因素，一般在人民币 5000 元以上 30 万元以下确定赔偿数额，最多不得超过人民币 50 万元。" 2008 年修正的《专利法》，参考《审理专利纠纷若干规定》（2001）的规定，在第 65 条确定了法定赔偿，并将法定赔偿的数额范围提高到 1 万元至 100 万元。不过《审理专利纠纷若干规定》（2013）并没有随着《专利法》的改变而提高法定赔偿的数额范围，而是坚持了 2001 年的规定，直到 2015 年修正的时候才与《专利法》的规定达成一致。随着我国科技的快速进步，专利侵权案件的数量与日俱增，涉及的赔偿金额也在逐渐攀升，2008 年《专利法》规定的法定赔偿数额范围被不断地质疑是否过低以至于无法对专利权人的损失进行全面的补偿，为了解决这个问题，在 2020 年修正的《专利法》中，法定赔偿的数额范围被提升至 3 万元至 500

万元。

2. 法定赔偿的性质

作为专利侵权损害赔偿制度中计算权利人应得的损害赔偿数额的方式之一，法定赔偿究竟是惩罚性的还是补偿性的，学界众说纷纭。有学者认为法定赔偿应该是纯粹的补偿性质，由惩罚性赔偿单独承担惩戒功能，形成包括惩罚性赔偿与包括法定赔偿在内的补偿性赔偿的分工明确、界限清晰、体系合理的知识产权损害赔偿二元架构。[①] 有学者认为法定赔偿除补偿等功能外，还具有惩罚性功能，这主要是因为侵权人在具有主观过错时，法院可以将法定赔偿的数额调高，此时法定赔偿就带有了惩戒、震慑侵权人的功能。[②] 也有学者认为针对侵权人不同的过错形态，法定赔偿有不同的性质：对于过失侵权而言，法定赔偿的性质为补偿性；对于故意侵权而言，法定赔偿具有补偿性和惩罚性双重属性。[③]

美国对于法定赔偿的性质也有所争议，《美国版权法》于 1909 年曾规定法定赔偿不应具有惩罚侵权人的功能，不过随后 1976 年的《美国版权法》删除了这一规定，并于第 504 条(c)款对法定赔偿进行了分类规定，该规定目前依旧有效。《美国版权法》第 504 条(c)款首先规定了法定赔偿的范围为 750 美元至 3 万美元。其次规定了若侵权人被证明为故意侵权，则法院可以酌情将法定赔偿数额提高至不超过 15 万美元；若侵权人证明了自身不知也没有理由相信其行为侵权，法院可以根据案情将法定赔偿数额减少至不低于 200 美元。由此可见，美国根据侵权人的主观状态将法定赔偿分成了三类，第一类为故意侵权，第二类为一般侵权，第三类为无辜侵权。

我国在 2020 年修正《专利法》时引入了惩罚性赔偿制度，不过规定对于惩罚性赔偿数额计算的基准只有三个，即专利权人的实际损失、侵权人

---

① 参见焦和平：《知识产权惩罚性赔偿与法定赔偿关系的立法选择》，载《华东政法大学学报》2020 年第 4 期。

② 参见谭东丽：《专利侵权损害法定赔偿研究》，中南财经政法大学 2019 年博士学位论文，第 37 页。

③ 参见朱丹：《完善我国知识产权法定赔偿制度的探讨——以界定法定赔偿可否具有惩罚性为视角》，载《中国版权》2018 年第 3 期。

的侵权所得和专利许可使用费的合理倍数,法定赔偿并不在其中。也就是说,我国现有的损害赔偿基本架构是分立式的,惩罚性赔偿与法定赔偿是两条平行的路径。在当事人可以证明自身的实际损失、侵权人的侵权所得或专利许可使用费的合理倍数时,可以根据案件具体情形以这三项中的其中一项为基准,确定惩罚性赔偿数额;若实际损失、侵权所得和专利许可使用费的合理倍数皆难以确定,则会转到法定赔偿的救济路径中来,由法官根据案件情况依职权来确定法定赔偿的数额,并根据侵权行为的情节等因素来酌情提高或降低法定赔偿金额。因此根据现有的专利侵权损害赔偿法律结构来看,法定赔偿既具有补偿性也具有惩罚性,其不能作为惩罚性赔偿数额计算的基准,但在功能和性质上都与惩罚性赔偿有重叠之处,在侵权人具有主观故意时,法定赔偿确定的金额具有惩罚的性质;法定赔偿的下限在侵权人获利极其微小不足以达到下限的金额时,亦对侵权人具有震慑惩戒的功能。①

二、法定赔偿的适用条件

根据我国《专利法》的相关规定可以看出,对于法定赔偿的适用是存在先后顺序的,只有在权利人的实际损失、侵权人的侵权所得和专利许可使用费的合理倍数都难以确定的前提下,才能够适用法定赔偿来确定专利侵权损害赔偿数额。除此之外,法律并没有明确地规定法定赔偿的适用前提,我国各地法院在司法实践中对法定赔偿的适用条件进行了一定的探索。安徽省高级人民法院于 2005 年公布了《关于审理商标、专利、著作权侵权纠纷案件适用法定赔偿的指导意见》,其第 2 条第 2 款规定:"对专利侵权案件只能在确已查明侵权行为人构成侵权并造成权利人损害,而权利人损失和侵权人获利均不能确定,又没有专利许可使用费可供参照,或者在专利许可使用费明显不合理的情况下,方可适用法定赔偿。"上海市高级人民法院于 2010 年发布了《关于知识产权侵权纠纷中适用法定

---

① 参见孙那:《民法典视阈下知识产权惩罚性赔偿与法定赔偿的司法适用关系》,载《知识产权》2021 年第 4 期。

赔偿方法确定赔偿数额的若干问题的意见(试行)》,其第一点“适用法定赔偿的范围、原则与基本要求”中的第1条规定:“知识产权侵权诉讼中,确定侵权损害赔偿数额,有下列情形之一的,方可适用法定赔偿方法:(1)根据案件现有证据,难以确定权利人损失数额、侵权人非法获利;(2)经法院释明,权利人明确请求法院适用法定赔偿方法确定侵权损害赔偿数额,亦未提供相应证据证明权利人损失、侵权人非法获利。对于难以证明权利人受损或者侵权人非法获利的具体数额,但有证据证明前述数额确已超过法定赔偿最高限额的,不应适用法定赔偿方法,而应综合全案的证据情况,在法定赔偿最高限额以上合理确定赔偿数额。”

作为兜底条款的法定赔偿在司法实践中已经成为最广泛适用的损害赔偿数额计算方式,有研究表明在2009年1月1日至2015年9月4日,发明专利侵权案件的法定赔偿的适用率高达95%,在原告未选择赔偿金计算方式的案件中法官主动采取法定赔偿的比例高达99%。[①] 从中可以看出,本应当是在权利人实际损失和侵权人侵权所得无法确定的情形下作为补充的一项赔偿方式的法定赔偿却力压其他优先级更高的赔偿方式,成为司法实践中最为广泛和首要的计算方式,这无疑违背了设立法定赔偿时“应该不用就不要用”的立法初衷,架空了其他赔偿计算方式。法定赔偿在司法实践中的泛化适用,主要原因在于:(1)专利权本身的无形性:专利技术的无形性,导致其价值难以评估,对于损害赔偿数额的确定不像有形财产那样有一个普适的衡量标准。并且由于专利权的无形性,专利侵权行为也具有很强的隐蔽性,权利人举证困难,很多时候难以拿出能够确定其损失数额的具体证据,尤其难以证明侵权行为与其所受损失之间的因果关系,因为专利产品销售量的下降并不一定完全由侵权行为造成,其与专利权人的销售策略、市场的需求等因素皆有关联。对于当事人而言,由于举证的困难和“怕麻烦”的心理,采取法定赔偿可以降低其举证成本,提高诉讼的效率,因此其往往同意法院适用法定赔偿标准。

① 参见李晶:《我国专利侵权损害赔偿制度的法经济学研究》,知识产权出版社2019年版,第78页。

(2)从法院的角度来看,法定赔偿的适用极为简便:有调查研究表明,广州市两级法院从事知识产权审判的法官多认为法定赔偿的最大优点在于“节约时间、提高案件审理速度”。[①] 对于法官而言,适用法定赔偿可以省去相应举证、质证和查证的环节,相较于其他的损害赔偿方式效率更高、成本更低。法定赔偿没有严格的计算方式,自由裁量空间较大,因此仅就损害赔偿数额而言被上级法院改判的概率更小,在有发改率等考核指标的现实因素下,法官自然更倾向于适用法定赔偿来进行判定。

为了减轻法定赔偿适用的泛化和随意性,研究法定赔偿的适用条件极有必要。根据我国的法律和司法实践经验,法定赔偿的适用条件主要有二,一是存在损害事实。损害赔偿制度的首要目的是弥补权利人在侵权行为中所遭受的损害,没有损害便没有赔偿救济。我国虽然没有明确规定专利侵权损害为法定赔偿的适用前提,但是专利侵权救济制度归属于我国的侵权责任制度,我国的侵权责任制度将损害的发生作为损害赔偿存在的必要条件之一,因此属于专利侵权救济制度的法定赔偿也应当将损害的发生作为适用的前提。一般通说认为损害是否发生的界定应采取差额说,不过在司法实践中,还要根据每个专利侵权案件自身的独特性而具体分析。二是损害赔偿的数额难以证明,虽然我国法律规定在权利人实际损失、侵权人侵权所得和专利许可使用费合理倍数均难以确定的情形下,才可以适用法定赔偿,但是在实践中法定赔偿的适用率还是畸高。所谓“难以确定”,在我国往往被认为是权利人难以完成对于某种赔偿方式的证明责任或达不到证明标准,但是在具体案件中,权利人是否已经尽力举证以及前三种损害赔偿方式是否确实难以证明在裁判文书中并没有体现,法官对此一般并不进行论证,例如在欧普照明股份有限公司与上海市闸北区共和新路街道盈豪灯饰店侵害外观设计专利权纠纷一案[②]中,一审法院认为原告虽主张了赔偿金额10万元,但没有提交证据予以证明,鉴于权利人的损失或者侵权人获得的利益难以确定,也未有相关专

---

① 参见广州市中级人民法院知识产权审判庭课题组、夏强:《模糊的边界:知识产权赔偿问题的实务困境与对策》,载《法治论坛》2014年第3期。

② 参见上海市高级人民法院民事判决书,(2015)沪高民三(知)终字第75号。

利许可使用费作为参考，于是采取了法定赔偿方式，酌定赔偿金额为5000元。在此案中，法院并没有要求权利人提交证据去尽力证明其他损害赔偿方式，也没有论证为什么其他损害赔偿方式难以确定，只是一笔带过作出难以确定的结论，便开始适用法定赔偿方式来确定损害赔偿数额。这实质上成为一种变相选择法定赔偿的方式，权利人在举证证明侵权行为成立的基础上，可以不提供有关损害赔偿数额确定的证据，法院就会因此认定其他三种损害赔偿方式难以确定，从而顺其自然地适用法定赔偿。对此，有学者提出，适用法定赔偿方式的前提是损害赔偿数额难以证明或无法证明，其中有两种情形：(1)不存在对于损害赔偿数额的证明方法，或存在但是法律不允许，例如偷拍等；(2)存在证明损害赔偿数额的方法，但是对当事人不利益。① 也有学者提出将法定赔偿计算方式作为例外适用的情形，一般情况下应当默认适用其他三种损害赔偿方式，仅在规定的例外情形下可以适用法定赔偿方式。②

三、适用法定赔偿应当考量的因素

在对法定赔偿的数额进行确定时，法院并不能凭空臆断，而是应根据案件的相关事实、专利的价值等因素综合考量具体的金额。我国的法律以及司法实践对法定赔偿应当考虑的因素也进行了一定的探索。我国《专利法》第71条规定人民法院在确定法定赔偿时应当考虑专利权的类型、侵权行为的性质和情节等因素。浙江省高级人民法院于2009年发布的《关于审理侵犯专利权纠纷案件适用法定赔偿方法的若干意见》第6条规定："适用法定赔偿方法确定赔偿数额时，应当综合考虑以下因素：(1)权利人因被侵权可能遭受的损失，或侵权人因侵权可能获得的利益；(2)专利权的种类、创新程度；(3)专利权的商业或市场价值；(4)专利产品的价值、所占的市场份额；(5)侵权行为的性质、持续时间、范围、后果

---

① 参见谭东丽：《专利侵权损害法定赔偿研究》，中南财经政法大学2019年博士学位论文，第153页。

② 参见李晶：《我国专利侵权损害赔偿制度的法经济学研究》，知识产权出版社2019年版，第91页。

以及侵权产品的广告宣传情况等;(6)侵权人的主观过错程度;(7)侵权人的注册资本、生产经营规模;(8)工商等知识产权行政管理部门做出的行政处罚决定书中认定的侵权产品生产、经营情况;(9)作为部件的专利产品在整个产品中所起的作用;(10)专利权实施情况以及剩余保护期限;(11)同类专利的合理转让费、许可使用费;(12)其他可能影响确定赔偿数额的因素。”上海市高级人民法院于2010年发布了《关于知识产权侵权纠纷中适用法定赔偿方法确定赔偿数额的若干问题的意见(试行)》,其在第二点中的第5条提出:“适用法定赔偿方法确定赔偿数额时,一般综合以下因素酌定赔偿数额:(1)被侵犯知识产权的权利价值;(2)侵权情节;(3)侵权损害后果;(4)侵权人过错程度;(5)其他应予考虑的因素。”

法定赔偿作为一种兜底性的赔偿计算方式,其在我国司法实践中的适用频率极高,但考量因素却非常模糊,以至于法定赔偿的金额没有确定性,很大程度上取决于法官的主观价值取向,这给司法实践带来了许多问题。(1)法院对于法定赔偿金额的确定缺乏说理,确定的损害赔偿数额差异极大,削弱了司法的权威性和公信力。我国司法判决书中普遍存在“重侵权认定,轻赔偿金计算”的现象,适用法定赔偿计算的判决中,9.9%的判决属于“一句话说理”,并不结合案件的具体情况进行论证;47%的案件仅仅列举了酌定赔偿金额时所考虑的要素,但并没有结合案件情形进行分析,也没有论证每种因素在最终确定的法定赔偿金额中所占据的比重。[①] 这使得在专利侵权损害赔偿案件中法定赔偿的金额缺乏预测性和确定性,法院在赔偿金额的确定中具有极大的自由裁量空间,法官主观的价值取向对于最后赔偿金额数量的多少具有很大的影响。由此,适用法定赔偿的案件中,“同案不同判”“类案不类判”的情形不断出现,法院在不同时间、不同地域对于情节类似的案件所判定的赔偿金额并不类似,这会导致法院所判定的金额缺乏说服力,社会公众对于法院的裁

① 参见李晶:《我国专利侵权损害赔偿制度的法经济学研究》,知识产权出版社2019年版,第82页。

判水平产生怀疑，削减司法判定的权威性和公正性。(2)损害赔偿数额较低，难以弥补权利人的损失。在我国适用法定赔偿的知识产权案件中，平均诉求支持率为35%，而我国对于法定赔偿计算方式的适用率高达90%。[①] 这表明，法定赔偿的高度适用以及过于宽容的论证方式已经成了我国损害赔偿数额低的一部分制度性原因。我国与专利制度配套的法律服务市场不够成熟，专利权人在举证维权时需要付出较高的诉讼成本，但是获得的损害赔偿数额却不能弥补自身损失，长久来看，这会降低专利权人维权的积极性，腐蚀专利制度保护专利权人以促进科技创新的立法根基。(3)难以发挥损害赔偿制度对于侵权行为的预防功能。损害赔偿数额低，侵权人在给专利权人进行赔偿之后很有可能还留有一定的违法所得，这会导致损害赔偿制度无法对侵权人形成震慑，其依旧认为侵权行为有利可图，从而继续实施侵权行为。

结合法律与司法实践对法定赔偿考量因素的探索，法院在具体案件中适用法定赔偿时应当考量以下几个因素：(1)专利权人的实际损失和侵权人的侵权获利。全面赔偿原则是我国确定损害赔偿数额的基本原则，无论哪一种损害赔偿计算方式都应当以全面补偿专利权人的所有实际损失为目标，法定赔偿也不例外，因此在适用法定赔偿时首先应该考虑实际损失和侵权获利。诚然，适用法定赔偿的主要原因是实际损失和侵权获利数额难以确定，权利人缺乏足够的证据去证明自身的损失和侵权人的侵权获利，但是权利人提供的证据可以辅助法院对自身的损失或侵权人的侵权获利有一个合理的预期，该合理的预期会成为法官在判定法定赔偿数额时的重要参考，使得法官所判赔的金额可以最大可能地接近权利人的实际损失，有效地限制法官的自由裁量权，贯彻全面补偿原则。(2)专利的价值。侵权人在实施了侵权行为后，专利权人的专利价值自然会受到贬损，一般来说，越是高价值的专利权，在遭受侵权后所贬损的价值就越多，专利权人所遭受的损失就越大。对于专利的价值，上海市高

① 参见吴汉东：《知识产权损害赔偿的市场价值基础与司法裁判规则》，载《中外法学》2016年第6期。

级人民法院发布的《关于知识产权侵权纠纷中适用法定赔偿方法确定赔偿数额的若干问题的意见(试行)》文件第二点中的第8条提出可以根据以下因素来确定专利的价值:①专利技术创造性、专利设计显著性;②专利技术研发成本、实施情况;③侵权行为发生时的合理转让价格、合理许可费用;④专利使用许可的种类、时间、范围;⑤市场上同类产品的平均利润;⑥其他可以衡量专利权权利价值的因素。(3)侵权人的主观过错程度。侵权人在实施侵权行为时,其主观上是故意还是过失,是否多次侵权甚至以侵权为业等主观状态也应当被纳入法定赔偿数额判定的考量因素之中。在法定赔偿的数额范围内,对过错程度高者应适当提高赔偿数额,对过错程度低者应合理减少赔偿数额。(4)侵权情节。侵权情节是指侵权人所实施的侵权行为的具体情况,包括侵权行为的方式、侵权产品生产与销售的规模、侵权行为的持续时间、侵权次数等。侵权行为的方式主要指是否为直接侵权或间接侵权,通常而言直接侵权对权利人造成的实际损失要高于间接侵权造成的。侵权情节越严重,一般来说权利人的利润损失就越大,所得到的法定赔偿数额应当随之越高。(5)侵权损害后果。侵权损害的后果主要是指侵权行为所产生的社会影响,侵权人的侵权行为可能会给专利权人的商誉、名誉、社会评价等造成一定的负面影响,专利权人想要消除这些负面影响,就需要付出时间和金钱的代价,这些损失也应当得到补偿。(6)其他相关考量因素。专利侵权的案件比较复杂,损害赔偿的金额需要结合多重因素综合判断,以保证赔偿金的合理程度。除了上述的考量因素之外,法院还应当根据案件的具体情形,结合一些特别的因素来判定法定赔偿的金额,例如广州金鹏实业有限公司诉梁某兵侵犯发明专利权纠纷一案①中,法院在适用法定赔偿计算赔偿金额时综合考虑了涉案专利为发明专利、被告销售侵权的情节、实施侵权时间两个月左右、被告实施侵权行为的地域为湖北省经济相对落后的偏远山区以及原告为制止专利侵权行为所支付的合理开支等因素。

我国法律仅对于法定赔偿的上下限进行了明确的规定,对判定法定

---

① 参见湖北省武汉市中级人民法院民事判决书,(2008)武知初字第268号。

赔偿金时应考量的因素却规定得极为模糊,并且各种考量因素在损害赔偿数额确定中所占据的比重也并不清晰。不同法院在根据具体案情进行数额判定时,可能会根据自身的司法经验而选择不同的考量因素,不同考量因素的影响比重可能也会随法官的主观价值评价而变化,因此各地在同类案件中所判决的法定赔偿数额并不类似,法定赔偿的数额缺乏确定性。为了限制在法定赔偿数额确定上法官的自由裁量权,应当将影响法定赔偿适用的因素和这些因素对于数额确定的影响比重进行法定化,以保证其在适用法定赔偿时具有较为一致的标准和较为确定的结果。广州市中级人民法院通过调研提出法定赔偿量化标准体系,其根据实证统计确定了各类案件法定赔偿的基准赔偿额,在此基础上细化区分影响法定赔偿金额认定的相关因素及权重,即将考量因素进行分类并确定每一类因素对赔偿数额的作用比重,从而得出最终的法定赔偿数额。①

第五节　确定专利侵权损害赔偿数额方法的适用方式

一、顺位适用

我国法律对于专利侵权损害赔偿的 4 种方式是否存在适用顺序,以及应当是怎样的适用顺序有一定的历史探索过程。在 2000 年《专利法》第 60 条中,其对于权利人实际损失和侵权人侵权所得标准的适用采取了“或者”的表述,这意味着两者的适用顺序是并列的,可以进行选择;在权利人实际损失和侵权人侵权所得难以确定的情形下,才可以适用专利许可使用费的合理倍数。考虑到采用权利人的实际损失标准与侵权人的侵权所得标准所计算出的赔偿数额并不完全相同,为了更好地贯彻填平原则,2008 年《专利法》第 65 条中,严格规定了每一种赔偿数额计算方式的顺位,也就是说,在损害赔偿数额的计算上首先应当适用第一顺位的权利

---

① 参见广州市中级人民法院知识产权审判庭课题组、夏强:《模糊的边界:知识产权赔偿问题的实务困境与对策》,载《法治论坛》2014 年第 3 期。

人的实际损失标准，只有在权利人的实际损失难以计算的情形下，才能适用第二顺位的损害赔偿方式即侵权人的侵权获利，以此类推，直到适用第四顺位的法定赔偿计算方式来对确实举证困难的案件进行最后的兜底。在2008年《专利法》修改后，法院在司法实践中遇到了许多问题，主要为顺序的僵硬导致的司法资源的浪费，在损害赔偿数额计算过程中，权利人的实际损失和侵权人的侵权所得通常都难以计算，但是法院必须首先判断实际损失能否确定，其次判断侵权所得能否确定，最后再考虑余下两顺位的计算方式，这无疑加大了法院的负担。[①] 2020年修正的《专利法》第71条中，将权利人的实际损失和侵权人侵权所得进行并列，都归为第一顺位，专利许可使用费的合理倍数标准是第二顺位，法定赔偿为第三顺位，后一顺位的适用建立在前一顺位难以确定的基础上。

由此可以看出，我国法律对于专利侵权损害赔偿的适用顺序历来都采取了较为严格的顺位适用，每种赔偿方式都有严格的顺位，权利人不能根据自身的需求自主进行选择，而要严格依据案件的情况，依照规定的顺序依次进行适用。多数观点认为，在损害赔偿方式的适用上，应当给予当事人自由选择的权利。例如，吴汉东教授认为，立法上以职权主义的做法设置赔偿数额基准顺位适用的方式不够合理，应当从意思自治的角度出发，明确规定各自独立、平行的位阶，保证当事人对于损害赔偿方式可以自由选择。[②] 有学者认为取消三种损害赔偿的适用顺位，可以使确定的损害赔偿金额尽可能地填补权利人的实际损失，维护权利人的合法权益。[③] 也有学者从比较法的角度，对比美国和德国的立法例，认为打破损害赔偿方式的适用顺序意味着权利人可以选择得出损害赔偿数额最高的计算方法，更能够充分保障权利人的利益，这也是国外通行的做法。[④]

---

① 参见陈扬跃、马正平：《专利法第四次修改的主要内容与价值取向》，载《知识产权》2020年第12期。

② 参见吴汉东：《知识产权损害赔偿的市场价值基础与司法裁判规则》，载《中外法学》2016年第6期。

③ 参见史云朋：《专利侵权损害赔偿标准适用探究》，北方工业大学2022年硕士学位论文，第27页。

④ 参见王迁、谈天、朱翔：《知识产权侵权损害赔偿：问题与反思》，载《知识产权》2016年第5期。

专利侵权损害赔偿的顺位适用方式从理论上来说可以契合填平原则，以全面补偿专利权人的实际损失为首要目的，但是实际上存在以下问题。(1)损害赔偿方式严格的顺位适用会导致司法资源的浪费。依据2020年修正的《专利法》第71条的适用顺序规定，在法院确定实际损失、侵权所得难以证明之后，才能够移到下一顺位，即专利许可使用费的合理倍数赔偿方式的适用，而能否在该具体案件中适用，又需要法院进行进一步的考察，以此类推至最后一个顺位即法定赔偿。显然这个过程较为烦琐，需要法官花费时间去论证不适用其他损害赔偿方式的理由。(2)损害赔偿方式的顺位适用所体现出的"职权主义"与我国民事诉讼法向"当事人主义"转变的倾向相反。[①] 职权主义主要是指法院在诉讼程序中占据主导地位，程序的进行、诉讼资料的搜集等都一定程度上受制于法院。当事人主义是与职权主义相对立的概念，其要求在民事诉讼中，诉讼请求的确定、诉讼资料和证据的收集及阐明主要由当事人负责，法官处在顺从性地位，中立而尽量不介入双方当事人的辩论。[②] 损害赔偿方式的适用不由当事人选择，而是由法院按顺序对赔偿方式是否"难以确定"进行考察再选定，权利人只能被动接受法院对于赔偿方式的选择，这种职权主义的做法使得权利人的程序性主体地位不高，失去了一定的自主权，不利于保护权利人的合法权益。(3)司法实践中并没有严格执行法律确立的顺位适用规则。在具体司法实践中，法定赔偿的适用率高达90%，法定赔偿的适用条件明晰、诉讼效率高、举证成本低等特点，使得法院与权利人经常跳过应优先适用的前三位损害赔偿规则，直奔最后作为补充的法定赔偿方式，由此可以看出立法中严格的顺位适用规则已在现实的实践中被打破了。(4)损害赔偿方式顺位适用的规则可能会导致权利人得到的赔偿数额降低。由于损害赔偿计算方式存在适用顺序，因此若存在证据能够确定前一顺位计算方式的赔偿数额，则即使后面顺位的赔偿方式所

---

① 参见胡晶晶：《专利侵权损害赔偿额之确定——中德日比较研究》，华中科技大学出版社2019年版，第43页。

② 参见白洁、殷季峰：《当事人主义与职权主义结合的诉讼模式——试评我国的民事审判方式改革》，载《新疆大学学报（哲学社会科学版）》2003年第3期。

得到的数额高于前一顺位得出的,也不能适用后面顺位的赔偿方式,这显然对于权利人而言不够公平。相比顺位适用,选择适用意味着权利人可以选择能够计算出最高赔偿数额的计算方式,这可以提高损害赔偿的数额,更有利于权利人维护自身的利益。

损害赔偿方式的适用顺序并没有达到立法所预想的确立出更符合填平原则的损害赔偿数额的初衷,反而一定程度上剥夺了权利人自由选择的权利,阻碍了权利人维护自身的合法权益。2020 年修改的《专利法》适度地放松了严格的先后顺序要求,在整体采取顺位适用的基础上,局部改动成了选择适用,使损害赔偿方式的适用变得更加灵活。

二、选择适用

不同于我国顺位适用的规定,德国、日本、美国等国家以及《与贸易有关的知识产权协定》并没有对各方式之间的顺位关系有明确规定。

德国和日本的司法实践中都倾向于由权利人自行决定损害赔偿数额的计算方式,这主要来源于大陆法系民事诉讼理论中的辩论主义思想。辩论主义的基本内涵是:(1)当事人必须在辩论中提及能够决定权利发生还是消灭的要件事实,否则法院不能将其作为裁判的依据;(2)对于一方当事人提出的双方对此都没有争议的事实,法院无须证据即可加以认定并以此作为裁判依据;(3)认定待证事实的证据必须由双方当事人在辩论中提出,法院对案件证据的调查不得超出当事人提供的证据资料。[①]对于辩论主义,日本学者谷口安平认为,当事人在辩论中以什么样的事实作为请求的根据,又以什么样的证据证明所主张的事实存在与否,都属于其意思自治的领域,法院应当充分尊重当事人在这一领域的自由。[②]

德国法院最早于 1895 年提出,侵害著作权的损害赔偿计算方式总共为三种,权利人可以从中任选其一。(1)通过损害赔偿补偿权利人在侵权行为中所遭受的具体损害,也就对应我国所表述的权利人的实际损失

---

① 参见张卫平:《我国民事诉讼辩论原则重述》,载《法学研究》1996 年第 6 期。

② 参见[日]谷口安平:《程序的正义与诉讼》(增补本),王亚新、刘荣军译,中国政法大学出版社 2002 年版,第 139 页。

赔偿;(2)请求通常的许可使用费;(3)返还侵权人因为侵权行为所获得的利益。[①] 而后这三种损害赔偿方式引入了专利领域,并以立法的形式固定下来。至于可以从三种损害赔偿计算方式中进行选择的原因,德国有学者认为知识产权具有无形性,因此相较于其他有形财产性权利,其更易遭受侵害,权利人所遭受的损害更具有隐蔽性、更难以证明以及损害赔偿在预防侵权行为中具有更重要的地位,这些都使得知识产权需要得到更强有力的保护,而第一种损害赔偿方式在实践中证明起来较为困难,因此应当令权利人自行从三种损害赔偿计算方式中进行选择,降低权利人的证明难度。[②] 从目的论来看,德国三择一的损害赔偿适用方式,实质是为了更好地保护权利人的合法权益,防止侵权人从侵权行为中获得违法利润,侵权人可以获利不仅对权利人不公平也助长侵权行为的发生。[③] 在德国,这三种损害赔偿方式并非独立的请求权,而是统摄于损害赔偿请求权的三种不同计算方式,这三种计算方式相互排斥,权利人在具体案件之中只能选择其中一种计算方式进行计算,选定之后就不能再选择其他的计算方式叠加计算,但是如果选中的赔偿计算方式难以实现计算目的,则权利人可以在诉讼中转而选择其他的计算方式。[④]

日本的专利侵权损害赔偿方式也同为三种,即逸失利益、侵权获利和相当许可费。在日本,权利人不仅可以从三种损害计算赔偿方式之中自行选择其一进行适用,还可以同时适用多种损害赔偿计算方式,根据案件实际情形同时适用不同计算方式对损害赔偿金额进行计算后,权利人可以从中选择金额最高的计算方式进行适用,显然这可以令其尽可能地得到更高的救济金额,更有力地保护了权利人的合法利益。例如,在自动麻将桌一案[⑤]中,原告在大阪地方法院以专利侵权为由起诉,并且其依据

---

① 参见胡晶晶:《专利侵权损害赔偿额之确定——中德日比较研究》,华中科技大学出版社 2019 年版,第 22 页。

② 参见王迁、谈天、朱翔:《知识产权侵权损害赔偿:问题与反思》,载《知识产权》2016 年第 5 期。

③ 参见王迁、谈天、朱翔:《知识产权侵权损害赔偿:问题与反思》,载《知识产权》2016 年第 5 期。

④ 参见胡晶晶:《专利侵权损害赔偿额之确定——中德日比较研究》,华中科技大学出版社 2019 年版,第 40 页。

⑤ 参见胡晶晶:《专利侵权损害赔偿额之确定——中德日比较研究》,华中科技大学出版社 2019 年版,第 41 页。

《日本专利法》第102条提出了损害赔偿请求,法院在确定被告侵权行为成立后,同时适用了逸失利益和相当许可费标准来计算被告所应承担的损害赔偿金额,由于逸失利益标准所确定的损害赔偿金额更高,达到81,740,000日元,最后以逸失利益计算方式确定的数额为最终赔偿数额。

美国的专利侵权损害赔偿方式经过了一定的历史演变,其间废除了违法所得的计算方式,因此现阶段美国的专利侵权损害赔偿数额计算仅有两种方式,第一种是以权利人的所失利润为标准;第二种是以合理许可使用费为标准。美国的两种损害赔偿方式可以在一个案件中混合叠加适用,若权利人实施了该专利并与侵权人具有市场竞争关系,那么通常其会申请所失利润赔偿;若权利人未实施该专利,那么其无法适用所失利润赔偿,而应采取合理许可使用费赔偿;若权利人实施了其专利,但是其市场只与侵权人的部分市场重叠,那么权利人可以在其专利产品销售的市场范围内,采取所失利润方式申请赔偿,在专利产品销售的市场范围外、侵权产品销售的市场范围内采取合理许可使用费赔偿。两种损害赔偿方式混合叠加的情形主要出现于:(1)部分销售对象情形,侵权产品的部分销售对象与权利人的专利产品所针对的消费群体重叠;(2)部分地域情形,侵权人销售侵权产品的部分地域与权利人销售专利产品的地域重叠;(3)部分时期情形,侵权人销售侵权产品的时期内有一部分时期与权利人形成了竞争关系。① 两种损害赔偿方式混合叠加的适用方式有一定的合理性,更符合填平原则,若权利人的所失利润与合理许可使用费两种方式互相排斥,那么在权利人与侵权人部分市场重叠时,仅采取所失利润标准必然无法完全弥补权利人的损失,而仅采取合理许可使用费标准又没有混合叠加适用更接近理想中权利人的损失。在史密斯莱恩案②中,美国法院提出权利人自行选择损害赔偿方式之后,需要对此举证,法院对于所失利润和合理许可使用费的具体计算方式有自由裁量权,可以认可或

① 参见和育东:《美国专利侵权救济制度研究》,中国政法大学2008年博士学位论文,第74页。

② See Smithline Diagnostics, Inc. v. Helena Laboratories Corp., 926 F. 2d 1161, 17 USPQ 2d 1922 (Fed. Cir. 1991).

否定权利人提出的计算方式,不过这并不意味着其有权在所失利润和合理许可使用费标准之间进行选择,而只是对所失利润或合理许可使用费的具体计算方式有自由裁量权,例如法院有权选择合理的计算方式对侵权产品的销售数量进行确定。[①]

从比较法来看,德国、日本、美国等国家都不同程度地给予了权利人选择的权利,权利人可以在具体案件中,根据自身的情况选择最能够弥补自身损失的赔偿计算方式,最大限度地保护自身的合法利益。

① 参见和育东:《美国专利侵权救济制度研究》,中国政法大学 2008 年博士学位论文,第 74 页。

第八章　专利侵权惩罚性赔偿

第一节　专利侵权惩罚性赔偿概述

一、专利侵权惩罚性赔偿的概念

专利侵权惩罚性赔偿并非一个明确的法律概念，若要确定专利侵权惩罚性赔偿的概念还需从传统的惩罚性赔偿制度中去探寻。惩罚性赔偿，也被称为示范性赔偿（exemplary damages）或报复性赔偿（vindictive damages），是指法院判定的损害赔偿金额超出受害人所遭受的实际损害的赔偿。[①] 惩罚性赔偿制度起源于英美法系国家，其与补偿性赔偿制度相对应，长期以来都不为大陆法系的国家所接纳、适用。一般而言，补偿性赔偿制度以填平原则为基准，致力于完全补偿被侵权人在侵权行为中遭受的所有损失，因此所判定的赔偿金额越贴近被侵权人的实际损失越佳，理论上其并不应当高于被侵权人的实际损失，否则被侵权人有不当得利之嫌。而惩罚性赔偿是在被告以恶意、故意、欺诈或放任的方式侵害了原告的

---

① 参见王利明：《惩罚性赔偿研究》，载《中国社会科学》2000 年第 4 期。

合法权益之后,权利人可以获得的超过其实际损失的赔偿。[①] 惩罚性赔偿的目的并不在于补偿原告,而在于制裁被告的不法行为、预防其重复实施该行为、震慑社会公众以及维护公共和平等,因此惩罚性赔偿相较于补偿性赔偿更具有社会公共属性,通常适用于侵权行为而非违约行为。

是否应当将惩罚性赔偿制度引入知识产权领域曾有许多学术争议,而争议的本质在于对惩罚性赔偿责任性质的认定不一。惩罚性赔偿处于刑法与侵权法联系和区别的边缘地带,[②]目前对于惩罚性赔偿性质的主流观点有民事责任说和准刑事责任说。准刑事责任说认为民事侵权责任中的惩罚性赔偿虽然规定于侵权法,但更类似于刑事责任中的罚金刑。[③] 大陆法系国家更强调严格地区分公法与私法的区别,因此更倾向于将具有公法色彩的惩罚性赔偿认定为刑事责任。德国最高法院在一起有关承认和执行美国法院的判决的案件中提出,德国民事责任以补偿受害人为原则,若判决的损害赔偿有惩罚性的因素则其不应当得到承认和执行,否则违背了德国法律体系内仅由国家具有刑罚权的原则,因此德国最高法院拒绝承认和执行美国法院作出的惩罚性赔偿判决。[④] 德国最高法院在一定程度上将惩罚性赔偿认定为了刑事责任。准刑事责任说认为惩罚性赔偿的主要目的在于惩罚和震慑,与补偿性赔偿补偿受害人,使受害人受损的权利状态恢复的目的迥然不同,应属于刑事处罚的范畴。[⑤] 民事责任说主要认为民事侵权惩罚性赔偿归属于民事侵权责任范畴,是具有惩罚功能的特殊民事责任。在英美法系国家中,多将惩罚性赔偿视为一种"私人罚款",认为惩罚性赔偿虽然与刑事责任在目的和功能上有一定的类似,但是惩罚性赔偿在立法上是以民事责任加以确立的,由私人提起诉

---

① 参见张新宝、李倩:《惩罚性赔偿的立法选择》,载《清华法学》2009 年第 4 期。

② See Dorsey D, Ellis Jr, *Fairness and Efficiency in the Law of Punitive Damages*, Southern California Law Review., Vol. 56, p. 1(1982).

③ 参见张鹏:《专利侵权损害赔偿制度研究——基本原理与法律适用》,知识产权出版社 2017 年版,第 283 页。

④ 参见[奥]赫尔穆特·考茨欧、[奥]瓦内萨·威尔科克斯主编:《惩罚性赔偿金:普通法与大陆法的视角》,窦海阳译,中国法制出版社 2012 年版,第 310 页。

⑤ 参见陈聪富:《侵权归责原则与损害赔偿》,北京大学出版社 2005 年版,第 197 页。

讼并且适用民事诉讼程序规定，所以惩罚性赔偿属于民事责任。[①] 在我国，多数观点认为惩罚性赔偿应属于民事责任。吴汉东教授认为知识产权领域的惩罚性赔偿是具有民事责任性质的金钱惩罚，虽然其制度功能主要在于惩戒侵权人，但是其依旧归属于赔偿责任，应当将惩罚性赔偿看作一种特殊的民事责任。[②] 有学者通过分析惩罚性赔偿的制度价值和实施效果认为，惩罚性赔偿既具有民事责任中的补偿功能，又兼具刑事救济中的惩戒、遏制作用，因此应将其认定为“准刑罚性的民事责任”。[③] 补偿功能和惩罚功能在时代日益发展的今天，不适宜如此泾渭分明，并不是只有公法才具有惩罚功能，私法仅能具有补偿功能，本书更认同民事责任说，惩罚性赔偿应归属于民事责任，理由如下：(1) 惩罚性赔偿的适用主体为平等的民事主体。惩罚性赔偿是适用于侵权行为发生后，侵权人应向受害人支付一定数额赔偿金的前提下的赔偿。侵权人与受害人皆为平等的民事主体，惩罚性赔偿的金额也是交给了受害人而非国家，国家并不能强制性地要求侵权人赔偿一定金额的罚金给受害人，而需受害人主动提出申请，总而言之，惩罚性赔偿虽然具有“公”的色彩，但依旧处在私人财产法律关系之中。但是刑事罚金就截然不同，其并非平等主体之间的法律关系，当事人缴纳的罚金需要上缴国库，而不是给受害人。(2) 惩罚性赔偿的诉讼程序属于民事诉讼程序。受害人想要获得惩罚性赔偿金，需要提起民事诉讼。就专利领域而言，专利权人需要提起侵权之诉，在确认侵权人侵权行为成立之后，才可以主张补偿性的损害赔偿和惩罚性赔偿。惩罚性赔偿的民事诉讼程序与补偿性损害赔偿并无区别，若权利人没有提出或主动放弃惩罚性赔偿的主张，法院不可以代替其向侵权人主张惩罚性赔偿。但刑事责任是由国家机关向侵权人进行追究，并不会因为受害人的放弃而免于追究侵权人的刑事责任。(3) 惩罚性赔偿是建立在补偿性赔偿基础上的额外赔偿。权利人申请补偿性赔偿的前提是其在

---

① 参见金福海：《论惩罚性赔偿责任的性质》，载《法学论坛》2004 年第 3 期。

② 参见吴汉东：《知识产权惩罚性赔偿的私法基础与司法适用》，载《法学评论》2021 年第 3 期。

③ 参见杨方程：《知识产权侵权损害赔偿数额确定研究》，中央民族大学出版社 2018 年版，第 73 页。

侵权行为之中受到了损害，在确定应当适用补偿性赔偿救济之后，权利人在满足一定的条件时才可以申请惩罚性赔偿，并且惩罚性赔偿数额的确定依旧基于补偿性赔偿数额。惩罚性赔偿是补偿性赔偿的一种补充，权利人并不能单独地在案件中请求惩罚性赔偿，其是补偿性赔偿确不足以震慑侵权人时，在补偿性赔偿之上附加的一种额外的经济惩罚。[①] 因此无法脱离补偿性赔偿而存在的惩罚性赔偿，其性质在本质上也应当与补偿性赔偿相同。

将惩罚性赔偿引入专利制度中有一定的必要性，第一，专利权客体本身具有一定的特殊性。专利权的客体具有非物质性，相较于传统的有形财产而言，专利技术在占有、使用以及处分方面都有自身独特的一面。对于有形物的所有权人，其可以依靠占有等方式排除他人对自身有形财产的接触，例如电脑的所有权人可以将电脑放在家中以排除他人的非法使用和占有，即使有人将其偷盗或毁损，所有权人也可以较为轻易地发现自己的物权被他人侵犯。而专利权不同，专利的本质在于专利权人通过向社会公开自身的技术而获得一定时间的垄断该技术的权利，在此基础之上，专利权人可以利用该排他性的权利得到经济收益。因此，专利技术是面向不特定的社会公众公开的，侵权人无须付出任何成本即可得到该技术方案，并利用该技术方案实施利润高昂的侵权行为。由于专利的无形性、公开性，侵权人的侵权行为可以随时随地发生并具有一定的隐蔽性，专利权人对于侵犯其专利权的行为几乎没有控制力，只能依靠国家强制力来保障，若国家不对侵权行为加大打击力度，震慑侵权人和社会公众，那么针对专利的侵权行为将有泛滥的风险。正如有学者通过法经济学角度分析，惩罚性赔偿可以增强侵权威慑，提高现行《专利法》设置的社会最优注意水平，预防侵权行为的发生，激励创新。[②] 第二，符合我国知识产权政策的需要。知识产权是一种法律拟制的权利，相较于其他权利，其内含的政策性更为鲜明，因此对于知识产权的研究和改进也要符合国家

---

① 参见罗莉：《论惩罚性赔偿在知识产权法中的引进及实施》，载《法学》2014 年第 4 期。

② 参见邓雨亭、李黎明：《专利侵权惩罚性赔偿之威慑机理与规则适用研究：以法经济学为视角》，载《知识产权》2020 年第 8 期。

层面的政策取向。自21世纪以来,科技在国家实力进步中的占比越发增加,专利制度的作用越发凸显,我国也越来越强调对于专利制度的保护。2019年中共中央办公厅、国务院办公厅印发的《关于强化知识产权保护的意见》第二点提出:"研究制定知识产权基础性法律的必要性和可行性,加快专利法、商标法、著作权法等修改完善。完善地理标志保护相关立法。加快在专利、著作权等领域引入侵权惩罚性赔偿制度。大幅提高侵权法定赔偿额上限,加大损害赔偿力度。强化民事司法保护,有效执行惩罚性赔偿制度。"党的二十大报告指出:"深化科技体制改革,深化科技评价改革,加大多元化科技投入,加强知识产权法治保障,形成支持全面创新的基础制度。"专利惩罚性赔偿制度正是在知识产权强国战略、创新驱动发展战略等一系列加大知识产权保护、遏制知识产权侵权行为频发的政策中应运而生的。第三,专利侵权行为的发生频率越来越高,权利人维权困难。根据2016年、2017年、2018年、2019年、2020年5年中国知识产权保护状况的数据,2016年全国地方人民法院新增专利案件12,357件,同比上升6.46%;2017年新增专利案件达16,010件,同比上升29.56%;2018年新增专利案件达21,699件,同比上升35.53%;2019年新增专利案件达22,272件,同比上升2.64%;2020年新增专利案件达28,528件,同比上升28.09%。由此可以看出,我国的专利案件在持续上升,多年以将近30%的速率增长,这固然有专利权人保护自身专利的意识增强的原因,但更多还是因为专利侵权行为的发生率正在迅猛增长。虽然专利侵权行为随着经济、科技的进步正在不断攀升,但是我国的司法现状还没有达到对应的司法水平。专利权人经常面对侵权行为易发、频发,维权成本高,赔偿金额低,举证困难等问题,难以维护自身的合法利益,尤其是在网络技术迅速发展的情境下,侵权行为变得越发普遍、隐蔽,如不采取一定的遏制措施,侵权行为将会以更快的速度爆发,专利权人和社会公众的利益将会遭到难以估量的损失。因此惩罚性赔偿措施在现有的实践环境中,可以更好地打击侵权行为的发生,维护权利人的合法利益,营造尊重他人专利的社会风气。

专利侵权惩罚性赔偿是民事责任中的一种特殊的金钱赔偿形式,其功能依旧不会脱离一般损害赔偿制度的功能,即救济、惩罚和遏制功能。第一,救济功能:我国侵权责任制度的定位为救济法,侵权责任的构建以补偿受害人的损失为中心。侵权损害赔偿作为侵权责任的种类之一,其最为基础的功能便是全面补偿被侵权人在侵权活动中所遭受的损失,使得被侵权人的合法权益通过损害赔偿救济恢复到没有被侵权时的状态。惩罚性赔偿虽有惩罚之名,但依旧归属于一般的损害赔偿责任形式,具有最基础的救济功能。在我国,补偿性的损害赔偿方式有三种,分别为权利人的实际损失、侵权人的侵权所得、专利许可使用费的合理倍数标准,这三种方式皆以填补受害人的所有损失为目标。但是我国的司法实践中,权利人面临举证难、赔偿低、越维权越受损的情形,传统的补偿性损害赔偿方式不足以弥补权利人的所有损失,因此将具有公法性质的惩罚赔偿金额判予私人而非国家有一定的合理性,可以更全面地补偿权利人的实际损失,更好地维护权利人的合法权益。第二,惩罚功能:侵权责任制度在补偿受害人的所有损失的同时,也强令侵权人承担了其并无意愿承担的赔偿责任,侵权人无法从自身的侵权行为中得利,这体现了侵权责任制度中一定的惩罚功能。相较于一般的补偿性损害赔偿,惩罚性赔偿除补偿受害人的基础功能外,其核心功能在于惩罚侵权人的侵权行为。补偿性损害赔偿要求侵权人赔偿足以弥补受害人所有损失的赔偿金额;而惩罚性损害赔偿要求侵权人赔偿的金额高于受害人的实际损失,即在足以填补权利人损失的赔偿金之上附加额外的罚金,以达到制裁侵权人的目的。奥地利学者考茨欧带领的欧洲侵权法小组提出:"'惩罚性赔偿'明显使受害人的实际损害与赔偿金额不成比例,其唯一目的在于通过民事赔偿制裁违法者。"[①]在专利领域,惩罚性赔偿主要用于侵权人具有主观故意并且情节严重的情形,这类侵权行为不仅具有道德上的应受责难性,而且还具有客观后果上的非法逐利性。[②] 令这类专利侵权行为人不仅承担足以填补受害人所有损失的赔偿金,还要承担额外的经济负担,显然是

---

① 欧洲侵权法小组编著:《欧洲侵权法原则:文本与评注》,于敏、谢鸿飞译,法律出版社 2009 年版,第 208 页。

② 参见朱丹:《知识产权惩罚性赔偿制度研究》,华东政法大学 2013 年博士学位论文,第 77 页。

对其严重的侵权行为的一种经济惩罚，以教育并矫正侵权人不法的行为。第三，遏制功能：随着时代和科技的进步，侵权责任法中的遏制功能越发受到重视，尤其是在维权困难的专利侵权领域。虽然在理论上补偿性赔偿可以完全弥补权利人的损失，但是在实际中权利人的维权成本较高，即使提起侵权诉讼也不一定能够真的胜诉，即使胜诉也不一定能够得到足以弥补损失的赔偿金，相较于忙于维权的专利权人，侵权人在侵权行为之中虽有赔本的风险，但也有可能得到利益，补偿性赔偿难以对侵权人形成震慑。① 损害赔偿责任制度的功能不仅仅在于事后纠纷的解决和受害人的补偿，更在于最大限度地减少事前纠纷，预防侵害行为发生，这就是惩罚性赔偿制度遏制侵权行为的目标功能。② 惩罚性赔偿的首要目的并不是惩罚侵权人，其只是运用惩罚的手段来实现遏制、预防类似侵权行为再度发生的目的。在专利侵权案件中，运用惩罚性赔偿的意义在于通过令侵权人承担高于权利人实际损失的赔偿数额，来提高侵权人的侵权成本，从而遏制其再次实施侵权行为的意愿，向不特定的社会公众提供教育引导。遏制功能可以分为一般预防和特殊预防，所谓特殊预防，是指针对已经实施侵权行为的具体侵权人，通过除补偿性赔偿以外的额外罚金来加大其违法成本，其可以认识到侵权行为会造成严重后果，从而阻止侵权人再次实施侵权行为；一般预防主要针对一般社会公众，其是指通过实施了惩罚性赔偿的案例来震慑社会公众，以惩罚个人专利侵权行为的例子来预防众人未来可能的侵权行为，教育引导社会公众尊重他人专利权。

二、专利侵权惩罚性赔偿的特点

专利侵权惩罚性赔偿相较于一般的民事赔偿、一般的惩罚性赔偿都有其自身独特的一面。

1. 相较于一般的民事赔偿，专利侵权惩罚性赔偿以惩罚侵权人、预防侵权行为的发生为主要目的，补偿专利权人在侵权行为中所受到的损害

---

① 参见郑成思：《中国侵权法理论的误区与进步——写在〈专利法〉再次修订与〈著作权法〉颁布十周年之际》，载《中国工商管理研究》2001 年第 2 期。

② 参见吴汉东：《知识产权惩罚性赔偿的私法基础与司法适用》，载《法学评论》2021 年第 3 期。

只是附带的功能。通常民事赔偿以补偿权利人的损害为宗旨,所判定的数额需要尽可能地等同于权利人在侵权行为中所受到的损失数额。但是专利侵权惩罚性赔偿数额的计算并不以权利人的实际损失为限,是独立于补偿性赔偿的额外的罚金,重在惩戒侵权人故意的、情节严重的侵权行为。除了适用宗旨、目的不同,在适用范围上由于惩罚性赔偿超出了填平原则,额外给侵权人附加了一定的经济负担,因此惩罚性赔偿相较于一般的民事赔偿,其适用范围具有法定性,法律会规定特殊类型的情形适用惩罚性赔偿,在没有特别规定的一般领域通常并不可以适用惩罚性赔偿,根据《民法典》和《专利法》的相关规定,专利侵权领域可以适用惩罚性赔偿制度。在适用条件上相较于一般的补偿性赔偿,专利侵权惩罚性赔偿不仅要达到一般补偿性赔偿适用的构成要件,还需要侵权人主观上具有故意和侵权情节严重。从法律后果上来说,惩罚性赔偿数额以一般的补偿性赔偿数额为赔偿基数,是一般补偿性赔偿的几倍,专利侵权惩罚性赔偿的倍数为 1 至 5 倍,具体倍数的确定需要法院根据相关规定进行自由裁量。

2. 相较于一般的惩罚性赔偿,专利侵权惩罚性赔偿也有所不同。(1)在适用范围上,惩罚性赔偿是一种特殊的损害赔偿方式,并不普遍适用于所有的侵权行为之中,仅在法律明确规定的权利种类下,符合一定的条件,才能够适用。惩罚性赔偿的适用总是基于一定的法律关系,一般的惩罚性赔偿多基于先前的合同关系,如劳动合同、商品房买卖合同等,也可能基于侵权责任而引发。专利侵权惩罚性赔偿责任一般基于侵权责任,侵权人与专利权人先前并不一定具有合同关系,侵权人可以是不特定的社会公众。(2)从制裁对象的影响范围来看,专利侵权惩罚性赔偿与一般民法上的惩罚性赔偿也有所区别。一般而言,民法上适用惩罚性赔偿的情境多涉及不特定的社会公众领域,例如《消费者权益保护法》第 55 条规定的经营者提供商品或服务有欺诈行为的,需要承担惩罚性赔偿责任,该情形会侵害不特定的社会公众的权益,造成恶劣的社会影响;还有《食品安全法》第 148 条第 2 款、《劳动合同法》第 87 条等。从中可以看出,一般民法上的惩罚性赔偿的适用多是为了制裁侵害公共领域不特定多数人权益的行为,预防或遏制这类对社会影响极为恶劣的行为的再度发生。相对而言,情节恶劣的专利侵权行为多是侵害了特定群体的权益,譬如专利权人和相关利害人;对于消费者或者其他不特定的社会公众而言,并没有直接地侵害到他们的权益。因此专利侵权惩罚性赔偿的目的是预防专利权人的权益受到情节恶劣的侵权行为的侵害,保护特定群体的权益,从而保护整个市场秩序,令专利制度良性运行,间接地构建了尊重专利权、尊重创新的良好社会风气。(3)从适用条件来看,专利侵权惩罚性赔偿要求侵权人具有主观故意和侵权行为情节严重。在主观层面,一般民法上的规定多为“明知”,例如《消费者权益保护法》第55条第2款要求经营者“明知”其商品或提供的服务存在缺陷;《食品安全法》第148条第2款要求生产不符合或者经营“明知”是不符合食品安全标准的食品等。该“明知”与专利侵权惩罚性赔偿中的主观故意内涵上并无实质的差别,二者皆要求侵权人能够预见或者确认损害发生。[①] 不过一般民法上对于侵权人的主观状态的判定采取了主观标准,也就是说其是否“明知”是在其作为经营者的特定身份的基础上来判断的,而专利侵权惩罚性赔偿以客观标准来判断侵权人的主观状态,即以一般“理性人”的注意程度来判定侵权人是否故意。在客观层面,一般民法上的惩罚性赔偿以损害结果为判断要件,例如《消费者权益保护法》第55条第2款规定要求“造成消费者或者其他受害人死亡或者健康严重损害”,《旅游法》第70条第1款要求“造成旅游者人身损害、滞留等严重后果”等。而专利侵权惩罚性赔偿要求侵权行为情节严重,其评价的是侵权人的行为,实质是一种行为要件。在判断侵权人的行为情节是否严重时,损害后果可以作为评价的要素之一,但不是唯一要素,也就是说,即使侵权人的行为所造成的损害后果并不严重也可能会被判定为情节严重。在客观层面,专利侵权惩罚性赔偿的适用范围要大于一般民法上的惩罚性赔偿。(4)从法律后果上来看,专利侵权惩罚性赔偿的惩罚力度一般高于民法上的惩罚性赔偿力度。民法上一般的惩罚性赔偿所规定的惩罚性赔偿倍数多为1至

---

① 参见吴汉东:《知识产权惩罚性赔偿的私法基础与司法适用》,载《法学评论》2021年第3期。

3 倍,例如《旅游法》第 70 条第 1 款规定的"旅游费用一倍以上三倍以下",《消费者权益保护法》第 55 条第 2 款规定的两倍以下,《食品安全法》第 148 条第 2 款规定的损失的 3 倍等。而专利侵权惩罚性赔偿的惩罚性赔偿倍数可以为 1 至 5 倍,其力度高于民法领域的多数惩罚性赔偿。

三、专利侵权惩罚性赔偿制度的历史发展

我国自 20 世纪 90 年代起就对惩罚性赔偿制度进行了探索和适用,一般认为 1993 年《消费者权益保护法》是对惩罚性赔偿进行的首次规定。1993 年《消费者权益保护法》第 49 条规定:"经营者提供商品或者服务有欺诈行为的,应当按照消费者的要求增加赔偿其受到的损失,增加赔偿的金额为消费者购买商品的价款或者接受服务的费用的一倍。"该规定虽然没有明确提出"惩罚性赔偿"的表述,但是规定经营者在存在欺诈行为的情况下,其赔偿的金额加至消费者消费价格的一倍,显然已经超过了消费者实际的损失,不再属于补偿性赔偿的范围。我国在 1999 年《合同法》第 113 条第 2 款中再次规定:"经营者对消费者提供商品或者服务有欺诈行为的,依照《中华人民共和国消费者权益保护法》的规定承担损害赔偿责任。"关于 1993 年《消费者权益保护法》第 49 条惩罚性赔偿的性质的认定,多数学者认为其是一种合同责任,一部分原因是 1999 年《合同法》将 1993 年《消费者权益保护法》第 49 条规定的惩罚性赔偿责任纳入其中。①

自引入惩罚性赔偿之后,我国在商品房买卖、食品安全、侵权责任、劳动合同等领域逐渐扩大了对于惩罚性赔偿的适用范围。就知识产权领域而言,首先制定惩罚性赔偿制度的是 2013 年修正的《商标法》,其第 63 条第 1 款中规定:"对恶意侵犯商标专用权,情节严重的,可以在按照上述方法确定数额的一倍以上三倍以下确定赔偿数额。"《商标法》在 2019 年修正时将赔偿数额的倍数扩张至 1 倍以上 5 倍以下。2015 年修订的《种子法》在第 73 条第 3 款中规定,对于严重侵犯植物新品种权的,可以适用惩

① 参见张新宝、李倩:《惩罚性赔偿的立法选择》,载《清华法学》2009 年第 4 期。

罚性赔偿。2019 年《反不正当竞争法》第 17 条第 3 款规定，经营者实施侵犯商业秘密行为，有主观恶意并且情节严重的，可以在确定数额的基础上以 1 至 5 倍确定赔偿数额。2020 年出台的《民法典》建立了惩罚性赔偿的基础性架构，其首先在总则编的第 179 条第 2 款规定了有关惩罚性赔偿的指引性条款："法律规定惩罚性赔偿的，依照其规定。"其次在侵权责任编第 1185 条中专门对知识产权的惩罚性赔偿进行了总括式的规定："故意侵害他人知识产权，情节严重的，被侵权人有权请求相应的惩罚性赔偿。"第 1185 条规定是《民法典》新增的条款，对知识产权惩罚性赔偿制度起到了统领的作用，是知识产权惩罚性赔偿的一般性条款。知识产权各部门法具体对惩罚性赔偿进行规定时，需要以《民法典》第 1185 条为原则，不得制定与其相冲突的规范。我国 2020 年修正的《专利法》第一次对惩罚性赔偿进行了明确规定，其在第 71 条第 1 款规定："……对故意侵犯专利权，情节严重的，可以在按照上述方法确定数额的一倍以上五倍以下确定赔偿数额。"自此，在专利侵权案件中，专利权人可以根据《专利法》第 71 条提出惩罚性赔偿。2021 年，最高人民法院发布《关于审理侵害知识产权民事案件适用惩罚性赔偿的解释》（以下简称《侵害知产案件惩罚性赔偿的解释》），该司法解释进一步明确对于情节严重的判定和侵权时主观故意的确定。2021 年中共中央、国务院印发了《知识产权强国建设纲要（2021－2035 年）》，该文件提出要"提高保护标准，全面建立并实施侵权惩罚性赔偿制度，加大损害赔偿力度"。由此可以看出，惩罚性赔偿作为加大对专利权人保护力度的一项措施，在今后的专利侵权损害赔偿领域将有着不可或缺的价值。

第二节　专利侵权惩罚性赔偿的适用条件

一、侵权人具有主观故意性

惩罚性赔偿相较于补偿性赔偿，是较为严厉的一种侵权责任，实施惩罚性赔偿的主要目的，是震慑侵权人以及潜在的侵权群体，避免类似的侵权行为再度发生，因此对于惩罚性赔偿的适用范围应当进行限制，避免在司法实践中产生滥用的风险。本书根据《专利法》第 71 条第 1 款以及《侵害知产案件惩罚性赔偿的解释》的规定，认为适用专利侵权惩罚性赔偿的构成要件为侵权人具有主观故意性、侵权后果具有严重性以及权利人提出申请。

在一般情形下，我国在民事赔偿中采取过错责任原则，专利侵权损害赔偿也并不例外，过错责任可以分为故意和过失两种。若主观上并没有侵权意愿而只是过失侵权的专利侵权人也需要承担惩罚性赔偿的责任，未免过于严苛，专利侵权人的主观状态也达不到需要被震慑，遏制其再犯的程度。对于主观故意的理解，我国主要有两种学说观点，第一种为意思主义，其认为故意是指行为人不仅明知其行为会造成的后果，还有意地追求这种后果或放任这种后果的发生。意思主义将故意分成了两个要素，分别为认识要素和意愿要素，认识要素是指行为人对该行为会导致他人民事权益被侵害的后果有所认知；意愿要素是指行为人在认识到其行为会发生侵权后果的前提下，依旧有实现该后果的决意。[①] 第二种为观念主义，观念主义认为行为人认识到了其行为会导致侵权结果的发生就构成故意。[②] 从中可以得出，观念主义包含了意思主义所提出的直接故意和间接故意，不过其不能够很明确地区分出过失和故意的区别，其可能会不适当地扩大故意的范围，如将过于自信的过失囊括其中。对于专利侵权惩罚性赔偿而言，其适用的范围应当审慎，主观要件的辨析上应尽可能明晰、准确地将故意这个概念框住，与过失进行区分，使得实务中具有主观过失的侵权人免于惩罚性赔偿的责难。因此本书认为专利侵权惩罚性赔偿中故意的判定不适宜采取观念主义，而应当采用意思主义。在意思主义的基础上，专利侵权惩罚性赔偿是否需要包括间接故意，在学界也有一定的争论。有学者认为，间接故意不应当作为专利侵权惩罚性赔偿的适用条件之一，因为“故意”应与“情节严重”在可非难的程度上具有一致

---

① 参见程啸：《侵权责任法教程》(第 4 版)，中国人民大学出版社 2020 年版，第 122 页。

② 参见王利明、周友军、高圣平：《中国侵权责任法教程》，人民法院出版社 2010 年版，第 206 页。

性,间接故意可以被纳入补偿性赔偿的适用范围。[①] 也有学者认为,在惩罚性赔偿的案件中,行为人是否故意的判定标准应是看其是否达到了应当达到的注意程度,即是否履行了一般"理性人"所应负有的注意义务,如果其明知或应知权利存在,未尽合理注意义务,直接追求或间接放任损害后果的发生,就可以认定行为人具有主观故意。[②] 本书认为在判断行为人是否具有主观故意时,应当同时包括直接故意和间接故意。首先,无论是直接故意还是间接故意,其都需要行为人认识到其行为会造成他人权益的损害,并且行为人对损害后果并不排斥,或者说对于损害后果的发生依旧存在欲求,只不过一个采取积极追求的方式,一个采取漠不关心的放任方式。具有间接故意的行为人并非为不希望侵权结果发生的无辜者,其与直接故意的行为人具有相当程度的可谴责性。其次,在实践中,直接故意与间接故意的区别极小,难以区分。侵权人在实施侵权行为时的主观状态,究竟是放任还是追求该损害结果的发生,权利人是难以证明的,若强令权利人进行证明区分,则很有可能出现无法证明侵权人为直接故意状态而导致其提出的惩罚性赔偿主张被否决的情况,在实质上架空了惩罚性赔偿的适用。即使将证明主观状态是直接故意还是间接故意的证明责任分配给侵权人,其也难以拿出证据证明当时内心的心理状态,在具体案情之中就会变成侵权人被动地全盘承担权利人提出的惩罚性赔偿。

就主观故意的程度而言,需要明确"故意"与"恶意"两概念是否内涵一致,对"故意"与"恶意"概念的明晰分辨有利于厘清专利侵权惩罚性赔偿适用条件中主观故意的内涵与外延。在知识产权领域中,《商标法》第63条、《反不正当竞争法》第17条中有关惩罚性赔偿的规定的表述为"恶意",而《民法典》第1185条、《专利法》第71条、《著作权法》第54条中的表述为"故意"。对此《侵害知产案件惩罚性赔偿的解释》第1条第2款将故意与恶意的概念合并理解,提出:"本解释所称故意,包括商标法第六

---

① 参见邓恒:《专利侵权惩罚性赔偿制度的理论证成与规则修正》,载《中国应用法学》2022年第3期。

② 参见吴汉东:《知识产权惩罚性赔偿的私法基础与司法适用》,载《法学评论》2021年第3期。

十三条第一款和反不正当竞争法第十七条第三款规定的恶意。"但是在司法实践中，不同法院的看法并不一致。北京市高级人民法院民三庭课题组认为，从语言表述逻辑上，"故意"与"恶意"呈现了一种递进的关系，也就是说，恶意的主观恶性程度更高。① 不过最高人民法院林广海等法官指出应对故意与恶意作出一致性的理解，首先，应当与上位法《民法典》的规定保持一致，不能有所冲突；其次，在司法实践领域，故意与恶意若精准区分可能会增加裁判操作的难度，不利于惩罚性赔偿的适用。② 本书认为恶意应当与故意作同一概念理解，首先，《民法典》作为基础性的法律已将惩罚性赔偿的适用条件认定为故意，《商标法》《反不正当竞争法》也应当与《民法典》统一。其次，主观恶意一般可以理解为一种不诚信、具有不良动机的主观心理；而主观故意可以理解为明知会造成损害依旧积极追求或放任损害发生的心理。在知识产权领域，侵权人主动实施侵权行为多是为了获得非法利益，尤其是专利侵权行为。因此从主观状态来说，故意与恶意很难进行程度上的区分，法院在实际判断案件时，难以进行如此细微的衡量判定。最后，在先前的司法实践中，法院也会将恶意作故意理解，来进行判断，例如在"约翰迪尔"侵害商标权及不正当竞争纠纷案③中，法院认为"恶意"应当仅限于"明知"，即故意而为，该案中侵权人在工商行政部门已经查处的情形下依旧继续实施商标侵权行为，因此达成主观恶意构成要件。

二、侵权后果具有严重性

对于专利惩罚性赔偿而言，《专利法》除规定具有主观故意性外，还规定了情节严重这一构成要件。情节严重这一构成要件更多地出现于刑法、行政法领域之中。由于惩罚性赔偿本身具有准刑罚性的特质，其主要

① 参见北京市高级人民法院民三庭课题组：《侵害知识产权民事案件适用惩罚性赔偿的法律问题研究》，载《人民司法》2023 年第 1 期。

② 参见林广海、李剑、秦元明：《〈关于审理侵害知识产权民事案件适用惩罚性赔偿的解释〉的理解和适用》，载《人民司法》2021 年第 10 期。

③ 参见北京市高级人民法院民事判决书，(2017)京民终 413 号。

目的是利用经济惩罚来实现遏制侵权人与潜在侵权人再次实施类似侵权行为的法律效果,因此情节严重这一要件被借鉴进了惩罚性赔偿的适用条件之中。知识产权惩罚性赔偿选取“情节严重”这一条件,显示出立法者认为惩罚性赔偿的应用范围应当在故意的基础上进一步限缩,体现了对惩罚性赔偿适用的审慎态度。有学者认为,惩罚性赔偿的适用条件应当仅限于侵权人的主观故意,侵权行为的情节不适于作为惩罚性赔偿的独立的构成要件,而应当作为惩罚性赔偿责任成立之后对具体数额确定的影响因素。[①] 美国在法律中对于专利侵权惩罚性赔偿责任的适用也采取了单一的主观故意适用条件,不过法院在具体的司法实践中依旧采取故意侵权与加重情节的二元模式。[②] 我国学界多数观点认为情节严重应当独立成为知识产权惩罚性赔偿的构成要件,这样可以更全面地对侵权人侵权行为的主客观进行评价,将惩罚性赔偿与补偿性赔偿的界限划分得更加鲜明,防止惩罚性赔偿被滥用或架空的情形出现。例如,有学者认为情节严重要件的存在可以作为主观故意要件的对照,防止主观故意要件的泛化,避免主观要件标准掺杂入对于客观后果的评价。[③]

“情节严重”是一个概括性的标准,法律并没有明确地界定这一概念,对此可以借鉴刑法之中对于情节严重的界定。从情节的范围来说,张明楷教授认为情节严重中的情节并不是特指某一方面的情节,而是任何一个方面的情节只要达到了严重的程度,就应当受到法律的惩戒。[④] 一般的专利侵权行为并不应当适用惩罚性赔偿,对此需要将所有的专利侵权行为进行区分,只有侵权行为的违法性达到侵权人应当受到惩戒的程度时,才能够采取惩罚性赔偿的手段。根据张明楷教授的整体评价要素的观点,应当对侵权人的专利侵权行为进行整体评价,若该侵权行为的各个方面有任何一个方面达到了较高的严重程度,就应当构成情节严重。有观点认为,对于情节严重的判定应当限于侵权行为所产生的损害后果

---

① 参见袁秀挺:《知识产权惩罚性赔偿制度的司法适用》,载《知识产权》2015 年第 7 期。

② 参见倪朱亮:《知识产权惩罚性赔偿主观要件的规范构造》,载《法学评论》2023 年第 5 期。

③ 参见袁秀挺:《知识产权惩罚性赔偿制度的司法适用》,载《知识产权》2015 年第 7 期。

④ 参见张明楷:《犯罪构成体系与构成要件要素》,北京大学出版社 2010 年版,第 241 页。

的严重程度，包括受害人个人民事权益的受损程度以及社会公众利益受损程度两方面。[①] 本书认为专利侵权情节严重的判定因素中必然包括对损害后果严重与否的考量，但并非仅这单一的考量标准，还需要对侵权行为的整体进行评价，有任一考量因素达到严重的程度，都可能构成情节严重。在《侵害知产案件惩罚性赔偿的解释》第4条中，最高人民法院对于惩罚性赔偿中侵权情节的认定提出了侵权手段、次数，侵权行为的持续时间、地域范围、规模、后果，侵权人在诉讼中的行为等参考因素，并根据类型化的方式规定了7种应被认定为侵权情节严重的情形，如重复侵权、以侵害知识产权为业等。可以看出，侵权情节的考量因素众多，考量的最终实质目的是判定侵权人侵权行为的性质是否足以达到应当对侵权人实施惩戒的程度。情节严重是对侵权人行为的评价，是综合了众多考量因素的行为要件，而非结果要件。

值得注意的是，情节严重所指代的情节不应当包含对于侵权人主观状态的评价，否则会在一定范围内与侵权人主观故意要件重合，造成对侵权人主观的重复评价。情节严重应当是与主观故意这一要件所并列的客观要件，指的是对客观方面的法益侵害程度的整体评价，主观故意与情节严重同作为惩罚性赔偿的适用条件，分别承担了对侵权人主观和客观两个层面的评价，各自具有独立的法价值。[②] 司法解释文件《侵害知产案件惩罚性赔偿的解释》中无论是侵权情节认定的因素还是类型化总结出的情形，针对的都是侵权人侵权行为的客观状态。在该文件中，对侵权情节的认定与主观故意的认定分别放在了第4条和第3条，二者处在并列的位置，这说明情节严重并非主观故意的附属条款，而是与主观故意相对应的客观要件。

三、权利人提出申请

在《专利法》中并没有明确要求惩罚性赔偿的适用必须要以专利权

---

① 参见戴玲玲：《我国专利侵权惩罚性赔偿规则的司法适用问题研究》，安徽财经大学2023年硕士学位论文，第17页。

② 参见吴汉东：《知识产权惩罚性赔偿的私法基础与司法适用》，载《法学评论》2021年第3期。

人主动提出为前提，不过《侵害知产案件惩罚性赔偿的解释》第 2 条规定："原告请求惩罚性赔偿的，应当在起诉时明确赔偿数额、计算方式以及所依据的事实和理由。原告在一审法庭辩论终结前增加惩罚性赔偿请求的，人民法院应当准许；在二审中增加惩罚性赔偿请求的，人民法院可以根据当事人自愿的原则进行调解，调解不成的，告知当事人另行起诉。"该文件规定了原告应主动请求适用惩罚性赔偿，并在一审法庭辩论终结前提出该请求，若延迟至二审再提出，法院并不当然准许，需要双方进行调解解决。专利侵权惩罚性赔偿在性质上仍属于民事责任，应当遵守民事诉讼中"不告不理"的原则，若专利权人没有提出惩罚性赔偿的请求，则法院不能够主动适用惩罚性赔偿，即使该案中的侵权行为已经达到了可以适用惩罚性赔偿的程度。专利权人提出申请是从诉讼程序层面对惩罚性赔偿的适用设置的限制，惩罚性赔偿超脱了民事赔偿全面补偿的一般性原则，具有惩罚性、遏制性，对惩罚性赔偿的适用应当谨慎克制，法院不得主动适用惩罚性赔偿。

第三节　影响惩罚性赔偿数额的因素与赔偿数额的确定

一、影响惩罚性赔偿数额确定的因素

惩罚性赔偿责任已经确立，法院对惩罚性赔偿数额进行确定时，需要综合考量许多因素来增加或降低惩罚性赔偿的数额。根据《专利法》第 71 条有关惩罚性赔偿的规定，对于惩罚性赔偿数额的确定可以从侵权人侵权行为的主观故意程度和侵权人侵权情节的严重程度来确定。

1. 侵权人的主观恶性。通常而言，侵权人的主观过错只是成立损害赔偿责任的前提，对于具体的损害赔偿数额的确定其实并没有太多的影响。我国的权利人实际损失、侵权人侵权获利以及专利许可使用费的合理倍数都是基于全面补偿原则，以填平权利人在侵权行为中所遭受的所有损失为目的，因此侵权人的主观恶性程度并不会增高或降低损害赔偿数额。但是惩罚性赔偿与补偿性赔偿有所不同，惩罚性赔偿是为了用高

于补偿性赔偿的罚金来制裁侵权人,预防类似专利侵权行为的再度发生,震慑社会公众。作为具有惩罚功能的惩罚赔偿金,其最主要的是对于侵权人的主观恶性进行制裁,侵权人正是因为有动机才会去行使侵权行为,所以其主观恶性应当成为惩罚性赔偿数额的重要参考因素。侵权人的主观故意是其承担惩罚性赔偿责任的构成要件之一,在侵权人的主观状态达到构成主观故意的基本程度后,还要通过评判其主观恶性的高低来确定惩罚性赔偿数额。在具体的案件之中,侵权人的主观恶性会有不同的程度,侵权人的主观恶性越大,所确定的惩罚性赔偿数额就应当随之越高。例如,在小米科技有限责任公司等诉中山奔腾电器有限公司等商标侵权及不正当竞争纠纷一案①中,法院在确定具体的惩罚性赔偿数额时,认为直到二审期间,中山奔腾公司、中山独领公司仍在持续宣传、销售被控侵权商品,具有明显的侵权恶意,在确定惩罚性赔偿数额时需要考虑这一因素,加重赔偿。

2. 除考量侵权人的主观层面以外,还要对侵权人侵权行为的情节严重性进行考量,即考量侵权行为的客观层面。专利侵权惩罚性赔偿责任的承担,需要侵权人侵权情节达到严重的程度,在此基础上,要在个案之中对情节的严重性进行具体分析,随严重程度适当上调或下降惩罚性赔偿数额。对于情节严重的理解,可以参考《侵害知产案件惩罚性赔偿的解释》中关于情节严重的认定的相关规定,考量侵权行为的次数、造成的后果、持续的时间、地域范围和规模等因素。

(1)侵权行为所造成后果的严重程度:专利侵权人侵权行为所造成的后果可以分成对专利权人和对社会公众两个层面。就专利权人而言,侵权人的侵权行为不仅可能会导致其专利产品销售数量的下降,也可能会造成其产品的信誉下降、公司的商誉受损等问题,使专利权人在随后的生产经营中受到严重的妨碍。对于经济体量较小的公司,侵权人的侵权行为可能会导致其受到严重的经济损失甚至破产。因此在侵权后果的考

---

① 参见江苏省南京市中级人民法院民事判决书,(2018)苏01民初3207号;江苏省高级人民法院民事判决书,(2019)苏民终1316号。

量上,要结合受损害的权利人的具体情形综合考虑,面对同样数额的实际损失或侵权获利,不同的专利权人的承受能力并不相同,对于经济能力较弱的专利权人影响肯定更为严重。例如,在小米科技有限责任公司等诉中山奔腾电器有限公司等商标侵权及不正当竞争纠纷一案[①]中,法院认为涉案"小米"商标为驰名商标,具有较高的知名度、美誉度和市场影响力,而侵权产品"小米生活"Mi001 电磁炉螺钉和连接,MW－806 手持式挂烫机分别于 2018 年、2019 年被上海市市场监督管理局认定为不合格产品,产品质量具有一定的瑕疵。被控侵权产品在一定程度上会降低消费者对于"小米"驰名商标的信任,导致该商标所承载的良好声誉受到损害,故对于涉案侵权行为应加大司法惩处力度。就社会公众而言,侵权人的侵权行为不仅损害专利权人,对社会也可能有不利的影响,譬如危害国家安全、公共利益、市场竞争秩序等,所以要将侵权行为的社会后果也纳入考量范围中。

(2)侵权人存在重复实施侵权行为的情形:侵权人曾因为实施类似侵权行为被行政处罚或者被法院判定其承担责任后,依旧实施侵权行为的,其侵权情节严重,应当通过适当地提高惩罚性赔偿金额来震慑侵权人,遏制其再次实施相同或类似侵权行为。例如,在椰树集团有限公司诉海口椰乡缘食品有限公司、海南鹰航航空饮品有限公司等不正当竞争纠纷[②]案中,法院认为被控侵权方仿冒意图明显,在工商部门作出行政处罚之后仍未对侵权包装作出任何实质性改变,属于恶意侵权,应对其适用惩罚性赔偿,并以此作为损害赔偿数额确定的因素之一。

(3)侵权行为持续的时间、地域范围和规模:侵权行为持续的时间越长、地域范围越广、生产经营规模越大,对专利权人的损害就越大,专利权人越难以恢复自身的损失,判决的惩罚性赔偿数额就应当越高。可以说,侵权行为的持续时间、地域范围与规模一定程度上与侵权后果的严重程度挂钩,二者具有正相关的关系。在对侵权人生产经营的规模进行判断

① 参见江苏省南京市中级人民法院民事判决书,(2018)苏 01 民初 3207 号;江苏省高级人民法院民事判决书,(2019)苏民终 1316 号。

② 参见江苏省高级人民法院民事判决书,(2019)苏民终 476 号。

时，若侵权人曾经受过行政处罚或法院裁决，则可以参考知识产权行政管理部门或法院对于侵权行为生产经营情况的认定，还可以参考侵权人的组织化程度和注册资本；若侵权人为个体工商户或者注册资本较少，则其生产经营规模一般会受限于人力和经济资源的低下而较小。例如，在小米科技有限责任公司等诉中山奔腾电器有限公司等商标侵权及不正当竞争纠纷案[①]中，法院认为中山奔腾公司、中山独领公司通过多家电商平台、众多店铺在线上销售，网页展示的侵权商品多种多样，数量多，侵权规模大，这一情节亦应作为确定惩罚数额的考量因素。

二、补偿性赔偿、惩罚性赔偿与赔偿基数的确定

根据《专利法》第 71 条第 1 款的规定，惩罚性赔偿可以基于专利权人的实际损失、侵权人的侵权获利以及专利许可使用费合理倍数来确定。在司法实践中，法院首先需要确定补偿性损害赔偿的数额并以此作为惩罚性赔偿的基数，该数额应当以填平专利权人的所有损失为原则，尽量精准、精细化地进行确定，因为该数额作为惩罚性赔偿的基数还需要乘以一定的倍数，赔偿基数与实际损失之间的误差会随着惩罚性赔偿倍数而扩大几倍。权利人的实际损失、侵权人的侵权所得以及专利许可使用费的合理倍数的详细计算方式在第七章第一、二、三节中有所叙述。

就许可使用费的合理倍数作为赔偿基数而言，有一定的争论。有学者认为，许可使用费的合理倍数具有一定的惩罚性；[②]还有学者认为，许可使用费的合理倍数因为存在惩罚的性质，所以不能作为惩罚性损害赔偿的基数，否则会不合理地加重惩罚性赔偿的力度，对侵权人的惩罚过度。[③] 欧洲也有判例认为，许可使用费的两倍远超专利权人实际损失，具有惩罚性之嫌。[④] 在实践中，对于将专利许可使用费还是专利许可使用

① 参见江苏省南京市中级人民法院民事判决书，(2018)苏 01 民初 3207 号；江苏省高级人民法院民事判决书，(2019)苏民终 1316 号。

② 参见张广良：《知识产权侵权民事救济》，法律出版社 2003 年版，第 154 页。

③ 参见邓恒：《专利侵权惩罚性赔偿制度的理论证成与规则修正》，载《中国应用法学》2022 年第 3 期。

④ 参见欧盟法院 C－367/15 判例。

费的合理倍数作为惩罚性赔偿的基数也有不同的态度。《侵害知产案件惩罚性赔偿的解释》在第5条第2款中明确,权利许可使用费的倍数可以作为惩罚性赔偿数额计算的基数。天津市高级人民法院发布的《关于知识产权侵权案件惩罚性赔偿适用问题的审判委员会纪要》,在第5条中提出惩罚性赔偿的数额以"许可使用费赔偿金"作为计算基数。对此,本书认为,我国专利许可使用费的合理倍数依旧是以补偿性赔偿为基本原则的,可以作为惩罚性赔偿的基数。我国在以专利许可使用费作为损害赔偿计算标准时,采取的是既成许可使用费的观点,也就是说,专利许可使用费必须是客观存在的、真实的。专利权人订立的许可使用合同所允许的行使专利权的行为和侵权行为的具体情节并不可能完全相同,譬如专利权人许可他人仅在某一省份实施其专利,但是侵权人的侵权范围涉及了三四个省份,那么如果仅按照专利许可使用费来确定损害赔偿金额显然对专利权人不公平。此外,作为专利许可使用合同的被许可人,其在履行专利许可使用费之后必然还会留有一定的经济利润,所以专利许可使用费并不当然与专利权人的实际损失或者侵权人的侵权获利等同,而需要通过合理倍数进行补足。因此专利许可使用费的合理倍数是为了更好地贴切专利权人的实际损失,最终的落脚点还是在于弥补专利权人而非惩戒,专利许可使用费的合理倍数可以作为惩罚性赔偿的基数。

法定赔偿是否可以作为惩罚性赔偿的基数也曾引起过一定的争议。2015年《专利法修改草案(征求意见稿)》第65条曾将法定赔偿纳入了惩罚性赔偿的计算基数之中,不过2020年修正的《专利法》中并没有采纳。现在学界多数观点认为,法定赔偿不可以作为惩罚性赔偿的计算基数,惩罚性赔偿与法定赔偿应当作为两种平行的计算路径。有学者认为,惩罚性赔偿与法定赔偿都有惩罚性的功能,二者在功能上重叠,若再将法定赔偿作为惩罚性赔偿的基数进行倍增,会导致惩罚的倍数效应叠加,造成惩罚的过度。[①] 有学者认为,可以在惩罚性赔偿和法定赔偿中同时适用"双轨制"赔偿,即在具体的侵权行为造成的所有损害后果中,能够查明确定

① 参见朱理:《专利侵权惩罚性赔偿制度的司法适用政策》,载《知识产权》2020年第8期。

的部分可以依据权利人的申请适用惩罚性赔偿,不能够查明确定的部分可以适用法定赔偿。[①] 本书认为法定赔偿不能够作为惩罚性赔偿的计算基数,首先,法定赔偿是在权利人实际损失、侵权人侵权获利和专利许可使用费的合理倍数难以确定时才采用的保底选项,法院在采用法定赔偿计算损害赔偿数额时,会将侵权人的主观状态、侵权情节等因素考虑进去,而惩罚性赔偿也需要考虑这些因素。因此若在已经考量了主观状态、侵权情节的法定赔偿数额基础上,继续叠加惩罚性赔偿倍数,会使得惩罚的效应叠加,造成过当惩罚,对侵权人而言并不够公平,也可能增加权利人为了牟利引发的滥诉的风险。例如,在中山品创塑胶制品有限公司与源德盛塑胶电子(深圳)有限公司侵害实用新型专利权案[②]中,法院从侵权人的侵权行为性质、侵权情节等因素来进行考量,认为侵权人重复侵害权利人的专利权,具有主观故意并且情节严重,因此调高了法定赔偿的数额,确定赔偿数额为 100 万元。其次,法定赔偿自身具有惩罚性和补偿性,其在立法设置上应当是与惩罚性赔偿成分立式、平行式的结构。《专利法》第 71 条在损害赔偿计算方式的设置上,第 1 款将权利人的实际损失、侵权人的侵权获利以及专利许可使用费的合理倍数作为补偿性赔偿用以填补权利人的损失,惩罚性赔偿在前三者的基础上进行加倍;而在第 2 款提出法定赔偿,规定法院可以根据侵权行为的性质和类型等因素来确定 3 万元以上 500 万元以下的赔偿数额。可以看出,惩罚性赔偿和法定赔偿分别位于第 1 款和第 2 款,二者处于独立并列的关系,法定赔偿计算数额并不能作为惩罚性赔偿的基础。

一般来说,在法院能够确定权利人的实际损失、侵权人侵权获利或许可使用费的合理倍数之后,才能适用惩罚性赔偿,但也有法院在没能确定这三种损害赔偿方式时,通过酌定的方式概括确定了一个惩罚性赔偿的

---

① 参见吴智永、庄雨晴:《知识产权惩罚性赔偿制度司法适用问题探究——以上海市浦东新区人民法院知识产权惩罚性赔偿案件为样本》,载《电子知识产权》2023 年第 3 期。

② 参见最高人民法院民事判决书,(2020)最高法知民终 357 号。

基数。[1] 所谓酌定赔偿,也叫裁量性赔偿,是指在确定赔偿损害数额时确有证据予以支持的前提下,法院可以依据案件具体情况采用裁量权,来推定计算赔偿时所需的其他数据,得到公平合理的损害赔偿数额。酌定赔偿可以在证据不足但却有一定的证据时进行适用,使得损害赔偿的数额尽可能地接近权利人的损失,从而适度地减少法定赔偿的滥用。酌定赔偿并非法定赔偿,也不是一种独立的损害赔偿计算方式,只是在具有有关权利人实际损失、侵权人侵权获利的一部分证据的基础上,所运用的一种推断权利人实际损失、侵权人侵权获利的方式。酌定赔偿在本质上依旧属于对权利人的实际损失或侵权人的侵权获利的概括计算,因此酌定赔偿确定的数额应当可以作为惩罚性赔偿计算的基数。[2]

值得注意的是,惩罚性赔偿的基数不应当包括合理开支。专利权人在制止侵权行为时的经济付出是滞后于侵权行为本身的,合理开支与侵权行为给权利人所造成的损失没有直接的因果关系,因此其不应当被囊括进惩罚性赔偿的基数之中。我国在《侵害知产案件惩罚性赔偿的解释》第5条第1款中也对此进行了规定,认为合理开支不包含在惩罚性赔偿的计算基数之中。

三、专利侵权惩罚性赔偿的计算方法

根据法律规定,惩罚性赔偿的计算方式是先通过权利人的实际损失、侵权人的侵权获利或专利许可使用费的合理倍数确定惩罚性赔偿的基数,然后再确定惩罚性赔偿的倍数,将基数与倍数相乘得出惩罚性赔偿的最终数额。作为惩罚性赔偿基数的权利人实际损失、侵权人侵权获利和专利许可使用费合理倍数的计算方式在第七章已经有所叙述。

长期以来,我国在知识产权领域对于惩罚性赔偿倍数的范围一般规定为1至3倍,如2013年《商标法》第63条。美国等国家对于惩罚性赔

---

① 参见丁文严、张蕾蕾:《知识产权侵权惩罚性赔偿数额的司法确定问题研究》,载《知识产权》2021年第2期。

② 参见丁文严、张蕾蕾:《知识产权侵权惩罚性赔偿数额的司法确定问题研究》,载《知识产权》2021年第2期。

偿倍数的范围也限定在1至3倍，不过其他多数国家如英国、加拿大等没有明确地规定惩罚性赔偿的倍数。[①] 现阶段，我国知识产权惩罚性赔偿倍数提升至1至5倍，体现出我国打击知识产权侵权行为、构建尊重知识产权的良好社会氛围的决心。

就专利侵权惩罚性赔偿倍数的确定而言，法院一般需要从侵权人的主观故意和侵权情节出发。《侵害知产案件惩罚性赔偿的解释》第3条和第4条对于主观故意和侵权情节的考量因素都有所规定，法院可以参考这些因素对惩罚性赔偿倍数进行规定，惩罚性赔偿倍数的范围限制在1至5倍。惩罚性赔偿倍数的确定需要法官根据个案的情况具体问题具体分析，但是在确定时，法官应当坚持惩罚性赔偿预防、惩戒、激励创新的制度目的，遵从比例原则，使得惩罚性赔偿的倍数与侵权人的主观恶意以及侵权情节相协调。在司法实践中，惩罚性赔偿倍数的确定并没有明确的标准，很大程度上取决于法官的主观价值判断，这使得"同案不同判""类案不类判"的现象日益增多，法官的说理也易受到质疑和不认可。例如，在杭州莫丽斯科技有限公司、奥普家居股份有限公司等与周某飞侵害商标权一案[②]中，法院认为侵权人明知为假冒产品依旧进购销售，主观上具有恶意，因此判定3倍的惩罚性赔偿倍数。而在小米科技有限责任公司等诉中山奔腾电器有限公司等商标侵权及不正当竞争纠纷案[③]中，法院认为侵权人在二审期间依旧实施侵权行为，具有明显的主观恶意，并结合其规模较大、侵权情节严重、损害原告的商誉等因素，判定了3倍的惩罚性赔偿倍数。在上述两个案件中，前者法院仅考虑了侵权人具有主观恶性便判定3倍的惩罚性赔偿倍数，而后者既考虑了侵权人的主观恶性程度又结合了其侵权行为的情节极为恶劣、侵权后果严重等情况，最终也判定了3倍，二者在不同的情节恶劣程度下却有着相同的惩罚性赔偿倍数，这似乎并不够合理。对于这些问题，许多学者提出了量化惩罚性赔偿倍数的方式，试图探寻出一个统一稳定的判断惩罚性赔偿倍数的一般方

---

① 参见刘银良：《知识产权惩罚性赔偿的比较法考察及其启示》，载《法学》2022年第7期。

② 参见广西壮族自治区桂林市叠彩区人民法院民事判决书，(2017)桂0303民初774号。

③ 参见江苏省南京市中级人民法院民事判决书，(2018)苏01民初3207号。

法。有学者提出了“要素积累法”,其根据行为人的恶意与情节严重程度中的相关因素制成一张惩罚性赔偿倍数因子分解表,不同的相关因素赋予不同的数值,法院在判定时可以根据这张表格,在原有 1 倍的基础上,将查明的每一因子对应的倍数累加,得到最终的赔偿倍数。[①] 有学者提出以权重的方式计算惩罚性赔偿倍数,首先根据惩罚性赔偿的倍数为 1 至 5 倍将权重评估总值分成 5 档,其次将每种主观因素、客观因素分别赋予一定的权重,法院可以根据案件的具体情况评估,最终得到的总值在哪个档位就按照该档位对应的倍数来确定最终的惩罚性赔偿数值。[②] 还有学者提出可以将侵权情节与惩罚性赔偿倍数进行强相关,侵权情节可以分为严重、比较严重、特别严重、极其严重 4 种,分别对应惩罚性赔偿倍数的 2 至 5 倍。[③] 本书认为采用权重系数计算方式更为合理,可以大大限制法官的自由裁量空间,提高惩罚性赔偿数额的确定性,不过无须进行分档。将权重评估总值进行分档的原因主要是为了一一对应惩罚性赔偿倍数的 1 至 5 倍,这其实默认了惩罚性赔偿倍数不能够是小数而只能是整数。但是惩罚性赔偿倍数不一定必须是整数,而应当可以是 1 至 5 中的任何数,这样可以更为灵活,更好地发挥惩罚性赔偿制裁、预防的制度功能,让法官在具体的案件中可以根据案件的情形确认出最适合的惩罚性赔偿数额。我国的相关法律、司法解释都没有明确惩罚性赔偿倍数是否必须为整数,在司法实践中还有过确定的惩罚性赔偿倍数为小数的案例。例如,广州天赐高新材料股份有限公司等与吴某金等侵害技术秘密纠纷案[④]中,一审法院通过侵权人的主观恶意严重、生产规模巨大等因素判定了 2.5 倍的惩罚性赔偿倍数;还有广东坚朗五金制品股份有限公司、张某侵害商标权纠纷案[⑤]中,一审法院判定按照广东坚朗五金制品股份有限公

① 参见宫晓艳、刘畅:《知识产权惩罚性赔偿适用的要件解构与路径探究——以上海首例知识产权惩罚性赔偿案件为研究范例》,载《法律适用》2020 年第 24 期。

② 参见刘琳琳、王鑫怡:《专利侵权惩罚性赔偿司法适用疑难解析》,载《武陵学刊》2022 年第 4 期。

③ 参见徐卓斌、张钟月:《商业秘密侵权案件惩罚性赔偿的适用》,载《法律适用》2021 年第 4 期。

④ 参见最高人民法院民事判决书,(2019)最高法知民终 562 号。

⑤ 参见辽宁省沈阳市中级人民法院民事判决书,(2019)辽 01 民终 3758 号。

司的实际损失的1.5倍判定损害赔偿数额。就各个因素的权重系数应当是多少,多数论文之中并没有明确的论证而是直接给定,或许应当对权重系数进行实证研究,分析论证不同因素的权重比,以具有更强的说服力。

在确定惩罚性赔偿倍数时需要明确惩罚性赔偿倍数的范围。《专利法》第71条中的表述为“一倍以上五倍以下”,但是最终的损害赔偿数额究竟是第一种方式即赔偿基数与赔偿基数和惩罚性赔偿倍数的乘数之和,还是第二种方式即赔偿基数与惩罚性赔偿倍数的乘数,并没有明确,司法实践之中也有不同的做法。例如,在施耐德电气(中国)有限公司与苏州施耐德电梯有限公司侵害商标权纠纷一案[①]中,法院根据侵权人的侵权获利确定了2000万元的损害赔偿数额,又判定了1倍的惩罚性赔偿倍数,确定的损害赔偿总数为4000万元。而在杭州莫丽斯科技有限公司、奥普家居股份有限公司等与周某飞侵害商标权一案[②]中,法院确定权利人的损失为111,141.6元,惩罚性赔偿倍数为3倍,确定的损害赔偿总数是333,424.8元。最高人民法院民三庭庭长林广海等人认为最终的损害赔偿数额应当是补偿性赔偿数额和惩罚性赔偿数额之和。[③] 如果按照这种理解来进行计算,惩罚性赔偿倍数为1时,总损害赔偿数额就是惩罚性赔偿加上补偿性赔偿,总共为赔偿基数的两倍;若惩罚性赔偿倍数为5时,总损害赔偿数额就为赔偿基数的6倍。我国现有的法律以及司法解释文件中对于该问题并没有明确的规定,这两种计算规则的不同,根源在于法规的表述不清,“一倍以上”如果包括1倍,那么惩罚性赔偿倍数采取1倍在第一种方式下就是赔偿基数的2倍,在第二种方式下就是赔偿基数的1倍,在第二种方式下的1倍惩罚性赔偿倍数相当于没有惩罚。[④]若《专利法》采取的是第一种赔偿方式,那么损害赔偿的总数实质可以是赔偿基数的2至6倍,结合之前赔偿倍数可以是小数的论证,可以发现损

---

① 参见江苏省苏州市中级人民法院民事裁定书,(2019)苏05知初643号。

② 参见广西壮族自治区桂林市叠彩区人民法院民事判决书,(2017)桂0303民初774号。

③ 参见林广海、李剑、秦元明:《〈关于审理侵害知识产权民事案件适用惩罚性赔偿的解释〉的理解和适用》,载《人民司法》2021年第10期。

④ 参见张伟君、陈滢宇:《侵害知识产权惩罚性赔偿数额的解释困境及其抉择》,载《电子知识产权》2022年第10期。

害赔偿倍数在1至2之间的小数被排除了,这并不符合通常的立法逻辑。因此本书认为《专利法》在第71条中表述的"一倍以上"应当不包括1倍本身,也就是说,损害赔偿总数的计算方式是惩罚性赔偿倍数乘以赔偿基数,其中的惩罚性赔偿倍数的范围为1至5倍,不包括1倍。

第四节 专利侵权惩罚性赔偿的证据及诉讼问题

专利权人在诉讼中可以提起惩罚性赔偿的请求,根据我国民事诉讼的"谁主张,谁举证"的一般原则,通常情况下专利权人应当对自身提起的惩罚性赔偿的主张进行证明,证明的对象主要是损害赔偿的基数、侵权人的主观故意以及侵权人侵权情节严重。惩罚性赔偿是以补偿性赔偿的成立和确定为基础的,权利人首先要能够初步证明补偿性赔偿的数额,在此基础上完成对于侵权人主观状态的恶性程度、侵权情节的严重程度的证明,这对其来说无疑是一个较大挑战。

对于专利权而言,由于专利技术本身的非物质性,专利侵权行为具有较强的隐蔽性,有关专利侵权行为的证明会更为困难。虽然一般来说,专利权人应当对自身的主张进行举证,但是如果多数证据掌握在侵权人的手中,专利权人通过正常途径难以得到这些证据,那么就应当将举证责任分配一部分给侵权人,否则将会造成负有举证责任的专利权人因为完不成举证责任而被迫放弃自身主张的情形,对权利人不公。《侵害知产案件惩罚性赔偿的解释》第5条第3款规定了知识产权惩罚性赔偿举证妨碍制度:"人民法院依法责令被告提供其掌握的与侵权行为相关的账簿、资料,被告无正当理由拒不提供或者提供虚假账簿、资料的,人民法院可以参考原告的主张和证据确定惩罚性赔偿数额的计算基数。构成民事诉讼法第一百一十一条规定情形的,依法追究法律责任。"举证妨碍制度一定程度上降低了权利人的举证难度,将举证责任重新进行了分配,侵权人也承担了一部分举证责任,因此举证妨碍制度也并非在所有情形下都能适用,否则对侵权人也并不公平,因为其要承担举证不力所带来的不利后果。举证妨碍的构成要件主要为以下 4 点：(1)权利人已经尽力举证；(2)与侵权行为相关的账簿、资料都被侵权人所掌握；(3)被诉侵权人实施了妨碍行为，没有正当理由的情形下拒不提供或者提供了虚假的账簿、资料；(4)被诉侵权人在实施妨碍行为时，主观上有过错，包括故意或过失。[①] 举证妨碍的适用需要权利人能够尽自身最大的努力承担初步的举证责任，在有关侵权行为的账簿、资料确实被侵权人掌控并且其实施了举证妨碍行为后才能够令其承担不利的裁判后果。举证妨碍成立后的法律效果分为私法和公法两个层面，从私法层面来看，法院可以推定原告的主张成立，根据原告的主张和证据来判定惩罚性赔偿数额的计算基数；从公法层面来看，如果侵权人的行为构成了《民事诉讼法》第 110 条的规定情形，那么法院可以根据情节的严重程度处以罚款、拘留，如果构成犯罪，还可以追究其刑事责任。

法院在认定侵权人是否应当承担惩罚性赔偿责任时，主要需要考量侵权人的主观故意和侵权行为的严重程度。

1. 就对侵权人主观故意的判断而言，《侵害知产案件惩罚性赔偿的解释》第 3 条中对于侵害知识产权的故意的认定不仅制定了原则性的标准，还进行了类型化，法院应当综合考虑被侵害知识产权客体类型、权利状态和相关产品知名度、被告与原告或者利害关系人之间的关系等因素来认定侵权人是否故意，在该解释第 3 条第 2 款规定的 5 种情形内，人民法院可以初步认定被控侵权人具有主观故意，这 5 种情形分别为：(1)被告经原告或者利害关系人通知、警告后，仍继续实施侵权行为的；(2)被告或其法定代表人、管理人是原告或者利害关系人的法定代表人、管理人、实际控制人的；(3)被告与原告或者利害关系人之间存在劳动、劳务、合作、许可、经销、代理、代表等关系，且接触过被侵害的知识产权的；(4)被告与原告或者利害关系人之间有业务往来或者为达成合同等进行过磋商，且接触过被侵害的知识产权的；(5)被告实施盗版、假冒注册商标行为的。

---

① 参见张元光：《知识产权损害赔偿制度研究》，知识产权出版社 2018 年版，第 145 页。

美国对于主观故意的判定经过了一个发展的过程，水下装备公司(Underwater Devices,Inc.)案[①]确定的主观故意标准要求侵权人积极注意原告或者相关利害人是否向其通知，要求侵权人积极咨询律师意见以避免侵权可能性，该标准较为宽松。瑞德案[②]中，法院收紧了对于主观故意的判定标准，提出了9个在判定时应当考虑的因素。美国法院在希捷(Seagate)案[③]中确定了主客观标准，要求侵权人主观上明知或者应知其行为构成侵权，客观上不顾其具有较高的概率构成侵权，依旧轻率鲁莽地实施了专利侵权行为，该标准相较之前显然更为严苛。[④] 随后在光环电子公司(Halo Electronics,Inc.)案[⑤]中，美国法院抛弃了这一严苛标准转而走向主观标准，仅要求侵权人明知或者应知其行为具有侵害他人专利的风险。

对于主观故意的判定标准，学界一般分为主观标准和客观标准，主观标准是指根据行为人自身的经验、能力等判断其是否尽到应尽的注意义务；客观标准是从一般“理性人”的视角来判断。有学者认为，在探寻侵权人主观意图时，可以通过其在预见该行为有可能损害权利人权益时，是否尽自身最大的努力完成回避结果发生的注意义务的客观标准来判定，其如果无视了知识产权部门法规定的行为模式，那么足以表明其违反了应当回避的义务，此时其主观状态构成故意。[⑥] 就专利领域而言，由于专利权人需要通过公开来换取对自身技术的垄断，所以侵权人完全可以在相关官网中找到专利技术资料，因此侵权人的回避义务相对而言应当更大一些。

---

① See Underwater Devices,Inc. v. Morrison-Knudsen Co.,Inc.,717 F. 2d1380,1390,219 USPQ 569 (Fed. Cir. 1983),overruled.

② See Read Corp. v. Portec,Inc.,970F. 2d 816,23 U. S. P. Q. 2d 1426(Fed. Cir. 1992).

③ See In re Seagate Technology LLC,497 F. 3d 1360,2007 U. S. App. LEXIS 19768 (Fed. Cir. 2007,en banc),cert. denied sub nom.

④ 参见张鹏：《专利侵权损害赔偿制度研究——基本原理与法律适用》，知识产权出版社2017年版，第310页。

⑤ See Halo Electronics,Inc. v. Pulse Electronics,Inc.,136 S. Ct. 1923(2016),195 L. Ed. 2d 278, 84 USLW 4386,118 U. S. P. Q. 2d 1761.

⑥ 参见倪朱亮：《知识产权惩罚性赔偿主观要件的规范构造》，载《法学评论》2023年第5期。

认定主观故意时,需要结合客观事实,考虑多重判定要素。主观故意包括两种要素,认识要素和意志要素,所谓认识要素主要指侵权人明知或者应当知道其行为有极大概率会侵犯他人专利权;所谓意志要素主要指侵权人积极追求或者漠不关心地放任损害结果的发生。在判定侵权人是否故意时需要从其认识要素和意志要素两方面进行分析,二者缺一不可。当然,无论是认识要素还是意志要素,其描绘的都是侵权人的内心状态,因此需要通过侵权人外在的行为找到客观存在的证据来证明其内心状态。认识要素和意志要素通常在客观事实之中交汇存在,难以分清,例如《侵害知产案件惩罚性赔偿的解释》第 3 条第 2 款所分类的第一种情况,被告在经过原告或者利害关系人通知后,通常已经明知或者应当知道其行为有极大可能性侵犯了他人的专利权,满足认识要素;被告在明知或应知的基础上继续实施侵权行为,说明其对侵权结果的发生积极追求或者漠不关心,满足意志要素,因此侵权人显然在主观上具有故意。法院在具体案件之中应当根据客观事实对侵权人的主观状态进行判断,但是在怎样的事实之中才可以体现侵权人的主观故意需要法院进行一定的自由裁量。司法实践中,法院可以先判断案件状况是否符合《侵害知产案件惩罚性赔偿的解释》第 3 条所规定的情形,若符合则侵权人主观上属于故意,若不符合,再根据该文件第 3 条第 1 款规定的权利状态等客观因素探寻侵权人的主观状态是否是故意的。

2. 就侵权情节严重的认定而言,需要考量侵权人的客观侵权行为,如果其行为情节没有达到严重的程度,则不应当承担惩罚性赔偿责任,而只需要承担补偿性赔偿责任。侵权情节严重的认定是区分应当进行惩戒的侵权行为和一般侵权行为的重要要件,通过情节严重要件可以大大地缩小惩罚性赔偿的适用范围,使得惩罚性赔偿不至于有泛化的风险。《侵害知产案件惩罚性赔偿的解释》第 4 条列出了认定情节严重时所需的各种参考因素,并提出了 6 种应当归为情节严重的情形。该文件认为法院在认定侵权人的情节严重程度时,应当考量侵权手段、次数,侵权行为的持续时间、地域范围、规模、后果,侵权人在诉讼中的行为等因素。其中,侵权人的侵权后果应当作为核心的参考因素,惩罚性赔偿制度确立的最主要的目的就是遏制具有恶劣影响的专利侵权行为的发生。《侵害知产案件惩罚性赔偿的解释》第4条第2款第5项、第6项分别从权利人和社会两个角度分类了侵权后果严重的情形，从权利人角度来说是侵权行为令其实际损失巨大，从社会公众角度来说是损害国家安全、公共利益或者人身健康。法院在司法实践中，需要根据案件的具体情况综合所有的因素进行自由裁量，其既要考虑侵权人自身的手段、行为性质，也要考量到对权利人、社会的影响。例如，在上海长江砂轮厂有限公司诉丹阳市天宇五金磨具有限公司等一案①中，法院认为被告在2015年1月至2016年5月不到1年半期间，营业收入达到1300余万元，产品销往多个省份，可见其生产经营规模较大，涉及地域范围较广，侵权行为影响较大，因此构成侵权情节严重。该案法院结合侵权行为的地域范围、规模、后果等多个因素对案件的具体情况进行了分析，并得出情节严重的最终结论。

① 参见江苏省高级人民法院民事判决书，(2019)苏民终95号。

第九章　我国专利侵权损害赔偿数额确定的立法完善

第一节　我国专利侵权损害赔偿数额确定的现存问题

一、全面赔偿原则下赔偿数额确定的现存问题

现阶段，根据《专利法》的规定，依据全面赔偿原则确定专利侵权损害赔偿数额的方式主要分为三种，分别为专利权人的实际损失标准、侵权人的侵权获利标准以及专利许可使用费的合理倍数标准。专利权人因侵权行为遭受的实际损失与侵权人的侵权获利是计算专利侵权损害赔偿的两种基础方式，通常优先在这二者中选择一种方式。在这两种计算方式有困难的情况下，可以利用专利许可使用费的合理倍数的方式来计算。全面赔偿原则是传统民事侵权损害赔偿的首要原则，当然也是确定专利侵权损害赔偿数额时首先要考虑的原则。在全面赔偿原则指导下的三种损害赔偿数额计算方式，理论上都能够做到全面填补专利权人在专利侵权行为中所遭遇的所有损失，但是应用在实际中却出现了很多问题。

最基础和优先考虑的计算方式是专利权人的实际损失。以专利权人的实际损失作为损害赔偿数额的计算标准是最切合全面赔偿原则的方式,准确地计算出专利权人的实际损失并作为损害赔偿数额则可以完全弥补专利权人的所有损失。但是该方法在实践中经常欠缺可操作性,以至于法院适用实际损失计算方式的比重畸低。曹新明教授在实证研究中发现,在2011—2016年采集的2115件专利案件中,适用了专利权人实际损失的计算标准的案件只有67件,而且适用的前提都是原告方提交了极为翔实的证据,足以支撑其主张的专利侵权损害赔偿数额。[①] 实际损失计算方式的适用困难体现在很多方面,一是实际损失与侵权行为的因果关联:根据《审理专利纠纷若干规定》的规定,实际损失的计算公式是专利产品因为侵权行为的发生而减少的数量与每件专利产品的合理利润的乘积,但是如何判定专利产品减少的销售数量与侵权行为之间的因果关系,我国的成文法律对此并没有明确的规定。从现实情况来看,专利产品销售数量的减少原因复杂,有可能是专利权人自身经营策略,也可能是市场环境、技术环境变化等原因。专利权人需要证实其原本应有的销售规模,还需要证实正是因为并且仅因为侵权人的行为,专利产品缩减了多少规模,这显然对专利权人提出了很高的要求。在此种情形之下,《审理专利纠纷若干规定》第14条提出,若专利产品销售数量的减少难以确定,可以用侵权产品在市场中的销售总数来代替,其实际上将侵权产品在市场上的销售数量直接推定为专利产品本应达到的销售数量,忽略了其中因果关系的证明。有些侵权产品能够达到一定规模的销售数量并不完全是专利技术原因,还可能有侵权人的销售策略,或者侵权人融合了其他技术等复杂原因,如果忽略其中的因果关系可能会造成确定的损害赔偿数额不恰当,令专利权人不当得利。二是实际损失的范围上:我国的法律规定将专利权人的实际损失限定在了销售利润损失上,但是随着市场经济的发展,专利权人在侵权行为中所遭受的损失不再单单仅有销售利润损失。例如,在侵权行为发生后,侵权产品的出现加剧了市场竞争,为了争夺市

---

① 参见曹新明:《我国知识产权侵权损害赔偿计算标准新设计》,载《现代法学》2019年第1期。

场份额,专利权人可能会被迫降低专利产品的销售价格,以增加产品的竞争力,这显然降低了专利权人的经济利润;如果专利产品与其他的非专利产品紧紧捆绑,那么专利产品销售数额的下降会导致其他非专利产品的销售数额也跟着下降,此时专利权人的经济利润损失可能涉及非专利产品销售利润的下降。我国对于专利权人实际损失的考量标准较为单一化,范围较窄,在发展迅速的市场环境下,可能有无法填补专利权人所有损失的疑虑。由于我国专利侵权损害赔偿计算方式有严格的适用顺序,因此在侵权人确有侵权产品生产销售,并且其销售市场覆盖了专利权人的市场的情形下,就有无法弥补专利权人全部损失的可能。假设专利权人在 A 地生产销售其专利产品,由于资金、经营策略等问题,其并没有在 A 地以外的地方经营该专利产品。此时侵权人擅自利用专利技术生产侵权产品,并在 A 地、B 地都进行了销售侵权产品的行为。侵权产品的销售导致了专利权人在 A 地销售利润的下降,若能够查清专利权人的销售利润损失,根据法律规定应当优先适用专利权人的实际损失来作为损害赔偿数额标准。但是专利权人并没有在 B 地进行销售,以专利权人销售利润的下降数额作为经济损失,并不能完全弥补专利权人的所有损失。

对于侵权人的侵权所得这种赔偿方式,我国法律是从侵权产品的销售利润角度去考量的,其将侵权人在侵权行为下的销售利润推定为专利权人遭受的损失,从而避免了侵权获益与专利权人损失之间的因果关系的论证。根据曹新明教授的调查,2011 年至 2016 年的 9057 件知识产权侵权纠纷案中,人民法院适用侵权人的侵权获利作为损害赔偿数额计算标准的判例仅有 63 件,约占所有案例总数的 0.70%;专利类型的案件的数量有 13 件,占据专利案件样本数的 0.61%。[①] 还有学者通过调查发现,在专利权人主张适用侵权获利赔偿标准的案件中,法院支持专利权人主张的比例为 36.9%。[②] 从中可以看出法院对于侵权获利主张的支持率并不高,适用侵权获利赔偿方式的案例占整体专利侵权损害赔偿案例的

---

① 参见曹新明:《我国知识产权侵权损害赔偿计算标准新设计》,载《现代法学》2019 年第 1 期。

② 参见陈永康:《我国专利侵权获利赔偿标准适用的现状、困境与对策》,载《电子知识产权》2023 年第 5 期。

比重较低。在实践中,适用侵权人的侵权所得这种赔偿方式有一定的困难,首先是侵权人获利证据的收集的困难,专利权人主张适用侵权人的侵权所得来确定损害赔偿的数额,就需要根据“谁主张,谁举证”的原则,初步对于侵权人的侵权所得进行举证。但是通常有关侵权人侵权所得的证据都会由其所掌控,在证据分布上呈现出单方面的聚集状态,专利权人在这种现实条件下,举证能力处于结构性的弱势。在案件诉讼阶段,侵权人为逃避或减少损害赔偿责任的承担,可能会销毁、篡改有关专利侵权的证据,甚至一些中小企业在实施侵权行为阶段就没有对销售经营情况进行记载,以至于完全缺失有关侵权行为的数据、资料。除了专利权人举证困难,证据妨碍制度在专利制度中的引进,也会出现证明责任向侵权人加重的可能。对于侵权人而言,其也并不一定能够拿出有关侵权所得的证明,反驳专利权人的初步举证,如果在侵权人无法证明的情况下,裁判结果完全以专利权人的主张来进行推定,那么可能会造成因为证明责任分配不均而不公平地加重侵权人的损害赔偿责任的后果。其次,侵权获利在利润分割问题上有着较为严峻的考验,侵权人擅自利用专利技术制造销售侵权产品以获取违法所得,但是并非侵权产品的所有销售利润都源于专利技术。侵权产品在销售市场中制造的利润可能有一部分源于侵权人的经营、销售能力,也可能有一部分源于侵权产品中非专利技术部分的贡献等因素,如果不加区分地将这些利润都算作专利侵权损害赔偿的费用,那么有令专利权人不当得利的风险。在利润分割方面,我国法律并没有明确的规定,在支持侵权获利主张的裁判文书中,法院也多未将利润分割考虑其中并进行详细的论证,而仅是考虑了侵权产品的销售数量以及侵权产品的合理利润怎么确定。[①] 对侵权人违法所得的利润分割,本质上就是对侵权人的侵权行为与其获得的利益之间的因果关系进行论证,将因为侵权人侵犯专利权获得的利润从侵权产品的总的销售利润中区分出来,并作为损害赔偿数额。应当遵循怎样的标准进行利润分割是一个难以解决的问题,因为技术分摊难题不可解决,1946 年的《美国专利法》取

① 参见董凡:《知识产权损害赔偿制度研究》,华南理工大学 2019 年博士学位论文,第 248 页。

消了非法获利制度。我国在这个问题上也有一定的探索，但是并没有明确的章程，更多的是凭借法院自身对于利润分割的理解来决定究竟是否进行利润分割，以及具体如何利润分割，这样使得各个法院做法不一，裁判结果缺乏稳定性、统一性以及说服力。

对于许可使用费的合理倍数这种赔偿方式，我国相关法律规定在现有专利许可使用费可供参考的情形下，法院可以根据案件的具体情形酌情判定合理的倍数，通过专利许可使用费乘以合理倍数来确定最终的损害赔偿数额。之所以需要许可使用费的合理倍数来确定损害赔偿数额，是因为专利权人的实际损失数额不一定与现有的许可使用费相匹配，合理倍数的作用就是调整现有专利许可使用费，使之能够完全填平专利权人的实际损失。专利许可使用费的合理倍数在某种程度上可以更为灵活地确定专利权人的经济损失，即使在专利权人没有实际制造、销售专利产品的情况下，也有适用的空间，但是在实践中其运用情况并不理想。根据曹新明教授的调查，在 2011 年至 2016 年的 9057 件知识产权侵权纠纷案中，仅有 2 件最终采用了许可使用费的合理倍数作为损害赔偿数额计算的方式，适用的比重极低。[①] 专利许可使用费的合理倍数比重极低并不是因为该计算方式没有必要存在，而是因为其适用有很多现实困难。首先，在适用专利许可使用费的合理倍数的过程中过于注重既有专利许可使用费。根据《审理专利纠纷若干规定》第 15 条“有专利许可使用费可以参照的”的表述，可以推知专利许可使用费的合理倍数的适用前提是有客观真实存在的专利许可使用费。在实际适用专利许可使用费合理倍数这种赔偿方式时，专利权人需要提交已经实际履行的专利许可使用合同、转账证明等材料，严格确保该专利许可使用费是实际存在的。不过在实际市场中，市场的不成熟或者专利权人出于独占市场、使用经营策略等缘由，真实进行专利许可使用交易的案件极少，若一定要求以实际存在的专利许可使用费作为依据，那么专利许可使用费的合理倍数这种赔偿方式将不可避免地一直在侵权损害赔偿案件中遭受“冷遇”。其次，确定专利

① 参见曹新明：《我国知识产权侵权损害赔偿计算标准新设计》，载《现代法学》2019 年第 1 期。

许可使用费的合理倍数的考量因素需要进一步细化。《审理专利纠纷若干规定》在第15条中初步给出了一定的参考因素,如专利权的类型,侵权行为的性质和情节,专利许可的性质、范围、时间等因素。由于应用合理专利许可使用费的倍数的案例较少,司法裁判中缺乏对于专利许可使用费合理倍数考量因素的足够经验,需要在实践中进一步发展,总结现有经验发展出更为深刻、具体的理论。最后,合理许可使用费的倍数的计算方式较为模糊。运用许可使用费的合理倍数来进行计算,需要先确定现有的专利许可使用费,再确定合理倍数,通过合理倍数乘以专利许可使用费得到最后的损害赔偿数额。我国使用专利许可使用费的合理倍数时,过于要求既有许可使用费的存在,导致专利许可使用费的计算方式单一,并且法院在利用许可使用费的合理倍数的计算方式确定专利侵权损害赔偿费用时,对于采用哪些考量因素、每种考量因素的占比、具体计算赔偿数额的计算公式都没有明确论述。例如,在欧普照明股份有限公司诉广州市华升塑料制品有限公司侵害商标权纠纷一案[①]中,原告主张涉案商标许可使用费为36.5万元每年,法院在查证该商标许可使用费真实存在后,便以该实际存在的商标许可使用费为基数;关于合理倍数的确定,法院根据侵权人擅自使用涉案商标的范围和程度远大于原告授权许可涉案商标给销售商使用的范围为由,确定合理倍数为2倍。可以看出,法院在进行说理时没有明确2倍的计算过程,只是因为侵权行为的范围更大,就将合理倍数酌定为2倍,合理许可使用费倍数的计算方式模糊,缺乏论证。

二、法定赔偿原则下赔偿数额确定的现存问题

法定赔偿作为专利侵权损害赔偿数额计算的一种方式,其地位应当属于其他三种补偿性损害赔偿方式的补充。《专利法》第71条规定,只有在专利权人的损失、侵权人的侵权所得以及专利许可使用费的倍数均难以确定的情形下,才能够考虑适用法定赔偿这种损害赔偿方式。法定

① 参见广东省高级人民法院民事判决书,(2019)粤民再147号。

赔偿制度在专利侵权损害赔偿制度中，自然有很重要的价值，其考虑到了专利权作为一种无形财产权，在诉讼中证明专利权遭受了多少损害以及应当赔偿的损害赔偿数额是较为困难的事，因此在侵权行为成立而论证损害赔偿数额的计算确有困难的情形下，可以适用法定赔偿以保证专利权人可以得到一定的经济补偿，保证专利权人不至于在维权之后得不到应有的赔偿，维持了侵权案件中应有的公平正义。但是在司法实践中，本应作为补充性的、最后适用的法定赔偿方式，却成了适用率最高的赔偿方式。曹新明教授调查的 2011—2016 年的 9057 个知识产权侵权纠纷案件，其中有 8666 件案例适用了法定赔偿标准，占据总样本数的 95.68%，具体到专利侵权纠纷案件，专利案件样本 2115 份，其中适用法定赔偿标准的有 2004 份，占专利案件样本数的 94.75%。[①] 还有学者统计发现在 2013 年 1 月 1 日至 2018 年 9 月 13 日的知识产权侵权纠纷案件中，适用法定赔偿标准的案件数量占据总样本数的 97.00%。[②] 从中可以看出，法定赔偿标准在所有的损害赔偿标准中占据了绝对优势，是我国在知识产权侵权纠纷案件中所采用的主流损害赔偿计算方式。法定赔偿的规定较为原则，法院在适用法定赔偿标准时自由裁量的空间较大，因此法定赔偿数额具有较大的随意性，不能够真实客观地反映专利权人的损失，也难以做到公正公平地将侵权人因侵权所得的利益完全重新分配给专利权人。

法定赔偿制度在实际适用时存在许多问题，首先，法定赔偿的适用前提缺乏限制。根据相关的法律规定，法定赔偿制度在其他补偿性赔偿计算方式“难以确定”的前提下，才能够适用，体现了法定赔偿标准的兜底性。但是对于“难以确定”是否需要证明，怎样才算“难以确定”，却没有明确的规定。对于法院而言，法定赔偿方式可以简化复杂的论证流程，省去相应查证、论证的时间，提高司法效率，降低司法成本和时间。对于专利权人而言，补偿性赔偿计算方式对专利权人的举证要求较高，而由于专

---

① 参见曹新明：《我国知识产权侵权损害赔偿计算标准新设计》，载《现代法学》2019 年第 1 期。

② 参见董凡：《知识产权损害赔偿制度研究》，华南理工大学 2019 年博士学位论文，第 281 页。

利技术的特性,其举证难度又较高。专利权人若想适用补偿性赔偿计算方式,需要付出较高的时间、金钱成本去搜集证据,而且还需要承担拉长侵权纠纷的诉讼持续时间的成本等,在实际案件中,专利权人通常会出于怕麻烦、减少损失的心理主动请求适用法定赔偿,或者在法院选择法定赔偿时持赞成态度。在双方的一拍即合下,实质上跳过前三种损害赔偿方式,打破法律所规定的严格的适用顺位,选择法定赔偿方式的情形越来越多。其次,法定赔偿与其他补偿性赔偿之间缺乏合理的协调配合。专利侵权行为具有隐蔽性的特性,因此专利权人经常在举证过程中只能证明自身的部分损失或者侵权人的部分获利,其余实际存在的损失则难以获得证明。这使得补偿性赔偿标准难以独立支撑侵权损害赔偿数额的计算,强行适用将会使确定的损害赔偿数额难以弥补专利权人的实际损失,此时如果能够得到法定赔偿的配合将可以合理地解决这个困境。在一个侵权纠纷案件中,法院可以根据专利权人提供的证据,采取相应的补偿性损害赔偿方式确定部分损害赔偿数额;在确有损害却难以证明的情形下,可以采取法定赔偿的方式酌定该部分损害所应当具有的损害赔偿数额,将这两部分合起来就是最终的损害赔偿数额。但是在现有法律以及司法解释中,皆欠缺对于法定赔偿与其他补偿性损害赔偿之间的协调关系的规定,或者说其还是维持着严格的顺位适用,以至于在专利权人能够部分证明损害的情况下,法院和专利权人为了能够填平专利权人的所有损失依旧只能选择通过法定赔偿来进行计算。最后,法定赔偿的裁判并没有形成系统具体的思路。法院在适用法定赔偿进行裁判的过程中,需要根据具体的案件情况考量众多的因素,来酌定个案的法定赔偿数额。《专利法》第 71 条第 2 款列举了一些法院在进行法定赔偿时应该考量的因素,如专利权的类型、侵权行为的性质和情节等,并限制了法定赔偿的数额范围为 3 万元以上 500 万元以下。但无论是《专利法》还是相关的司法解释,都没有在法定赔偿制度上对法官的自由裁量权进行一定的限制,法官在具体的侵权案件中需要根据自身的司法经验、主观判断来选取一定的考量因素,并分配每种考量因素的占比以确定最后的数额。这导致法定赔偿的最终数额与法官的主观裁量有着极大的关联,相同或类似的案件可能因为裁判的法官不同而产生极大的差异,导致裁判结果的信服力不够,易被质疑。法院在利用法定赔偿计算方式进行裁判时,也缺乏具有说服力的说理和论证,如在中山市格美通用电子有限公司与深圳市顺时达电子有限公司侵害实用新型专利权纠纷一案[①]中,法院认为根据原告专利权的类别、被告侵权行为的性质和情节、被控侵权产品的市场价值、原告依据一款产品指控被告侵害两项专利权、原告为制止侵权行为所支出的合理费用等因素,酌情确定被告的赔偿数额为 8 万元。法院在确定法定赔偿数额时,通常只写出一些考量因素,至于具体确定赔偿数额的心证历程,法院并没有在裁判文书中公开,裁判结果权威性有待加强。

三、惩罚性赔偿原则下赔偿数额确定的现存问题

我国《专利法》在第 71 条加入了惩罚性赔偿制度,认为惩罚性赔偿制度可以在一定程度上惩罚具有主观故意,侵权情节极为严重的侵权人,预防类似侵权行为的再度发生,涤荡愈演愈烈的侵权行为频发的社会风气,构建尊重专利权、尊重创新的社会氛围。第 71 条规定了惩罚性赔偿制度的两项前提条件,分别为主观故意和情节严重,可以明确立法者并不希望惩罚性赔偿制度普遍用于所有的专利侵权损害赔偿案件中,只有相较于普通侵权案件性质恶劣且侵权人具有主观故意的小部分案件才可以适用惩罚性赔偿。惩罚性赔偿制度于 2020 年才被引入专利制度,因此有关惩罚性赔偿制度的适用也因为不够成熟而产生了许多问题,首先,对于惩罚性赔偿的主观要件的解释与适用有一定的争议:由于惩罚性赔偿历史发展的缘故,在惩罚性赔偿的主观要件上,各个法律的具体规定并不统一。该不统一主要体现在对主观故意的程度的规定上,即"故意"与"恶意"的区分,具体论述与本书观点可见第八章第二节第一部分。其次,要避免惩罚性赔偿滥用的风险:惩罚性赔偿超出了传统补偿性赔偿所秉持的填平专利权人所有损失的观念,具有惩戒被侵权人,维持良好的尊重专

① 参见广东省深圳市中级人民法院民事判决书,(2015)深中法知民初字第 1349 号。

利权的氛围的准刑事功能。惩罚性赔偿是一种较为严重的“法律武器”，其会给予侵权人较为沉重的损害赔偿负担，因此如果广泛地适用于专利侵权行为，虽然可能会减少侵权行为的产生，利好专利权人，但也会扰乱正常的市场秩序，使得市场主体为了免于侵权的风险而不敢进行技术破解和改进，以至于减缓科学技术的进步，不利于实现专利制度激励创新的宗旨。惩罚性赔偿的适用需要审慎，惩罚性赔偿的倍数高达 1 至 5 倍，要明晰惩罚性赔偿适用的前提条件，预防专利权人为了获利滥诉。再次，惩罚性赔偿与法定赔偿之间的适用关系并不明晰：《专利法》第 71 条第 1 款规定了补偿性赔偿和惩罚性赔偿，惩罚性赔偿以补偿性赔偿为基数；第 2 款规定了法定赔偿，提出在补偿性赔偿难以确定的前提下可以适用法定赔偿。但是在满足了惩罚性赔偿的前提，即侵权人主观故意，侵权情节严重的情况下，如果补偿性赔偿方式难以确定，需要适用法定赔偿，那么该如何调节法定赔偿与惩罚性赔偿之间的适用关系呢？是法定赔偿与惩罚性赔偿并行适用，法定赔偿以填平专利权人的损失为重；还是法定赔偿与惩罚性赔偿并行施行，惩罚性赔偿仅在补偿性赔偿可以确定的情况下适用，发挥惩戒功能，法定赔偿在补偿性赔偿无法确定的情形下适用，补偿功能和惩戒功能兼具呢？最后，惩罚性赔偿在数额确定上有一定的困难：惩罚性赔偿以补偿性赔偿为基数，但是根据现有的司法实践现状，补偿性赔偿多数情况下难以被证明，不被法院所采用。基于补偿性赔偿的惩罚性赔偿也有在实践中随补偿性赔偿不被适用的可能。法律对于惩罚性赔偿合理倍数的确定欠缺明确的规定，《侵害知产案件惩罚性赔偿的解释》根据《专利法》的相关规定提出法院在确定惩罚性赔偿合理倍数时需要综合考量被告主观过错程度以及侵权行为的情节严重程度等因素。但无论是相关法律还是司法解释对于惩罚性赔偿合理倍数的规定都过于原则化、随意化，没有给出较为详细的计算方式，扩大了法院的自由裁量权。

第二节　我国专利侵权损害赔偿数额确定的立法建议

一、完善专利侵权损害赔偿数额确定的实体法制度

正如第一节所述，专利侵权损害赔偿数额的确定存在很多现实的困境，这些困境亟待解决。专利侵权损害赔偿的困境不仅局限于损害赔偿数额的计算，还与损害赔偿数额确定的程序等问题有关，这些实体法问题与程序法问题交织缠绕在一起，使得专利侵权损害赔偿问题极为复杂。因此，完善专利侵权损害赔偿制度需要从实体法和程序法两个层面进行展开，针对不同层面的问题制定具体的完善策略。专利侵权损害赔偿数额确定的实体法制度问题主要集中于损害赔偿数额的计算方式上，需要优化损害赔偿的计算方式，即专利权人的实际损失、侵权人的侵权获益、合理的专利许可使用费的倍数、法定赔偿和惩罚性赔偿 5 种损害赔偿方式。

从专利权人的实际损失出发，该算法作为专利侵权损害赔偿制度中的基础，其范围有待扩张。现如今专利权人的实际损失的计算公式依旧局限于专利权人的销售利润损失，该损失计算范围已经不足以适应市场经济快速发展的现状，使得损害赔偿数额不能够完全弥补专利权人的损失。根据现有的学术研究和实践情况，专利权人的实际损失可以扩张至包括价格侵蚀和非专利部分附带损失。专利权人的实际损失现阶段依旧要以销售利润损失为主体，销售利润损失一直占据着专利权人的大部分损失。除了作为主要部分的销售利润，价格侵蚀虽然占据份额不重，但依旧是专利权人实际减少的一部分损失。专利权人实际损失的计算公式是基于专利产品的合理利润的，也就是说其并没有涵盖专利产品价格被“侵蚀”的部分利润，难以填补专利权人的价格侵蚀损失。非专利部分附带损失基于商业领域实际对捆绑销售产品的情况，扩大了专利权人的损失计算范围，更有利于弥补专利权人的隐蔽损失。不过，非专利部分附带损失的判定需要采取审慎的态度，因为其一定程度上超出了传统判断专利权人损失的范围，将损害赔偿范围扩张至虽不是专利产品，但与专利产品紧密绑定的非专利产品部分。

在侵权人侵权获利的计算上,应当加强有关侵权行为与侵权人所获利润之间的因果关系的论述,将利润分割纳入侵权获利计算之中。专利权人实际损失与侵权行为的因果关系在实践证明之中较为困难,因此侵权人侵权获利赔偿方式的应用是为了在一定程度上降低专利权人的证明难度。随着条件说的逐步衰落,相当因果关系说是现阶段最流行的修正条件说的学说,其在事实层面的因果关系上加入了人的主观价值判断,即法律层面的因果关系。但是相当因果关系学说在实体法上产生了“全有或全无”的法律效果,即“要么全部赔偿,要么全部都不赔偿”。[①] 这是因为判断因果关系最后的结论只有真或者假,如果通过该因果关系去确定损害赔偿的范围,最终的结论也只有全额赔偿或者完全不赔偿两种情况。一般而言,侵权产品的利润中,包括了专利技术、非专利技术、侵权人的经营策略等贡献因素,专利技术通常不是全部侵权获利数额的唯一贡献因素,过分地强调侵权人侵权获利的全部数额与侵权行为之间的因果关系,会导致最后裁判结果易于向“全无”倾斜。在侵权人的侵权获利方式上可以加入利润分割方式,该方式能够缓解“全有或全无”这一极端现象的产生。利润分割主要应用在当专利技术并非侵权人侵权获利唯一的贡献因素的情况下,其主张将侵权人的侵权获利进行分割,侵权人按专利技术的贡献比例承担损害赔偿责任。在司法实践领域,我国的一些法院也对侵权获利的利润分割进行了一定的探索,但对于利润分割究竟有没有法律依据以及利润分割的方式具不具有科学性也有一定的争议。[②] 美国专利法因认为技术分摊不具备证明的可行性而废除了非法获利这种赔偿方式的做法,也提示我们对于专利技术贡献率的确定不能够严格按照因果关系的事实层面去判定,否则会陷入因专利技术贡献率不可证明而弃用利润分割的困境。对此,可以以相当因果关系为理论基础,在认为专利技术贡献率客观存在的前提下,法院可以通过主观的法律价值判断来终局

---

① 参见徐小奔:《专利侵权获利赔偿中因果关系的认定》,载《法律科学(西北政法大学学报)》2018 年第 4 期。

② 参见和育东:《专利侵权赔偿中的技术分摊难题——从美国废除专利侵权“非法获利”赔偿说起》,载《法律科学(西北政法大学学报)》2009 年第 3 期。

认定专利技术在侵权人侵权获利中的贡献比例。① 不过为了限制法官的自由裁量空间,依旧需要订立合理的利润分割确定方法,这也能够增加专利权人与侵权人对于裁判结果的预期,降低最终裁判结果的随意性。

对于专利许可使用费的合理倍数,其适用率的低下以及数额确定的混乱在于作为基数的专利许可使用费的范围的狭窄,以及计算方式的模糊性。我国法律在专利许可使用费的合理倍数这种赔偿方式下,严格要求专利权人必须有可以参考的既有许可使用费,这使得很多专利侵权损害赔偿案件无法适用该赔偿方式。有关许可使用费标准的基准可以学习国外的经验,不限于客观存在的既有许可使用费,范围可以扩展至应然的许可使用费。无论是美国的"合理许可使用费"还是德国的"类推许可使用费",其在本质上都是采取了一种虚拟谈判的方式,即虚拟在侵权事实没有发生之前,侵权人若有意愿支付专利许可使用费,那么专利权人和侵权人将达成的专利许可使用费。法院在适用虚拟谈判法时,需要基于侵权人现有的侵权事实,模拟侵权行为未发生时,专利权人与侵权人的谈判情形,参考各项影响专利许可使用费大小的考量因素,确定合理的专利许可使用费。在进行模拟谈判时,并不考虑在真实情况下专利权人拒绝许可侵权人的可能性。专利许可使用费标准中的许可使用费的基准范围可以包括既有专利许可使用费和虚拟专利许可使用费,若存在具有可比性的、合理性的真实存在的专利许可使用费,那么首先应以该既有专利许可使用费为基础;若不存在,则法院可以根据案件的具体情形,模拟专利权人与侵权人在未发生侵权行为之前的情形,确定双方所应当达成的合理的专利许可使用费。在专利许可使用费标准的考量因素以及计算方式上,可以参考专利价值评估的各项考量因素和计算方式,并引入美国于乔治亚－太平洋案②中提出的15个考量因素。

法定赔偿方式在我国适用率畸高的原因主要有两方面,一方面在于优先顺位的其他三种补偿性赔偿在实际案件中适用难度较大;另一方面

---

① 参见徐小奔:《专利侵权获利赔偿中因果关系的认定》,载《法律科学(西北政法大学学报)》2018年第4期。

② See Georgia – Pacifc v. U. S. Plywood – Champion Papers, Inc. , 318 F. Supp. 116,1120 (1970).

在于法定赔偿自身适用前提的泛化以及法官自由裁量权的空间较大。法定赔偿作为一种补充性的赔偿方式，其普遍应用于专利侵权案件中，也从反方向表明其他本应作为主要赔偿方式的补偿性赔偿被忽略了。法定赔偿被高频率采用的现象不仅是其本身的问题，也是整个专利侵权损害赔偿制度结构性的问题，仅改变法定赔偿本身的制度并不能根治该现象，即使提高法定赔偿的适用门槛，加强法定赔偿计算方式的科学性，如果其他补偿性赔偿依旧存在难以适用的缺陷，那么法院在进行损害赔偿方式的选择时也会无法控制地滑向法定赔偿。其他补偿性赔偿的问题，已在第七章等章节中有所论述，就法定赔偿自身，首先是法定赔偿适用前提的宽松。法定赔偿的适用前提有二，分别为存在损害事实和损害赔偿的数额难以证明。对于损害赔偿的数额难以证明这个要件，司法实践中，经常出现因为当事人怠惰，并不积极寻找有关损害赔偿数额确定的证据，而依赖法定赔偿确定损害赔偿数额的情形，这也进一步加剧了法定赔偿适用率居高不下的现象。对此，应当对其他补偿性损害赔偿"难以确定"这个事实提出一定的证明要求，规定只有在当事人尽力举证并确实存在举证困难的前提下，才能够适用法定赔偿。当事人在案件诉讼中，不对具体的损害赔偿数额确定进行举证，可能是该案件事实确实难以举证，也可能是不懂得怎样举证或者怠于举证。法院应当根据案件的具体情形，在权利人不懂时，引导权利人进行举证；在权利人怠于举证时，说明法律后果，督促权利人举证；只有在穷尽赔偿损害方式但依旧不能举证的情形下，法院才能够适用法定赔偿，并给出不得不适用的论证理由，令法定赔偿重新回归辅助性、补充性的地位。

其次是法定赔偿赋予法院的自由裁量空间过大。我国与法定赔偿相关的法律规定，对于法定赔偿应当考量的因素规定得极为概括，也并没有明确给出每种考量因素的比重，使得法院在判定法定赔偿数额时多依据自身的主观经验，裁判结果缺乏统一性、稳定性、客观性。在确定法定赔偿数额时，可以参考以下因素：(1)专利权人的实际损失和侵权人的侵权获利；(2)专利的价值；(3)侵权人的主观过错程度；(4)侵权情节；(5)侵权损害后果；(6)其他相关考量因素。法院在裁判过程中，需要根据案件的具体情况结合考量因素对法定赔偿数额进行确定。法定赔偿的存在是因为损害赔偿计算公式中的一些变量难以确定,所以法定赔偿注定难以再利用精准的计算公式对专利权人的损害进行判定,而应采用基于众多的考量因素建立的综合分析模型。在量化上述考量因素时,可以采取浙江省高级人民法院所提出的“司法层次分析法”,该方法将影响法定赔偿数额的众多影响因素按照重要性和影响程度分为不同的层次,并进行定量分析,再运用一系列数学技术处理确定每种影响因素所占权重,最终根据层次和权重决定裁判结果。[①] 对于法院,应当将法定赔偿数额的具体得出过程体现在裁判文书中,而不能仅仅以少量的考量因素一笔带过。在裁判文书中,应当给出每个考量因素,以及这些考量因素所对应的赔偿数额,除此之外,如果在确定的过程中依据了一些第三方、行业中的参考标准,如行业利润等,那么也应当将这些参考标准在判决书中表明。[②] 值得注意的是,如果专利许可使用费标准将基数范围扩张至非客观存在的合理推定的专利许可使用费,那么法定赔偿的兜底职能就会被专利许可使用费标准所替代,此时法定赔偿或许就没有存在的必要性了。

就惩罚性赔偿而言,首先,其惩罚性赔偿倍数的确定虽然给定了 1 至 5 倍的范围,但是并没有给出具体的判定因素和判定方法,这使得在惩罚性赔偿的倍数上,法官有着较大的自由裁量权。在惩罚性赔偿倍数的确定上,可以采用权重系数法,将各种主、客观因素赋予一定的权重,由法官根据具体案情对该主、客观因素进行评估,最终得出合理的惩罚性赔偿倍数,可参考的因素包括:(1)侵权人的主观恶性;(2)侵权行为所造成后果的严重程度;(3)侵权人存在重复实施侵权行为;(4)侵权行为持续的时间、地域范围和规模等。惩罚性赔偿的适用条件为:第一,侵权人具有主观故意性;第二,侵权后果具有严重性;第三,权利人提出申请。其次,就侵权人的主观状态,有“故意”与“恶意”之争。本书认为,“故意”与“恶意”应作统一解释,这样可以更好地以《民法典》为引领,统一知识产权惩

① 参见董凡:《知识产权损害赔偿制度研究》,华南理工大学 2019 年博士学位论文,第 291 页。

② 参见谭东丽:《专利侵权损害法定赔偿研究》,中南财经政法大学 2019 年博士学位论文,第 154 页。

罚性赔偿制度对于侵权人主观故意的要求,避免司法资源浪费于抽象的难以区分的“故意”与“恶意”的论述上。最后,在构建惩罚性赔偿制度时,需要与其他赔偿制度进行一定的协调。据《审理专利纠纷若干规定》第14条第2款规定,侵权人侵权所得的确定,在侵权人完全以侵权为业的情形下,需要按照销售利润来计算,其他情况按照营业利润来算。侵权所得的计算方式已经将侵权人的主观状态纳入了损害赔偿数额的确定中,如果侵权人确以侵权为业,赔偿基数以销售利润计算,再以该赔偿基数乘以惩罚性赔偿倍数,有双重惩罚加重侵权人的侵权责任的问题。因此侵权人的侵权所得这一方式应当无论其是否以侵权为业,皆以其营业利润来计算,以填平专利权人的所有损失为首要目标,将惩罚侵权人的主观状态的职能交付给惩罚性赔偿制度。合理的专利许可使用费倍数也同样,在确定专利许可使用费标准的合理倍数时,以补偿原则为基础,避免重复惩罚。

二、完善专利侵权损害赔偿数额确定的程序法制度

我国2020年修正的《专利法》中,在专利侵权损害赔偿制度上引入了举证妨碍制度,将繁重的举证责任通过法律的力量重新在专利权人与侵权人之间进行分配。在专利侵权损害赔偿领域,举证妨碍制度的前提应当包括:(1)权利人对该损害事实存在证明义务;(2)权利人已尽力举证,并完成了初步的举证责任;(3)举证材料由侵权人掌握。专利侵权损害赔偿制度经常被诟病专利权人“举证难”,由于专利技术的特性,专利侵权案件大量的证据资料分布于侵权人所掌控的领域,专利权人想要获得证明资料需要付出巨大的成本,甚至无法获得证明资料,如果不对双方的举证责任进行再分配,专利权人在举证环节将处于严峻的劣势地位。举证妨碍制度要求专利权人在完成初步举证后,由掌握证明资料的侵权人提供相关资料,侵权人若拒不提供或者提供虚假的资料,则其应承担举证不能的不利法律后果。在专利权人提供初步资料后,侵权人可以评估自身因侵权获得的利益与专利权人请求赔偿的数额之间的差距,若专利权人请求赔偿的数额低于侵权人实际获得的数额,则想要获得更多利益的

侵权人多会选择拒不提供证据或提供虚假证据，因此侵权人承担举证妨碍的法律后果有一定的合理性。举证妨碍制度可以缓解专利权人的困境，但是在复杂的司法实践领域，举证妨碍构成的认定依旧有一定的困难。侵权人在司法实践中，为了规避承担举证妨碍的不利后果，常常以各种理由仅提供部分证据。由于这些证据通常涉及财务等专业领域，对于法院来说如何判定该证据是否完整较为困难，因此有观点认为只要侵权人提供了相关材料，且这些材料不是虚假的，那么就不构成证据妨碍。对此，不宜因认定的困难而降低对侵权人的要求，否则侵权人多会以提交部分证据的方式逃脱举证妨碍制度的制裁，偏离举证妨碍制度建立的初衷。法院应当根据案件情形，审查侵权人提交部分证据的理由、部分证据的真实性，若该部分证据已经能推算出侵权人的全部获利或者其确实存在客观真实的困难不能提供其他命令要求的证据，则不构成证据妨碍。[①] 若法院在审查过程中存在困难，必要时可以委托审计确认侵权人所提供的证据是否完整。

法定赔偿、惩罚性赔偿、补偿性赔偿以及补偿性赔偿内部的适用顺序结构有一定的改进空间。基于全面赔偿原则下的三种补偿性赔偿计算方式，在《专利法》的规定下，有一定的适用顺序。专利权人的实际损失以及侵权人的侵权获益是最优先适用的损害赔偿方式，在难以确定的前提下才能后延适用合理专利许可使用费标准。这种较为“职权主义”的适用顺序，既没有体现当事人的意思自治，也会浪费司法资源。从比较法来看，德国、日本、美国等国家都不同程度地赋予了权利人自由选择的权利。在补偿性赔偿内部，我国可以顺应世界知识产权的立法趋势，将选择适用的范围扩大至合理专利许可使用费标准，给予专利权人一定程度在诉讼中选择损害赔偿方式的自由。除此之外，这三种补偿性赔偿方式可以根据案件的情形叠加适用。专利侵权损害赔偿数额体现的是专利权人的所有实际损失，无论是侵权人侵权所得还是合理专利许可使用费都是对于专利权人实际损失的一种评估计算方式，这些方式都有自身的局限性。

---

① 参见陈中山：《举证妨碍、恶意侵权的认定标准》，载《人民司法》2020 年第 8 期。

专利权人的所有实际损失或许可以部分通过某个补偿性赔偿方式计算，部分通过另外的补偿性赔偿方式计算，二者叠加在一起，正好能够填补专利权人的所有损失，在这种情形下，如果不允许叠加适用损害赔偿方式，会导致法院只能适用法定赔偿，加剧法定赔偿畸高适用率的现象。允许叠加适用损害赔偿方式，可以进一步地保证损害赔偿的精准性计算，使得损害赔偿数额更接近于权利人的实际损失。在梳理补偿性赔偿内部的适用顺位结构后，可以继续分析法定赔偿、惩罚性赔偿以及补偿性赔偿三者之间的适用关系。惩罚性赔偿是以补偿性赔偿为基准的，只有在现有的补偿性赔偿存在的前提下才能适用惩罚性赔偿。关于法定赔偿与补偿性赔偿以及惩罚性赔偿之间的适用关系，首先，聚焦于法定赔偿与补偿性赔偿之间的关系，现阶段的法律以及相关的司法解释将法定赔偿都定位为补偿性赔偿的替代补充，但是其为整体替代关系。也就是说，在补偿性赔偿整体难以确定的前提下，即使有一部分损害可以证明也会被放弃，转而由法定赔偿来计算所有损害赔偿数额。这使得专利侵权损害赔偿案件在适用赔偿方式时，结构性地倾斜于法定赔偿，即使专利权人积极举证，法官尽力适用补偿性赔偿，但在大量的专利侵权损害赔偿案件都介于有一定的证据，而这些证据不足以完全证明专利权人的所有损失的现实基础下，最终裁判也依旧不可避免地会滑向法定赔偿。对此，可以令法定赔偿与其他补偿性赔偿协调适用。在专利侵权损害的所有事实中，对可以证明的，能够用补偿性赔偿方式确定的损害，采取补偿性赔偿方式计算；对于难以证明的，不能够适用补偿性赔偿方式的部分损害，可以采取法定赔偿方式。如果采用这种混合补偿性赔偿与法定赔偿的计算方式，则最终确定的损害赔偿数额可以高于法定赔偿的上限；如果单纯采用法定赔偿，则最终数额应当遵守法律规定的上下限额度。其次，法定赔偿与惩罚性赔偿之间应当是平行的关系，法定赔偿在确定最终数额时，已经考量了侵权行为的情节、侵权人的主观状态等因素，兼具惩罚性和补偿性，如果在法定赔偿数额基础上再进行惩罚性赔偿数额的计算，有重复惩罚的嫌疑，惩罚性赔偿的基数应仅局限于补偿性赔偿。在采取了补偿性赔偿与法定赔偿混合的计算赔偿数额方法的特殊案件中，也应当坚持法定赔偿与惩罚性赔偿的分离，以部分适用了补偿性赔偿方式所得出的赔偿数额为基准确定惩罚性赔偿倍数并得出该部分的惩罚性赔偿数额；其余适用了法定赔偿方式而得出的赔偿数额，因为该数额本身就具有惩罚性的因素在内，因此无须再叠加惩罚性赔偿倍数。最终的损害赔偿数额等于部分补偿性赔偿数额乘以惩罚性赔偿倍数再加上法定赔偿数额。

三、完善专利侵权损害赔偿数额确定的其他措施

除了从实体法和程序法两方面对专利侵权损害赔偿制度进行完善，专利侵权损害赔偿制度还可以从宏观的司法政策以及微观的司法判例角度进行优化。

在司法裁判的过程中，法院当然应当基于《专利法》的相关规定来确定损害赔偿数额。但是由于我国科技的大踏步前进，以及经济环境的快速变换，法律规定的损害赔偿制度虽稳定却易有滞后性，需要灵活的司法政策予以辅助。司法政策在专利侵权损害赔偿数额确定中主要起指引作用，表现为：(1)指引法院在确定损害赔偿数额时的基本方向；(2)补充损害赔偿数额确定的基本规则。[①] 就第一点而言，虽然《专利法》等相关法律给专利侵权损害赔偿数额的确定制定了框架，奠定了基调，但是各个法院对于相关法律的理解有一定的差异性，易受地区、主观经验等因素影响。最高人民法院基于全国范围内的专利侵权、侵权损害赔偿数额等实践现状，通过较高水平的论证、分析而提出的司法政策，可以在司法实践中辅助法院把握裁量损害赔偿数额的方向。例如，早在 1992 年，因《专利法》缺失了有关损害赔偿制度的规定，最高人民法院发布了《关于审理专利纠纷案件若干问题的解答》(已失效)，其在第四点给出了专利侵权损害赔偿数额的具体计算方式，包括专利权人的实际损失、侵权人的侵权所得以及不低于专利许可使用费的合理数额，虽然该司法解释已经失效，但大致的框架逻辑一直沿用至今。又如，最高人民法院发布的《专利纠纷法

---

① 参见杨方程：《知识产权侵权损害赔偿数额确定研究》，中央民族大学出版社 2018 年版，第 225 页。

律解释(二)》(2016)第 27 条规定了举证妨碍制度,2020 年《专利法》在其后引入了举证妨碍制度。可以看出,司法政策走在司法实践的前沿,在法院判定损害赔偿数额时能够给出较为科学、统一的指引。就第二点而言,虽然《专利法》已经给出了具体的损害赔偿方式,但是该规定较为抽象,在层出不穷的复杂的实际案例中,依旧捉襟见肘。例如,在《审理专利纠纷若干规定》第 14、15 条,便细化了专利权人实际损失、侵权人侵权所得的计算方式,给出了专利许可使用费标准、法定赔偿标准参考的因素;在《专利纠纷法律解释》第 16 条限定了侵权人侵权所得标准的因果关系,提出了利润分割规则等。

具体到微观层面,虽然我国属大陆法系,是成文法国家,并不以判例作为正式的法律渊源,但是各种案例组成的裁判经验并不应被忽视。我国利用案例指导制度将司法案例中的经验提取出来,为法院审理类似案件提供指导。[①] 2010 年最高人民法院发布《关于案例指导工作的规定》,对指导性案例的定义、选择、审查、公开以及效力进行了一定的规定。根据该文件的规定,指导性案例是指裁判已经发生法律效力的,对法院审理类似案件具有指导作用的案例。该文件第 7 条规定:“最高人民法院发布的指导性案例,各级人民法院审判类似案例时应当参照。”陈兴良教授认为指导性案例制度不同于英美法系的判例,英美法系将判例作为法律规范的载体;指导性案例制度与大陆法系的判例也完全不同,大陆法系的判例是指由最高级别的法院所做出的判决,我国的指导性案例并不全由最高人民法院裁判,大部分是下级法院裁判后通过一定的程序报送至最高人民法院,由最高人民法院的专门机构对这些案例进行遴选、审查,通过审查后再公布,因此指导性案例与司法解释有类似之处,其创制过程充满了行政化的色彩,而非判例自动形成。[②] 发布的指导性案例源于一线的审判经验,其对现有的实际问题做出了及时的回应,同时经过了最高人民法院的审核和把关,极具参考价值。专利侵权案件的情形多较为复杂,专

---

① 参见杨知文:《类案适用视角下指导性案例裁判理由的撰述》,载《政法论坛》2023 年第 5 期。

② 参见张明楷、陈兴良、车浩:《立法、司法与学术——中国刑法二十年回顾与展望》,载《中国法律评论》2017 年第 5 期。

利侵权损害赔偿制度虽然在宏观上提供了基础的赔偿方式、赔偿原则,但是在具体的、细节的数额确定上依旧需要借助微观的指导性案例来进行把握、指引。